谢柏梁 主编

中国京昆艺术家传记丛书

银汉三星鼎立唐

唐韵笙评传

宁殿弼 著

上海古籍出版社

《中国京昆艺术家传记》丛书
指导支持单位与编纂委员会名单

丛书指导单位

中华人民共和国文化部
中国人民政治协商会议全国委员会京昆室
中国文学艺术界联合会
中国戏剧家协会

丛书财政支持与直接领导单位

北京市教育委员会
北京市财政局
中国戏曲学院

丛书顾问委员会

曾永义　龚和德　洪惟助　薛若琳　齐森华　廖　奔
季国平　赵景发　舒　晓　周　龙　巴　图　吕育中

丛书主编

谢柏梁

唐韵笙

《刀劈三关》，唐韵笙饰雷万春

《二子乘舟》，唐韵笙饰急子

《怪侠锄奸记》，唐韵笙饰焦振远（中）

《闹朝击犬》，唐韵笙饰赵盾

《闹朝击犬·挡驾谏本》，唐韵笙饰赵盾（右二），范成玉饰晋灵公（左三），赵世璞饰屠岸贾（左二）

《闹朝击犬·闭宫阻谏》，唐韵笙饰赵盾（中），柳宝安饰太监

《闹朝击犬·鉬麑行刺》，唐韵笙饰赵盾（左二），李春元饰鉬麑（右一）

《闹朝击犬·杀宫》，唐韵笙饰赵盾（左二），范成玉饰晋灵公（右一）

《古城会》，唐韵笙饰关羽，王春义饰马童

《古城会》，唐韵笙饰关羽，王春义饰马童

《古城会》，唐韵笙饰关羽，李春元饰张飞

唐韵笙关羽造型

《走麦城》，唐韵笙饰关羽，王奎升饰周仓，汪幼亭饰关平

1960年，唐韵笙在北京演出后与梅兰芳等合影

唐韵笙和子女们

唐韵笙向（左起）女碧莲、弟子汪玉林、子登年传艺

总 序

一

在宇宙的浩瀚星空中，我们人类所居住的地球，无疑是最有灵性的星球之一。

人类作为地球的主人，其源远流长的创造与发展变化的历史，主要由各行各业的杰出人物所代表，由各色各样的奋斗历程所体现。

在美丽地球的东方世界，在古老而又年轻的中国，历朝历代的历史大家们，一向以对各式各类人物事迹的记述与描摹作为己任。我国的人物传记体裁丰富多样，大致可以分为纪传（皇家大事记）、文传（文学化传记）、史传（历史家所写人物传记）、志传（各地方志中所记载的本地人物传记）这四大类别。四类传记彼此发明，互为补充，构成了中国传记文化的多元谱系。

从左史记言、右史记事的专业化分工，到《左传》、《国语》、《战国策》式的整体氛围感的描述，最后由司马迁振臂一呼，以人物传记体为中心的《史记》横空出世。《史记》记载了地球东方的上自传说中的黄帝时代、下至汉武帝元狩元年（前122）共3 000多年的华夏历史。概述历代帝王本末的十二本纪，记录诸侯国和汉代诸侯兴废的三十世家，描摹重要历史人物的七十列传，使之成为号称"史家之绝唱，无韵之离骚"的中国历史上第一部纪传体通史。

在《史记·孔子世家》所记载的夹谷会盟中，孔夫子面对"优倡侏儒为戏而前"

的表演场面,在非常严肃而力图放松的外交场合下,做出了特别粗暴野蛮的极端化处理。这也成为历代梨园界对孔子不够恭敬的源头。此后历代史书方志,都不同程度地涉及优伶们的言行事迹。

魏晋以降,文史两家由混成到分野,自一体而两适。文者重藻饰心曲,史家倡材料事实,各臻其至,泾渭分明。隋唐而后,碑铭行传,五花八门,高手操觚,佳作如云。韩愈《祭十二郎文》情深委婉,柳宗元为慧能所作碑文机趣横生。

北宋乐史作《太平寰宇记》,分地区而织入姓氏人物,因人物又详及诗词、官职,"后来方志必列人物艺文者,其体皆始于史"(《四库全书总目提要》)。

太平世界,因人物而繁盛;梨园天地,赖优伶而生存。

美妙绝伦的中华戏曲艺术从唐代的梨园开始,至少存在了漫长的 10 个世纪。千百年以来,戏曲艺术一直在蓬勃兴旺地发展,成为中国人民雅俗共赏的朵朵奇葩、民族文化中不可忽视的重要部类、戏剧天地内中华文化的闪亮名片、国际社会审美天地中的东方奇观。

较早对优伶进行分类撰述的史书,是宋代大文学家欧阳修的《新五代史》。该书包含了分类列传四十五卷,这种分类传的体例较有特色,其中就包括了《伶官传》。一向被人们所津津乐道,甚至还被收入到中学教科书的《新五代史·伶官传序》云:"《书》曰:'满招损,谦受益。'忧劳可以兴国,逸豫可以亡身,自然之理也。故方其盛也,举天下之豪杰,莫能与之争;及其衰也,数十伶人困之,而身死国灭,为天下笑。夫祸患常积于忽微,而智勇多困于所溺,岂独伶人也哉!"尽管欧阳修的本意是说祸患之起乃多方面的原因所累积爆发而成,但还是对表演艺术家们带来了较大的负面影响。

与东土中国的情形完全不同,西方世界对于戏剧艺术家的看法与评价完全不一样。对于以三大悲剧家和一大喜剧家作为代表的古希腊戏剧家,对于以莎士比亚、歌德、席勒等的西方戏剧界的灿烂星座,西方人给予了无限崇敬和由衷热爱。

晚清以来最早睁开眼睛看世界的中国人,是那些在西方世界出使、考察或者读书的官员士子。当他们瞻仰西洋剧院的建筑艺术之华美绝伦、内部装饰之金碧辉煌后,不由地发出由衷的赞美,感叹西洋剧院其"规模壮阔逾于王宫",特别是舞台上的机关布景之生动逼真,变幻无穷,"令观者若身历其境,疑非人间";至于西方的戏剧艺术家地位之高贵,更是令国人叹为观止:所谓"英俗演剧者为艺士,非如中国优伶之贱","优伶声价之重,直与王公争衡"!

人类的艺术天地原本皆是可以共同分享的,何以东西方对于戏剧艺术家的认同度与景仰度,相差之大犹若天壤之别呢? 泱泱中华,文明古国,难道就没有有识之士站出来振臂一呼,为戏剧艺术家们说几句公道话吗?

二

江山代有才人出,是非终有识者论。

我国历史上,首度给予戏曲艺术家们全方位高度评价的文人,是元代的钟嗣成(约1279—约1360)。这位祖籍大梁(今河南开封)的人士,长期生活在素有天堂之称的杭州城。他先在杭州官学读书,师从于邓文原、曹鉴、刘濩等名家宿儒,又与对戏曲有着共同爱好的赵良弼、屈恭之、刘宣子、李齐贤等人同窗攻书,其乐融融。有记载说,钟嗣成曾一度在江浙行省任掾史。他自己写过《寄情韩翊章台柳》、《讥货赂鲁褒钱神论》、《宴瑶池王母蟠桃会》、《孝谏郑庄公》、《韩信泜水斩陈余》、《汉高祖诈游云梦》、《冯驩烧券》等7种杂剧,但不知为何皆已散佚。

真正使得钟嗣成开宗立派、名传青史的著作,还是其为中华民族有史以来第一代剧作家描容写心、传神存照、树碑立传的《录鬼簿》。

《录鬼簿》上卷分"前辈已死名公有乐府行于世者"、"方今名公"、"前辈已死名公才人有所编传奇行于世者"三类,这三类名公才人之情形,乃其友陆仲良从"克斋吴公"处辗转所得,故"未尽其详"。下卷分为"方今已亡名公才人余相知者为之作传,以[凌波曲]吊之"、"已死才人不相知者"、"方今才人相知者,纪其姓名行实并所编"、"方今才人闻名而不相知者"四类。这上下两卷书大体依据时代之先后加以排列,一共记述了152位元杂剧及散曲作家的基本情况,同时也记录了400余种剧目。

我很欣赏钟嗣成的"不死之鬼"说。在他看来,天地开辟,亘古及今,自有不死之鬼在。何则? 圣贤之君臣,忠孝之士子,小善大功,著在方册者,日月炳焕,山川流峙,及乎千万劫无穷已,是则虽鬼而不鬼者也。

不死之鬼,是为不朽之神或曰永恒之圣。在钟氏的神圣谱系中,那些门第卑微、职位不振的剧作家,那些高才博识、俱有可录的梨园才人,都值得传其本末,叙其姓名,述其所作,吊以乐章,使之名传青史,彪炳千秋,泽及后世。

因此,写作《录鬼簿》更为重要而直接的意义,还在于对于后学的直接指导和充分激励。"冀乎初学之士,刻意词章,使冰寒于水,青胜于蓝,则亦幸矣。名之曰录鬼簿。"惟其如此,则杂剧戏文创作之道,才可能被一代代年轻的才人们所自觉自愿地衣钵相传,推陈出新,生生不已,得到更加健康的发展。

元杂剧作为中国戏剧史上第一个黄金时代,需要有人进行认真的归纳和总结。从此意义上言,钟嗣成在中国的地位,因为其成书于至顺元年(1330)的《录鬼簿》之横空出世,甚至可以与西方的大学问家亚里士多德的《诗学》等书相提并论。

有明一代,在贾仲明所增补的天一阁蓝格钞本《录鬼簿》之后,又附有约成书于洪熙、宣德(1425—1435)年间的《录鬼簿续编》一卷。该书直接受到《录鬼簿》的影响,以相同的体例记述了元、明之间一些戏曲家、散曲家的大致事迹,接续前贤,踵事增华,令人欣慰。

自兹之后,从总体上对于当代戏曲作家进行专门记载和研究的著作,从明清两代至中华民国,皆未得见。中华人民共和国建国以来,安葵的《当代戏曲作家论》和本人的《中国当代戏曲文学史》等相应的专著,都属于《录鬼簿》的悠远传统在新时代的传承、师范和发展。

三

与《录鬼簿》蔚为双璧的元代重要戏曲典籍,是生于元延祐年间、卒于明初的华亭(今上海松江)人夏庭芝所撰的《青楼集》。前书论作家,后者集演员,正好勾勒出元代戏曲艺术家中两个最为重要部类的旖旎景观和绰约风采。

《青楼集》成书于元至正乙未十五年(1355),该书记述了从元大都到山东,从湖广武昌到金陵、维扬以及江浙其他地方的歌妓、艺人共110余人的简约事迹。这些女演员们各自身怀绝技,有的在杂剧、院本、诸宫调方面负有盛名,有的在嘌唱、乐器和舞蹈等项目上造诣颇深。有的演员如珠帘秀的弟子赛帘秀在双目失明之后,依然能在舞台上正常表演,"出门入户,步线行针,不差毫发";脚步地位,规范犹在,这是多么高深的艺术造诣!

也正是因为她们的色艺双绝,声名鹊起,所以才引起了社会各界的热切关注和诸多应酬往还。书中除了记载与她们有过合作关系的20多位男伶之外,还记录了她们与诸多戏曲散曲作家等文人士子的交情。甚至有50多位达官贵人、名公士大夫,都与这些女演员们有着或多或少、或深或浅的广泛交往。一部《青楼集》,作为第一部比较简练而系统的表演艺术家史传,对研究元代演剧、表演艺术、演员行迹与时代风尚等多方面的话题,都具备非常重要的史料价值和文化意义。

明清以来,与关于戏曲剧作家的记录相对寂寥的研究局面不一样,类似明代潘之恒《鸾啸小品》之类关于演员与表演艺术的文献相对较多。表演艺术家们的优美声容及其较大的社会影响力,使他们得到了较多的关注和充盈的记载。

清代,戏曲艺术进入另一个鼎盛时期,演员记录极为丰富。《清代梨园燕都史料》中所收录的《燕兰小谱》、《日下看花记》等几十种书,都对演员予以了主体性的关注。如小铁笛道人在《日下看花记》自序中论及其作传缘起云:

> 唐有雅乐部。宋时院本始标花旦之名,南北部恒参用之。每部多不过四、三人而已。有明肇始昆腔,洋洋盈耳。而弋阳、梆子、琴、柳各腔,南北繁会,笙磬同音,歌咏升平,伶工荟萃,莫盛于京华。往者,六大班旗鼓相当,名优云集,一时称盛。嗣自川派擅场,蹈蹈竞胜,坠髻争妍,如火如荼,目不暇给,风气一新。迤来徽部迭兴,踵事增华,人浮于剧,联络五方之音,合为一致,舞衣歌扇,风调又非卅年前矣。……录成一稿,名之曰《日下看花记》。梨园月旦,花国董狐,盖其慎哉。余别有《杨柳春词》一册,备载芳名,以志网罗,无俾遗珠之叹。凡不登斯录者,毋怼予为寡情也。

这段序言,既有史识在,又有人情浓,令人为之莞尔首肯。

民国以来,由于出版业的发达与报刊传媒业的勃兴,又使得关于演员的记载、评选和评论蔚为大观。民国二十七年(1938)由徐慕云编著的《中国戏剧史》(上海世界书局出版)卷一专列《古今优伶戏曲史》,以编年体形式,研究家的眼光,纵述自先秦以来直到民国戏曲演员的大的历史线索与知名演员,颇具史家眼光。

近些年来,北京学者孙崇涛、徐宏图等人合著的《戏曲优伶史》(文化艺术出版社 1990 年)和上海学者谭帆的《优伶史》(上海文艺出版社 1995 年)先后问世,这都是关于中国历代演员事迹的研究著作。

四

中华人民共和国成立以来,戏剧艺术家的位置得到了前所未有的大提高。在全国政协委员和全国人大代表的席位中,戏剧家特别是戏曲表演艺术家都占有一定的比例。

与此同时,关于戏曲表演艺术家的各种传记资料愈来愈繁盛起来。最负盛名的自传性著作,是梅兰芳的《舞台生活四十年》。盖叫天的《粉墨春秋》,也曾激励过业内外的诸多读者。

20世纪末叶到21世纪初叶以来,戏曲艺术家的传记纷纷面世。诸如河北教育出版社、中国戏剧出版社、中国青年出版社、文化艺术出版社等多家单位,都出版过不少戏曲家传记。

有鉴于目前出版的一些戏曲家传记,还存在着收录偏少、体例不全的遗憾,随着新资料的发现、新人物的涌现,社会各界迫切需要一套相对系统、完整些的戏曲人物传记资料。这既是对钟嗣成、夏庭芝等人开拓的曲家与伶人传记之风的现代传承,也是在国学与民族艺术学越来越受到全民重视的前提之下,从戏曲艺术家传记方面所做出的积极呼应。

在中国已经崛起为世界上第二大经济体的今天,在中国商品出口多、文化输出少的不对称情形下,在国际社会与世界戏剧界关于中国民族戏剧的热切关注下,一部系统的中国戏曲家传记丛书呼之欲出。

作为中国戏曲人才培养与学术研究的专业化最高学府,中国戏曲学院理所当然地应该担当起编纂中国戏曲艺术家传记丛书的重任。而且今天的戏曲艺术家丛书,既包括了演员与编剧在内,也同样不会遗漏著名的戏曲音乐家和舞美设计家等不同专业的代表人物。

中国戏曲学院的表、导、音、舞、美等不同系科,都对本专业的佼佼者了如指掌。在教师、研究生和本科生三结合的编纂模式下,在文献资料收集、当事人采访调查、专辑文本写作修改等较为漫长的过程中,学院都有着较为雄厚的人才基础。有道是铁打的校园水流的学生,也只有中国戏曲学院才能一直具备较为丰富而新鲜的专业化人力资源。

在北京市教育委员会的慧眼关照下,在上海文化基金会的支持下,在中国戏曲学院领导与师生的有效指导与大力参与下,在社会各界贤达众人相帮、共襄盛举的积极姿态下,《中国京昆艺术家传记丛书》终于正式立项。从2010年到2011年两年间,上海古籍出版社已经出版了12种京昆人物传记。从2012年开始,这套丛书将以月出一本的节奏,稳步运行,逐步推进。

2011年12月30日,《中国京昆艺术家传记丛书》新书发布会及学术研讨会在京隆重召开。此次盛会由全国政协京昆室、文化部艺术局支持,北京市教委、上海文化基金会、中国戏曲学院、上海世纪出版集团联合主办。中国戏曲学院戏文系和上海古籍出版社具体承办。

国务院艺术学科评议组召集人仲呈祥,全国政协京昆室负责人赵景发、王春祥,文化部外联局舒晓书记,中国戏曲学会会长薛若琳,副会长龚和德、王安奎,北京戏剧家协会名誉主席郭启宏,中国艺术研究院话剧所前所长田本相等40余名院内外领导与专家出席了会议并发表了讲话。《中国戏剧》主编晓赓、《中国演员》主编陈牧,《中国京剧》、《戏曲研究》、《光明日报》、《新民晚报》等多家报刊的相关编辑参与了盛会。中国戏曲学院李世英副书记、上海古籍出版社田松青主任分别致欢迎词。张永和、翁思再、和宝堂、陈珂、陈培仲、田志平等院内外传记作者代表分别就自己的撰写情形作了交流。大家共同期待这套丛书能够成为中国戏曲学院的诸多学术与专业品牌之一,为弘扬京昆传统、继承国粹艺术、深化联合国教科文组织人类口头与非物质文化遗产代表作的研究与推广,发挥其应有的作用。

我们打算用五年时间,首先推出京昆艺术家当中的重要人物传记。五年之后,评传工程将向着越剧、黄梅戏、豫剧和粤剧等地方戏的各大剧种之领军人物转移,持续推进。积之以时日,继之以心力,伴随着梨园界各方贤达和社会各界有识之士的支持,中国戏曲艺术家的系列传记就一定能够在太平盛世当中积少成多,聚沙成塔,共同托举出中华文化中戏曲艺术家的辉煌群像。

五

本套丛书首批推出的系列传记,都属于中国京昆艺术家的可观序列。

昆曲,既是京剧之前最具备代表意义的“前国剧”,又是戏曲剧本文学性较强、表演艺术趋于典范精美的大剧种,还是2002年起首批被联合国教科文组织列入“人类口头与非物质文化遗产”名录、具备较大国际影响的古典剧种。

从1917年开始,吴梅先生在北大开辟了戏曲教学的先例。在他的指导、启发和参与下,由上海的实业家穆藕初赞助,昆剧传习所在苏州正式开班,培养了承前启后的“传”字辈演员。设非如此,兰苑遗音,古典仙音,险些儿作广陵散,斯人去矣,芳踪难寻。至于北昆的韩世昌、白云生等人,也都是正式拜过吴梅先生的嫡传徒弟。这些人,这些事,不可不写,不可不传。

京剧,至今被公认为中国戏曲最具代表性的剧种,海内外的不少人索性将其称为"国剧",也被列入人类非物质文化遗产代表作,得到社会大众的认同。京剧表演艺术家,流派纷呈,各称其盛,具备非常广泛的群众基础,也在世界各国都具备较高的知名度。这些角儿,这些流派,不可不述,不可不歌。

因此,昆曲类传记中,首先推出的是近代戏曲学术大师吴梅、昆剧表演艺术大师俞振飞和素负盛名的昆剧"传"字辈老艺人;京剧类传记中,"四大须生"与"四大名旦"等名宿传记也规划较早。

细心的读者很快将会发现,在本套丛书中,大多数都是众所公认的戏曲界大师,但也还有部分正处在发展过程的中年名家。或许有人要问:既然曰传,树碑立传,盖棺才能论定,中年才俊尚还处于发展过程之中,缘何仓促为之写传?

此问有理,但又不全正确。须知任何一时代较有影响的人物,首先是被同时代的人们所热爱。举例说来,于魁智、李胜素和张火丁等人都还处在发展前进的艺术路上,可是他们也确实拥有大量的观众群。那些忠实的粉丝们,迫切需要知道他们心中偶像的更多情形。那么,为同时代的人们的戏曲界偶像树碑立传,实属必要。再比方今天我们的诸多梅兰芳传记,实际上更多的是具备历史文献的意义,因为现存的大部分观众再也无缘得睹梅大师演出的现场风采了。

更有甚者,我们与《中国京剧》的朋友们总是计划某月某日去采访某一位德高望重的艺术家。可是每当我们如期去实地采访时,常常会发现老人家年事已高,对于昔日的风采与精彩的艺术,已经很难清楚地加以表述了。英雄暮年,情何以堪?

至于有时候看到讣告上的名家,原本已经列入我们要拜访的日程表上,但是拜访者尚未成行,受访者却已经远行,远行到另外一个遥远而不可及的世界中去也!天壤永隔,沟通万难,那就更属于永远的遗憾了。

有鉴于此,我们提倡两次写传法或曰多次写传法。此次先写名家的壮年时期,未来再补足传主的晚年事迹,这样的传记,也许更加齐备可靠一些。若必要年老而可写,若必等盖棺而论定,却使后人对前辈艺术家知之甚少,叙之渺渺,称之信史,恐也非理想之传记。

传记的生命力在于讲述一个个真实的故事,演出一幕幕人生的大戏。但是如何讲好故事,怎样使得故事讲得精彩动人,令人读后余香满口,味道袭人,实属不易。《史通》说:"夫史之称美者,以叙事为先,至若书功过,记善恶,文而不丽,质而非野,使人味其滋旨,怀其德音,三复忘疲,百遍无斁。"

戏曲艺术家们在舞台上创造了富于美感的各色人物形象,但在生活中却还是一位凡人,或者说往往是一位烦恼更多的凡人。如何使得生活中的凡人和舞台上各色才子佳人、贤士高官和其他或正或邪的人物形象有机地对接起来,更是亟需在传记写作过程中不断探索的难关。

传记包括家族身世、教育承传、艺术人生和舞台创造等部分,也酌选精彩而有历史价值的照片,以期图文并茂,赏心悦目。传记强调文献记载、口述历史与适度评述相结合。附录包括大事年表、源流谱系、研究资料索引等。每位传主的评传大约15万字,俱以单行本方式印行出版。

二百年来,风云变幻,梨园天地,名家辈出。区区一套丛书,尽管编者力图使之相对完整系统一些,但挂一漏万、沧海遗珠的现象,还是不能避免。即便收入本丛书中的名家大师,由于多侧面历史的诸多误会以及材料的相对匮乏,由于诸多热情有余、经验不足的年轻人的参与,错讹之处,在所难免。尚求方家不吝指正,遂使学问一道,有所长进;梨园群星,光芒璀璨。这也正好呼应了马克思的人物传记理想,那就是写人物应当从感情气势上具备"强烈色彩"、"栩栩如生",力求达到恩格斯关于人物形象应当"光芒夺目"的审美理想。

尽管为梨园界的艺术家们作传,从理论上看厥功甚伟,但实际工作却常常举步维艰。甚至梨园界的一些同仁乃至某些传主的家属学生,也都会存在着一些不一致的想法。尽管前路漫漫,云雾遮蔽,甚至常常山重水复,坎坷难行,但是坚定的追求者和行路人还是会历经千辛万苦,抹去一路风尘,汇聚锦绣文章,迎来晨曦微明。

彼时彼刻,仰望戏曲艺术的长空,那一颗颗晶莹的晨星正在深情地闪烁着动人的光华。晨钟响起,无限芳馨远播,那正是全体传记写作人和得以分享传记的读书人,以及关心本套丛书的戏迷和社会各界朋友们的无量福音。

谢柏梁

2012 年元旦

(本丛书主编为中国戏曲学院戏文系主任,北京市特聘教授与教学名师,国务院政府特殊津贴专家,中国戏剧文学学会副会长)

序

　　我和唐韵笙先生并非深交,领略他的艺术机会也较少,但对他的戏品、人品一向十分敬重。记得(20世纪)30年代在烟台看他的汪(笑侬)派戏《献地图》、《胡迪骂阎》和《刀劈三关》、《铁笼山》的时候,他已经是驰誉南北了。不久抗日战争爆发,听到他在东北沦陷区演出影射日冠侵略的《后羿射日》被捕入狱的消息,高风亮节,益增钦慕。新中国成立后,得以在北京识荆,自然是一见如故了。1958年他编演了近代题材京剧《詹天佑》,中国京剧院率先移植到北京舞台。这期间,我们更时相过从,加深了友谊。

　　韵笙先生能编、能导、擅演、擅教,是一位博大精深的艺术家,也是一位爱国、爱人民、道德高尚的艺术家。他卓越的艺术成就,世有"南麒北马关外唐"之称,洵非过誉。这不仅说明他在中国京剧史鼎盛期生行的显著地位,而且标志着他在人民心目中的艺术水准。的确,他的艺术成就稍逊于周信芳(麒麟童)、马连良,在国内外的声名也不及麒、马那么显赫,但他立足东北,植根民间,创立了独树一帜的唐派艺术。麒、马风格迥异,各有千秋,而唐作为汪笑侬的后继者,艺术风格介于麒、马之间,兼得麒之雄奇深沉和马之潇洒俊逸,功力深厚,三位当不分轩轾。人民的天平从来是准确的,公论符合实际。韵笙先生远处关外,能与麒、马两位大师并驾齐驱,也说明人民的多情和历史的无私。过去京剧史研究者多注目于京、津、沪,汉地区京剧流派,而对全国其他地区成绩卓著的艺术家往往忽视,这是极大憾事!宁殿弼同志的新著《唐韵笙评传》，是全国第一部研究唐派艺术的专著，填补了东北京剧史研究的空白，为丰富我国戏剧艺术宝库作出了贡献。特别是资料丰富，考订谨严，论证有一定深度，文笔也流畅明快，把传记文学和艺术论合写一书，富有可读性。特别是作者四年来足迹遍及大江南北，寻访了一百多位韵笙先生的亲友、门人、合作者、研究者，搜集了大量资料，并查阅了报刊、《戏曲志》资料和有关的京剧论著，然后写成。并先公诸报端，广泛征求意见，细心订正。这种严谨治学的科学态度，是值得称道的。

京剧艺术较完整地继承发扬了中国戏曲悠久的历史传统和中华民族独特的艺术风格，代有才人，各领风骚，其经验值得珍视。各地有志之士如能多写点这种评传体的好书，不仅可使前贤事迹不致湮没，而且可使宝贵经验传流久远，这对于中国京剧史是具体的补充，对于京剧艺术的继承发展，必将产生深远的影响。

一九九〇年三月于北京"乐耕园"

代序：题《唐韵笙评传》

翁偶虹[1]

漫道金台菊最芳，

关东菊色亦辉煌。

琼楼一曲笙留韵，

银汉三星鼎立唐。[2]

鹤犬虎龙收铁网，[3]

兜鍪笏带尽瑶章。[4]

赖君巧运如椽笔，

佳话珍闻永世香。

---

[1] 我国著名剧作家，人称"编剧圣手"。

[2] 20世纪40年代，唐韵笙与周信芳、马连良鼎足而三，有"南麒北马关外唐"之称。

[3] 唐韵笙能剧极博，多所创新。《好鹤失政》、《闹朝击犬》、《玄坛斗虎》、《绝龙岭》等均其代表之作。其他新剧，不胜枚举，铁网珊瑚，灿然骇瞩。

[4] 唐韵笙之艺，允文允武。袍带老生、靠把武生、红生、大嗓小生、花脸、老旦，无一不精。兜鍪，戴形似头盔的帽子；笏，古时大臣朝见时手中所执的狭长的板子，为指画及记事之用。

目 录

唐韵笙传

唐派艺术论

唐韵笙传

一、童年的变迁

> 有谁从小康人家而坠入困顿的么，我以为在这途路中，大概可以看见世人的真面目。
>
> ——鲁迅:《呐喊·自序》

"忽听得老娘亲来到帐外(呀呃),杨延昭下位去迎接娘来。见老娘施一礼躬身下拜……"

挂着绣花守旧的舞台上传来清脆如鸟啭莺啼、由缓渐紧、起伏连绵的高音长腔,台下爆发一阵热烈的掌声和叫好声。这是民国三年(1913)上海二马路老天蟾舞台的一个演出场面,原来演唱这段《辕门斩子》〔西皮导板〕接〔西皮慢板〕(或称之为〔三眼〕)"娃娃调"的竟是一个身高仅及鞭长、脸庞不如碗大的童伶。这个扮演杨延昭的童伶是谁呢? 他就是唐派艺术的创始人——11 岁开始舞台生涯的唐韵笙。唐韵笙本不姓唐,他原名石斌魁。提起唐韵笙名字的来历,说来话长。

1903 年(清光绪二十九年癸卯)农历十一月初十,坐落在福建省福州市繁华商业区河东街的一个深宅大院里,传出一声婴儿的啼哭,一个生得五官端正、模样可人的男孩呱呱坠地了。看他生来身体硕壮,爷爷给他起名叫"石斌魁",小名"强子"。

小斌魁的先祖是满族外八旗,祖籍在辽宁省沈阳,属正红旗。祖父石秀川青年时代就随清军被派驻福建当差,退役后便在福州城定居下来。石家宅邸颇具规模:门前铺大石板条,门首钉着一个木牌,上书"沈阳石寓"四字。进了门楼,便是宽敞的客堂,后面有天井,后院庭中种着龙眼、荔枝、黄皮树。院墙外靠着河,环境幽雅清静。父亲石寿臣,幼承家学,当了秀才,能写一手好字,作得满纸好文章,靠官俸养家。母亲姓郎,名惠兰,是一位相貌姣好、性情温柔、知书识礼的大家闺秀。他们在福州结婚,生下三男一女: 长子石斌栓,次子石斌魁,女石玲子,三子石斌贤。

老二小斌魁长到 6 岁就显出天资出众,石寿臣大妇喜爱非常,送他入私塾拜先生。穿过老式的石板路,走不多远,就到了悬挂"行春首境"匾额的旧庙改成的私塾

唐韵笙的母亲郎惠兰

馆。斌魁同十来个小伙伴,每天喉咙鼎沸地背诵着《三字经》、《千字文》、《大学》、《中庸》、《论语》、《孟子》。老先生见头上扎着双丫角的小斌魁长得俊,又有灵气,宠爱有加,很想在他身上多倾注一番心血,把他培养成一个能显亲扬名的才子。

然而,天有不测风云,谁料刚过 40 岁的石寿臣一天吃完面条,突然闹肚子,没过几日就撇下妻儿老小长逝了。自此,石氏家道中落,失去了生活依傍,由小康坠入困顿。因无力偿还债务,不得不把整幢老宅抵押给债主,举家从河东街搬出来,到背靠城墙的南门大街另租一处小点的房舍安身。这地方离闹市近,对面是茶馆,旁边是毛笔庄,行人熙来攘往。

母亲去给人家当保姆,洗衣服,又把哥哥斌栓送到科班学艺,这样困难就减轻一些。小斌魁也变得十分懂事:体念长辈的辛苦,课余抽空便自己上街做点小买卖,卖点糖果、香烟之类,以分担一点家庭用度。光是这些还远不能解决全家糊口问题,五口之家的生计主要靠爷爷石秀川拼命干活支撑着。辛亥革命后,到了民国时代,行伍出身的石秀川断绝了清廷俸禄。如何谋生呢?幸好他学得一手编织竹柳的巧手艺,不但会编筐篓、竹器,扎制风筝、彩灯也相当拿手。按福建民俗,每逢夏日,特别是九月九日重阳节,人们都喜爱放风筝。那当儿,石秀川总要在家门口摆出他扎的各色各样风筝出售:蝴蝶的、蜈蚣的、龙的,还有"和尚背尼姑"、"时迁偷鸡"……到了冬天,正月十五逛花灯的前夕,爷爷的小屋里上上下下的架子上又挂满了叫人眼花缭乱的彩灯:绣球灯、走马灯、荷花灯、鲤鱼灯……爷爷的手艺渐渐有了名气,收入也增加了。就这样,一家人的生活总算维持过来。

正当全家忙于东奔西走、艰难度日之际,从上海来个戏班到福州台江讯舞台演戏,那是辛亥革命那年(1911),领班的叫唐景云,30 来岁,原籍河北武清县南蔡村郭官屯,是唱河北梆子的,文武花旦应工。他出身于河北宝坻县"永胜和"科班,擅演《阴阳河》、《大劈棺》等剧,与他同班的有著名京剧演员程永龙、一盏灯(张云青)等。唐景云带的戏班找不到住处,正巧石家在南门街的木板平房还有两间空闲着,经人介绍,石秀川答应借给唐景云夫妇等七八个人暂住。

演戏的间隙,唱角的常聚在石家的客堂内练功,拉弦吊嗓。小斌魁在一旁观瞧入了迷,常常连饭都忘了吃。原来,这娃子早就和戏沾上边,石家附近有个小戏园子,斌魁两年前就时常钻进戏园子里看戏。打那时候起,幼小心灵就播下了戏剧的种子。唐家班的到来像春风化雨,催发了这颗种子的萌芽。每当放学回家后,小斌魁时不时围着唱戏的跑前跑后,端茶送水,一会儿给伶人带路当向导;一会儿跟伶人上茶园(即剧场)后台打零杂,就像戏班里的一个小家人似的。时间长了,无儿无女的唐景云自然把他当儿子一样看待,三天五日地让斌魁在他们那儿吃饭。唐景云相中了石斌魁是个可造之才,暗暗盘算把他培养成遍地走红的"名角儿",以支撑戏班的门面。

二、跨进梨园的门槛

蓼蓼者莪,匪莪伊蒿。哀哀父母,生我劬劳。

——《诗经·小雅·蓼莪》

一年后,唐家班演出合同期满,要回上海去了。临行前唐景云把石斌魁叫到自己的屋里,拉着他的一双小手说:"强子,我们要走了,你跟我走吧,跟我学戏,我带你去上海、天津,去很多地方,保你享福。"小斌魁眨了眨机灵黑亮的小眼睛,想了想,爽快地回答:"唐叔叔,我乐意,可我舍不得我妈、我爷,怕他们不让。"于是,唐景云把石秀川、郎惠兰请到客堂落座,拱手施礼道:"强子这孩子是个好苗子,请二位恩准把他写给[1]我吧!他学戏肯定会有出息。"石秀川、郎惠兰明白,孩子写了字就等于写了典身契呀!当家长的怎能心甘情愿呢?沉吟半晌,紧锁双眉的爷爷方才开口:"强子他妈,你倒说话呀,你舍得吗?"郎惠兰眼里噙着泪花,百感交集地说:"孩子是娘身上的肉,我怎么舍得?不过,让他跟小老板学点能耐,日后有碗饭吃,也是好事。再说,他走了,家里还省些,您老也少挨点累。"

"不管家里有吃没吃,孩子在身边,总算眼睛看得见。这若是带走了,不在本乡本土,想见面都不知上哪儿找去。"爷爷脸上现出忧戚的神色,一手捻着胡须说。

"八年为期,学徒期满,孩子你们可以领回来。"唐景云说。

"那也得看他本人愿意不。"石秀川说。唐景云笑了,他自觉稳操胜券。

---

[1] 写给:即"写字",旧社会学徒有卖身性质的契约形式。

童年唐韵笙(1910)

几经磋商,唐、石两家达成协议。写艺榜[1]那天,客堂里蜡烛通明,香烟缭绕,客堂正中挂着金冠黄蟒的白面少年——"老郎神"[2]像,大圆桌上摆酒馔菜肴。小斌魁恭恭敬敬地朝着"老郎神"和端坐在椅子上咧嘴笑的唐景云作揖,磕了三个头。唐景云用红纸包着三百块现洋钱交到石秀川手里,双方在艺榜上签了名。然后宾主围着餐桌推杯换盏,猜拳行令。石秀川被伶人们包围着,喝得醉醺醺的。斌魁妈早就悄悄溜回自己的房里,一边拿起针线给斌魁做鞋,一边暗自用手帕拭泪。

动身前唐景云怕童心依恋亲人不肯随行,叮嘱斌魁整天同戏班的人呆在一起,不到爷爷和妈妈房里。善良、温和、荏弱的郎氏忍受不了这种割断母亲怜子感情丝缕的约束,想和唐景云闹翻。懂事的斌魁一有单独行动的机会,就偷偷跑去和爷爷、妈妈亲热一会儿。"爷爷,妈妈放心吧!我学会唱戏了,挣回来钱养活您老。"斌魁扬起扎两个小辫的头,给母亲擦着眼泪。

几天后,唐景云夫妇带着9岁的石斌魁连同全班人马回上海去了。童年的石斌魁从此离乡背井,从师学艺,开始了萍踪浪迹、四海为家的漫长舞台生涯。

三、初登红氍毹

成功是希望与奋斗的结合。

——英国谚语

---

[1] 艺榜:即"字据",学艺榜文。
[2] 老郎神:戏班后台公认的"祖师爷",系梨园界供奉之神,世皆称为唐明皇。

唐景云夫妇见石斌魁出落得眉清目秀，像杨柳青年画上的胖娃娃一样好看，嗓子又甜又脆，喜欢得什么似的。每天早上唐景云教他练功，还求师访友，请先生教授他京剧老生戏。小斌魁除了脚不沾地忙碌着杂七杂八的零活儿、小心侍奉师傅夫妇的饮食起居外，就是练腰腿功、毯子功、刀枪把子，还有吊嗓，由于他天资颖悟，加上勤奋刻苦，不长时间就学会了刘（鸿声）派戏"三斩一碰"——即《斩黄袍》、《斩马谡》、《辕门斩子》、《碰碑》，还有汪（笑侬）派的《张松献地图》、《马前泼水》、《打渔杀家》等传统生行老戏。戏班的人都说："强子这小东西，看样子就是个天才，若是现在就登台，也准能打炮。"这话说到唐景云心坎里去了。他也豁出来了，花大钱给斌魁特制了一套童伶小行头，穿上一试，果然神采撩人，气格不凡。于是乎，民国二年（1913）石斌魁以年仅 11 岁之少，在上海老天蟾舞台初登红氍毹。

上妆时石斌魁还有点害怕怯场，心突突地跳。唐景云鼓励他说："孩子，鸟儿的翅膀是在飞翔中长硬的，不敢飞出去，怎么能学会飞行的本领？"小斌魁听罢点点头，顿有所悟，情绪即刻镇静下来。锣鼓催人，他扮演的《辕门斩子》中的杨延昭该出场了。小斌魁鼓起勇气，稳步走出台帘，观众见是个娃子，长得亚赛神童，而且站有站相，坐有坐相，马上提起兴味，议论纷纷。及至他开口唱〔西皮导板〕"忽听得老娘亲来到帐外（呀呃）"，一串银铃般嘹亮的童子音直冲屋宇。"好！好！好！"观众席开了锅。小童伶的挑帘戏成功了，一连三天，都博得了观众的喝彩。首次登台走红，剧场业主决定每月付给他包银四百块现洋钱。唐景云别提有多高兴了，揣度他前途无量，特意把石斌魁改名为"唐韵笙"，取声音如笙管笛箫齐奏般的悠扬且富于韵味之意。从此"唐韵笙"的名字便渐渐在菊部[1]内外传扬开来。

1915 年，石斌魁正式用"唐韵笙"的艺名，以正工须生应工，在上海"迎仙新新舞台"登台亮相演出《白虎堂》、《斩黄袍》、《四郎探母》、《洪羊洞》、《文昭关》、《托兆碰碑》等剧目，以清脆的童音、俊秀的扮相，初露了汪（笑侬）、刘（鸿声）的风采。同台的演员有何月山、林树森、王益芳等名角。次年，14 岁的小韵笙开始随师唐景云北上，先来到大连宏济舞台演出《白逼宫》等戏。当时出版的《盛京时报》发表文章赞扬童伶唐韵笙是"难得一佳材"，"扮演汉献帝相貌堂堂，台步大方雍容华贵，

---

[1] 菊部：旧时对戏班或戏曲界的泛称。

1915 年 5 月《申报》广告

深符帝王气象"，"尤见表情周到"，"宕荡生致,几有声凌云霄之概"。[1]可见刚刚出道的少年唐韵笙就显露出非凡的天赋和表演潜能。

此后,随师唐景云边学艺,边演出,游艺于山东、河北、东北一带。民国五年(1916)夏抵达北国冰城哈尔滨,适逢著名河北梆子女演员喜彩凤、评剧演员月明珠也莅哈献艺,小唐韵笙崭露头角,即与这两位享名已久的艺术家合作,贴演于张景南主管的庆丰戏园,成为庆丰的台柱。当时哈尔滨是中国人、俄国人、蒙古人等聚居的带有国际色彩的城市,各国各族人民对中国古老的传统艺术——京剧,都是抱着既好奇又有新鲜感的心情来观赏的。听说扎小辫的14 岁孩提演挂胡子的老头,大家都吊起了胃口,争相前往一睹少年名优的风采。庆丰的卖座因此上升很快。哈市出版的《远东报》报道说:"本埠同乐茶园因生意萧条……于是特借息款新邀来坤名角数名,故该园微见起色。而庆丰戏园闻此亦不新邀角色,特将其园内之纯粹角唐韵笙、喜彩凤、月明珠等,均增加工资,以致各伶等对于所作各戏刻意求工,益振精神。故两园之比较,仍属庆丰占优胜。"[2]由此可知,14 岁的"唐小辫"已被目为"纯粹角",具有了号召力。

俗话说:"父母之恩,水不能溺,火不能灭。"声名鹊起的小唐韵笙没有因岁月流逝而稍减桑梓之情,他把自己的剧照和自己挣的包银寄回福州老家。全家喜出望外,谢天谢地。可是为了生计,唐景云只顾领着唐韵笙到处跑码头卖艺,不让他回家探亲,小韵笙只好把望乡思亲的眼泪暗自往肚里吞咽。

---

[1]《盛京时报》1919 年 6 月 28 日。
[2]《远东报》1916 年 6 月 20 日。

民国八年(1919),唐韵笙随师又辗转到上海。当时上海天蟾舞台邀来驰誉南北的京角尚小云、谭小培("老生三杰"、谭派创始人谭鑫培之子)演出期满,继邀唐韵笙接演。该剧场已属沪上人气最旺的剧场,荟萃了全国各路名角,人才济济,蔚为大观。挂头牌的是老生、武生小达子(本名李桂春,清末"五达子"之一),还有著名武生杨瑞亭、名旦赵君玉(曾为冯子和、谭鑫培配戏,有"南方梅兰芳"之誉),这些人对不足 17 岁的唐韵笙的才华很赏识,都愿意提携晚辈,与唐韵笙搭档。小达子与唐韵笙合演戏中串戏的玩笑戏《新十八扯》,小达子饰兄孔怀,唐韵笙饰妹秀英,演出轰动一时。杨瑞亭邀唐韵笙合作演出在我国传播了千年、以佛教创始者释迦牟尼的十大弟子之一、号称"神通第一"的目莲本生故事为题材的《目莲僧救母》,杨瑞亭反串老旦刘清提,唐韵笙演其子目莲,成为当时最叫座的戏之一。

此次在沪,少年唐韵笙已颇为观众瞩目,戏报在唐韵笙名字上方冠以"特聘最优秀著名正工须生"字样,以招徕观众。从 3 月 15 日起演,一连五天卖满堂。连演两个月合同期满,又帮忙白演五天,收入全归老板。5 月 20 日,唐韵笙随师离沪北上。接替唐韵笙在天蟾演出的是著名文武老生兼红生,与周信芳、盖叫天、赵如泉合称"上海四大金刚"的林树森。

唐韵笙演出的《李陵碑》、《辕门斩子》、《洪羊洞》、《空城计》、《献西川》,给上海观众留下了难忘的印象,为他后来二进上海奠定了基础。更重要的是他这次沪滨之行结识了好多前辈名宿,通过同台献艺和熏戏[1]在艺术上得到不少教益。他像海绵吸水一样吮吸着师辈们的艺术精髓,羽毛渐丰。

流浪艺人在那个荆天棘地的年代是很艰难的。遇上顺当的时际,能卖座还可以混碗饭吃;若是碰上倒霉的时候,没人看戏,穷得东挪西借,常常不得不把戏衣送到当铺当几个铜板买米下锅,直到别的地方来接角唱戏,再用预付金把当的行头赎回来。一天,有位朋友登门对唐景云说:"北边有个港口城海参崴,苏联人很多,很冷。但那儿有中国人工会,很需要京剧,钱挣得多。唐韵笙去正好,使个千儿八百的,把当的赎出来,把家料理料理就走,不挺好吗?"正为生活负累所苦的唐景云点头表示会意。

---

[1] 熏戏:不是直接说给本人的,是在闲谈时听来的,说者无意,听者有心,积累多了日后成为自己演出的技巧,这种学戏方法叫"熏戏"。

四、闯荡江湖

　　旅客在每一个生人门口敲叩，才能敲到自己的家门；人要在外边到处漂流，最后才能走到最深的内殿。

——（印度）泰戈尔

　　1919年6月，唐景云率唐韵笙离沪北上，抵大连，21日假座永善茶园演出《白逼宫》等戏。7月，抵吉林市，假座丹桂茶园演出。剧目有武生重头戏《三江越虎城》，唐韵笙饰秦怀玉；《牧虎关》，唐韵笙饰高旺。这次演出为时不到一个月，但极大满足了江城观众看戏之望，江城优美的风光更给他留下了美好的印象。过后，他多次对同行们说："吉林山清水秀，物价便宜，是块宝地。"这可能就是他倒仓[1]后蛰居吉林，并一生六次赴吉的缘由吧！

　　是年8月，唐韵笙一行人经哈尔滨到达海参崴（今俄罗斯的符拉迪沃斯托克）。"海参崴"意即海参的港湾，原属中国领土，后被沙俄割占，筑寨建港。当时由苏联控制，是苏联在远东的海军基地，海港一年中有四个月结冰期。这座小城在绥芬河口海湾东岸，东、南、西三面濒海，一面依山。整个城市沿海岸迤逦于一条狭长的丘陵地带，茂密的林木覆盖着陡峭的岸边，山海相连，水色岚光，变化无穷，风光雄奇幽静。

　　"远来的和尚会念经"，二八年华的唐韵笙正当艺业精进的成长期。他扮相俊美，嗓音浏亮，动作英爽，海参崴观众为之眼界大开。演出地点在南园子（永仙茶园），与其搭档的都是菊部高才，有男旦张云青，艺名"一盏灯"，意即像灯一样亮，被称为"占行全才"，渔婆旦、官旦、洞房旦，色色皆能；还有赵松樵，艺名"九龄童"，武生、老生、红生、黑头、花脸都能演，京剧界有"累不死的赵松樵"的美称；还有文武老生高三奎等。唐韵笙除了演出刘派、汪派唱工重头戏外，还演出《定军山》、《阳平关》等武老生戏，并与赵松樵合排本戏《金鞭记》，赵松樵饰主角呼延庆，唐韵笙配演孟强。这次演出中有一出戏特别有彩头——《法门寺·拾玉镯》，唐韵笙在戏中反串了彩旦刘媒婆，手持二尺余长的旱烟袋，并点火吸烟，一边唱"此一去到

---

[1] 倒仓：演员在青春发育时期，由于生理关系，嗓音暗哑，歌不成声。这是男演员必经的过程。

孙家,前去撮合",一边跑圆场。同时那烟袋杆在右手中指上平转如飞,旋转持续几分钟不停,煞是好看。唐韵笙将刘媒婆风趣、诙谐的喜剧性格和此刻欢欣、自信的心情刻画得活灵活现。每演至此,观众则掌声雷动,为之欢腾。刘媒婆"耍烟袋"从此成为唐韵笙表演的绝活,屡演不衰,口碑载道。这是唐景云亲授,又经他自己的加工润色、千锤百炼而成。高三奎的《哭祖庙》、赵松樵的《长坂坡》都以声容并茂而每演必满。一盏灯演《双阳公主》之荡马脚底疾徐有序,背上靠旗平稳,丝毫不乱,表现身怀有孕的双阳公主被刘庆用棍击中,腹部、胎气震动的疼痛状。他将枪横放揉腹,右肩微耸,右嘴角向上吊动,可谓形容尽致,台下彩声四起。

唐韵笙父子等人的演出,海参崴观众视为新奇,长期保持连演连满的势头。因剧场老板一再挽留,他们竟在这个寒冷的小城流连一年之久。

五、千里寻孙

父母生其身,儿女自立志。

——中国谚语

唐韵笙出名以后,唐景云更倾力培养他,不单请先生给他说戏,还请老师教他读写。唐景云也很少唱戏了,唐氏夫妇生活几乎全靠唐韵笙包银养活。唐韵笙的母亲郎惠兰为儿子的出息深感欣慰,又为儿子远离故土、久久不归而挂念。她年复一年地挨着日子,盼望母子早日团圆。可是山高路远,她又晕车不能乘车出门,唐韵笙只能几年回家一趟,小住数日。母子俩抱头痛哭、互诉苦情之后,复又匆匆离去。斗转星移,时光荏苒,屈指一算,八年过去了,石家与唐景云订下的"写字"期满了。唐韵笙的妈妈与爷爷商量好,由爷爷代表全家去找唐氏把孩子领回家。爷爷石秀川来到人海茫茫的大上海,唐景云以礼相待,摆酒设宴为他洗尘。石秀川眯着微醺的双眼"摊牌":"八年过了,这次我来是想把俺家强子领回去。"唐景云满脸赔笑说:"写字期满我不能说了不算。不过,他跟我们学一身本事,您老把他带回去,岂不可惜吗?再说,这些年我在他身上没少花钱,他唱什么戏,我给他置什么行头,我还为他请先生……""我不管那个,到年限,我就来要人!"石秀川见唐景云搪塞,心中升起一股怒火,大声喊叫起来。唐景云妻赶忙上前解围,大家也七嘴八舌地都来劝说,石秀川的火气才消了下去。

过后，唐韵笙和爷爷单独相对，唐韵笙说："我的心情也很矛盾，我想念爷爷、妈妈、哥哥、弟弟。从感情上说，我愿意回老家和你们永远生活在一起。可是呆在福州，我靠什么吃饭呢？我的艺术前途在哪里？大概好像命里注定，我就是个四处奔波的命，跑码头，走江湖，四海为家，我只能这样生活了。爷爷、妈妈，饶恕我这个不肖子孙吧！我不能在膝下侍候您老人家了。"说着双膝跪倒，一头扑在爷爷怀里放声大哭起来。

爷爷抚摸着孙子的额头，眼泪有如断线的珍珠一般落下来。在石秀川心理的天平上，为了天伦之乐牺牲事业和为了事业割舍天伦之乐，这两端砝码孰轻孰重，并非没有感觉。爷爷也是左右为难，无可奈何啊！

唐景云托许多人向石秀川说情："回去把孩子给糟蹋了，留在北方唱戏，一方面帮助了唐老板，一方面也帮助你们。韵笙有了钱，能不管你们吗？""唐老板对你孙子是很有感情的，就算你把孙子过继给他，现在唐韵笙已经归他那个姓了，都传出去了，还能改过来吗？"说来说去，把石秀川的心说活了，又想起孙子自己说的那句"好像命里注定"，也只好认了。末了，唐景云和戏院经理凑合了六七百块现大洋给石秀川，并答应按月给石家寄钱供养唐韵笙的老人，收了唐韵笙作为义子。

石秀川临走的前一夜，唐韵笙唱完戏回来，单独陪着爷爷喝酒。酒酣耳热，唐韵笙忽然泪如雨下，爷爷用手绢给他擦拭泪水，唐韵笙止住眼泪，嘴角挂出一丝微笑，举起酒杯说："今天为爷爷饯行，我应该高兴才是。爷爷！我给您唱一段。"说着用筷子敲桌子击节而歌："……我好比南来雁失群飞散……我有心出关去见母一面，怎奈我身在番远隔天边。思老母不由人肝肠痛断……"唱得爷爷泪花在眼眶里直打转，老人竭力控制自己的感情，但终于控制不住，泪水扑簌簌地涌出来。孙子选择《四郎探母》这段唱，是在向亲人倾诉思念之苦，对故乡抒发桑梓之情，骨肉间的心总是相连通的，万水千山也阻隔不断。翌日，唐韵笙买了一大堆东西让爷爷带回家，把爷爷送到船上，直到船身变成一个小黑点消失在苍茫的江上，他还在码头上呆呆地伫立着。

没多久，唐景云身染沉疴，终老于大连。"一日之师，终身为父。"唐韵笙悲不可抑，身披重孝，与义母一起操持，厚葬了恩师、义父。自己由于义父的引领才走上了艺术道路，由于义父的培养才取得今日之成果。十多年来与唐景云朝夕相处，甘苦与共，深受其惠，情同父子，一旦斯人驾鹤西游，怎能不怆然悼惜？唐景云去世后，剧团由此时已届成年的唐韵笙和义母掌管。唐韵笙一面演戏，一面主持全团的业务工作,挑起了义母和十几口人的生活重担。义母有烟瘾,唐韵笙为了表示孝心,不得不每天拿钱给她买烟。想让一大帮人活下去,唐韵笙只好走南闯北,在跑码头流浪中讨生活。他率剧团乘船到达烟台,在丹桂茶园唱戏,唱了个把月,生意不大好,于是又取道海上返回东北。

六、倒仓时期

如果是玫瑰,它总会开花的。

——(德)歌德

民国九年(1920)假座吉林的丹桂茶园,唐韵笙正在台上唱《灞桥挑袍》最后一句"灞里桥刀挑大红袍",突然嗓子沙哑,高腔怎么也甩不上去,观众也为之错愕哗然。回到后台,唐韵笙对众人赧然说:"今儿个我嗓子不知怎么了,真丢人!""八成'倒仓'(又叫"倒嗓")了吧!过一段时间会好的。"老板微微一笑安慰他。

"'倒仓'?这么早就倒仓,还能唱戏吗?"唐韵笙焦急得习惯似地搓起手来。梨园界把演员的嗓子比喻成装米的粮仓,变声期嗓子暗哑意味着米仓倒了,也就是要挨饿了。"倒仓"对卖艺为生的人而言,不啻是鬼门关。

"别急,有办法。"鼓师从旁插嘴说。

"什么办法?"

"练!下苦功夫练!把嗓子喊一喊,喊出来唱得会更好,俗话说:'要在人前显贵,就得暗地受罪。'"鼓师斜睨一眼说。

"练!"唐韵笙眼里闪出一道希望的光芒。是啊,在困境中求再生,唯一出路就是再练新功。从师问艺以来,自己练功已够刻苦的了,无论严寒酷暑,刮风下雨,从未间断过。如今嗓子哑了,不能唱戏,怎么度日呢?在前辈的开导下,唐韵笙给自己定下了两条日常守则:一读书,二练功。

读书,在他早已养成习惯了。离开私塾入戏班,本来学习机会就少了。可是唱戏的没文化,戏也是唱不好的。怀抱这个信条,他像旱地渴望甘霖一样,得暇时就把书捧在手里,没头没脑地读起来。义父在世时见他嗜书成癖,更加意扶助,给他买许多书,还特地给他请一位饱学先生讲课。唐韵笙每每听得出神,所以"四书"、"五经"、"子曰诗云"诸多章句都成诵能解。倒仓期,他津津有味地读起《隋唐演义》、《水浒传》、《西游记》等古典章回小说,特别是《东周列国志》、《三国演义》两部书激起他极大的兴趣。书中惊险曲折的情节、叱咤风云、震古烁今的英雄形象深深扣动了他的心灵弦索,使他立下了把书中的故事、人物立体呈现于舞台上的理想和志向。博览群书,持之以恒,使他不仅成长为一个多才的演员,而且锻铸他后来成为一个编剧里手。

"把酒时看剑,焚香夜读书。"这是唐韵笙喜爱的王羲之手书的对联,也是他的座右铭。他白天大部分时间用来练功,晚上则专心致志地阅读。

俗话说:"功难练,戏好学。"吉林的冬天,早晨气温低达零下30摄氏度左右,呼吸鼻孔都要冒白烟,月亮刚刚隐去,天空灰蒙蒙的一片雾霭。一个矫健的身影轻轻推开门,两手夹一个包袱,一阵小跑从德胜门外直奔北山而去。到了山脚下,那人把包袱打开,里面是一双三寸厚底的高筒靴和两个沙袋。他登上靴子,把两腿绑上沙袋,就沿着崎岖的山冈向上攀登,一直爬到山顶。熹微的晨光照拂着他青春的脸庞,这时人们才辨清:他,就是青年唐韵笙。几位艺人惊奇地发现:唐韵笙每天都是五点钟起床,摸黑穿厚底、绑沙袋爬山。到了山顶,又蹲在大冰块上喊嗓。起初连话都说不出来,压根儿喊不出声,后来出一点小声,他坚持喊下去,嗓音渐渐恢复。大张口冲着冰呵气——啊!一拉多长,气流把冰块化成了窟窿。有时因为起得太早,登山过累,不知什么时候,瞌睡虫爬上来,身子一沉,腿一软,竟坐在冰上睡着了。及至感觉臀部透着凉气,醒来一看,屁股陷到冰块里去了,把冰层卧出一个圆形凹槽。喊嗓到7点,才返回德胜门外新庆戏院二层旧楼宿舍,点着小炉子烧开水,吃点烤窝窝头,又拿剑舞起来。这样苦磨硬练几个月,嗓子不哑了,但还不亮堂。

"你嗓子还没喊出来,文戏唱不好,唱武的吧!"好多朋友建议说。唐韵笙一想此言甚是,于是转而专注练武功,武行教他练工架、身段、靠功、把子功,连朝接夕,不自知其苦。他向前辈武生周凯亭(周少楼之父)学习了武戏《杀四门》、《铁笼山》、《百骑劫营》、《长坂坡》、半文半武的《收关胜》、长靠短打的《八大锤》等。由于倒仓,促使唐韵笙改习武生,从单一的衰派老生行发展到文武老生兼武生,开拓出一个艺术新天地,这就叫"置之死地而后生"吧!

北山上有好几座寺庙,每年三月二十八日都有盛大的庙会。庙会那天,卖吃喝的,杂耍说书的,唱野台子戏的,应有尽有。唐韵笙也在关帝庙戏台民间艺人的表演面前驻足流连,吮吸着民间艺术的丰富滋养。一日,唐韵笙练完功漫游山林,见一座寺庙掩映在绿树丛中，门首高悬"玉皇阁"匾额。他走进寺院，向菩萨进香祈祷，并同寺中主持攀谈起来。这位主持法名"悟澈"，比唐大二三十岁，原也是艺人出身，唱过河北梆子小生，伤于戏班四方漂泊、生活无保障而半路出家。他的豪爽、健谈和腹学渊博令唐韵笙十分欣羡，唐韵笙的勤奋好学也使悟澈深为感动。几次交谈，颇为投机，两人遂订为厚交。此后，每当练功休息之余，唐韵笙便来到玉皇阁同悟澈聊天，下围棋。每天悟澈给唐准备早点一份，他们吃完早点就登上楼高三层的"朵云殿"品茗，谈论佛法禅宗、神仙方术……这一切烙印在唐韵笙的脑海里。在交谈中唐韵笙悟到，一个演员要想形成自己独到的一派，必须有自己的剧目。遂着意编写剧本，他们选定从《东周列国志》和《封神演义》中撷取题材，于是相继改编出列国戏《驱车战将》、殷代故事戏《鹿台恨》、《陈十策》等。

唐韵笙与悟澈和尚分手后，仍不忘他们谊兼师友的过从。1936 年，唐韵笙第三次去吉林，怀着旧地重游的无限感慨和对故人的思念之情，重访了玉皇阁。悟澈知道唐韵笙爱画，就把自己珍藏的明代画家王节所绘的一组四季山水的四扇屏赠给他作为纪念。唐韵笙则送 100 块钱给悟澈以表酬谢。以后唐每次来吉林，他们都要在一块儿作竟夜之谈。春秋已高的悟澈和尚每天都下山坐在剧场台边看戏，唐韵笙排戏的时候，他经常坐在一旁热心指点。他们的诚笃友谊一直保持到 1945 年悟澈"圆寂"，被传为菊坛佳话。

唐韵笙自结识了这位悟澈和尚，有如到深山探宝发现了精金美玉，和尚讲给他的许多历史、佛学、文化、艺术知识，使他洞开心臆，促进了他的文化意识、自我意识、竞争意识的觉醒，对他日后的艺业提高长进产生了重要的影响。

唐韵笙深知"欲学惊人艺，须下苦功夫"，他以坚强的毅力和极大的进取心度过了变声期。戏曲艺人说："三年出一科状元，十年出不来一个好唱戏的。"这是有一定道理的。不过，在炼狱中茹苦修行的唐韵笙，三年后嗓音不但恢复了，而且变得又宽又亮又脆，脑后音共鸣很强，简直如铜口铁喉一般，成了真正响当当的一声震乾坤的功夫嗓；加上新添了一身的长靠、箭衣、短打的扎实武功，如威添翼。经历变声期后的他，演技飙涨，潜能无穷，蛰龙伸腰开始了新的腾飞。1922 年，20 岁的唐韵笙雄心勃勃地重返吉林斯美茶园露演，大获成功。除传统老生和武生戏以外，开始贴演了他和悟澈和尚创编的列国戏，其中以《驱车战将》极博众赏。

这是一出以翻打跌扑见长的累工戏，是唐韵笙根据历史小说《东周列国志》第十七回自编、自导、自演的，后成为唐派看家戏。剧情写宋闵公命大将南宫长万助齐攻鲁,长万中箭为鲁军所擒,被释回国后遭闵公讥讽、辱骂,怒而弑君。公子御说逃奔鲁国请兵诛长万,鲁庄公领兵诈开宋城。长万持戟推辇护母逃往陈国,鲁军截杀,箭射其母,长万突围而去。此戏以武生应工,前重唱、表,后重开打,尤以"战将突围"一场在"联弹中"开打文武并重。唐韵笙扮演的南宫长万揉红脸,身穿自己设计的轻便改良靠,紧身束腰,外罩大坎肩,黑色大绒上面镶嵌着大大小小电镀圆形铜扣,银光耀眼,非常好看。手里使的是特大"方天戟"——带双月牙的双头戟,英气夺人,显出所向披靡、万夫不当的大将威风。"杀官"一场,当抓住宋王唱"在这虎口中拔牙……"时,把花脸的"哇呀"糅进老生的唱腔,更切合南宫勇猛鲁莽的性格。"车战"的开打火爆威猛,如暴风骤雨。抓箭、耍枪花,把手中的长戟舞得快捷如飞,快而有准,快而不乱,脚底下步法、手里的招式清清楚楚。这出戏将老生、武生、花脸演技熔于一炉,文武并重,唱打俱佳。观众感到耳目一新,连声叫好。《驱车战将》在20世纪30年代由曹艺斌、高雪樵、周麟昆、郑玉廷、张铁华、李春元、黄云鹏等传演于东北、津、沪各地,成为武生常演的唐派代表剧目。

1922年初春,唐韵笙再次赴哈尔滨新舞台演出,"前度刘郎今又来"。"唐韵笙!唐韵笙又回来了!"哈市戏迷们奔走相告,剧票售卖一空。这年3月,河北梆子名优小元元红(魏联升)在哈尔滨新舞台演出,流氓把头姚锡久因其姨太太每场必看而醋意大发,派人将正在后台化妆的小元元红刺死,激起各界公愤。4月,唐韵笙为伸张正义、保护艺人权益,挺身而出,同在哈埠的名伶喜彩凤、月明珠、金开芳等联合署名给新任东三省特别区市政长官公署署长写信,控告姚锡久仗势行凶杀人的罪行。声讨浪潮波及全国,在强大公众舆论压力下,东北军阀只得暂将姚锡久关押起来。这是青年时代唐韵笙投身于正义斗争的第一个胜利。

1923年,天仙第一大舞台邀来世称"活关公"的老生演员老三麻子(王鸿寿),并有尚和玉、杨瑞亭等配合,轰动哈市。各家戏园竞争激烈,面对此情此景,新舞台老板苦思焦虑,悟出一个以"小对老"的对策。老三麻子年已七十三高龄,而当时声名鹊起的唐韵笙刚21岁,老板起用外号"粉面哪吒"的唐韵笙,与初出茅庐的年仅12岁的小小宝义(曹艺斌)打对台,争夺观众,颇受好评。继童伶唐韵笙、石月明、曹艺斌等演唱大红之后,一股"童伶热"在黑龙江全省各地掀起。1924年,13岁的童伶武生李万春在哈尔滨市演山《战马超》、《林冲夜奔》等戏,观众爆满,被誉为"童伶奇才";14岁的童伶武生女演员王少鲁,唱娃娃调,一句一个好,被赞誉为

"艺海良才"。从此，童伶在东北京剧舞台上占据重要一席。

1924年2月，唐韵笙赴大连同乐茶园演出传统神话故事剧《刘海戏金蟾》，艳小樵饰刘海，小云樵饰狐仙，唐韵笙饰渔翁，迟寿平饰樵夫。他们各展其长，并臻佳妙。全剧载歌载舞，生动活泼，大受欢迎。

同年，唐韵笙又率团首次到达辽宁边境城市安东(今丹东)，在华英舞台献出了《古城会》、《献地图》、《献西川》、《逍遥津》、《刀劈三关》、《艳阳楼》、《斩黄袍》、《斩子》、《走麦城》、《连营寨》、《哭灵牌》等一大批剧目。特别是《刀劈三关》，唐韵笙饰雷万春，允文允武，甚见功力，被称为"一株珍贵的唐派艺术之花"。先生以他那特有的高昂峭拔的嗓音，把一些音域较高、难度很大的"高娃娃调花腔"或"嘎调"唱得满宫满调，如异峰突起，直入云端，使江城观众叫好不迭。此剧系根据汪笑侬先生的演出本作了多处改编，原作从"探子下书"起至"城楼降辽"止，共十八场。剧情是：唐朝奸相郭章私通辽主羌洪，羌兵犯境。郭章设计保荐雷万春出守边关，雷患病不能成行，命三子代往镇守三关。长子、次子出战阵亡，三子雷鸣被羌洪之女万花公主所擒，逼招驸马不从，三关失守。雷万春闻讯大惊，郭章又假传圣旨，赐雷万春药酒自裁，雷欲自尽，忽悟其奸，于郭府外扑得辽邦下书人，识破郭计，亲扑郭章，并驰往三关救援。雷万春抱病刀劈三关，力斩莫须龙、莫须虎，生擒羌洪。万花公主无奈，遵父命率辽兵降雷万春。唐韵笙将原"探子下书"、"金殿降旨"、"雷鸣招亲"等情节删去，改郭章名为郭震，改郭章长亭饯酒下毒为宣假圣旨赐死，改雷鸣投降招亲为坚拒不降。全剧减为八场，重新编写了台词、唱腔，加重了劈三关的舞蹈和开打，使这出汪派老戏珠玉生辉，成为唐派盛演不衰的代表剧目。唐韵笙在安东受到观众追捧，后来又四次来此献艺。

《刀劈三关》，唐韵笙饰雷万春

七、津门缘

女人嫁给男人，男人嫁给事业。

——（法）雷纳尔

濒临渤海、地接京畿的天津市，自古就是南北物质交流的枢纽，各地商贾云集、艺人荟萃之地。这里市面繁华，剧场、游艺园星罗棋布，京剧、评剧、河北梆子等剧艺演出活跃，京派、海派名角无不在此争台逐鹿。据说，因为天津乃畿辅门户，观众欣赏水平较高，故全国各路伶工欲晋京，必得先经津门，在津门唱红了方可望入京；反之亦然，京角欲出京去外埠演出，也必得在津门打炮，方能在外埠走红。有鉴于此，才长心细的唐韵笙自然要把津门选作走南闯北的一个重要基地。他一生十多次抵津，前后演出时间长达四五年之久，并在津完婚安家，已然与津门结下不解之缘。

1925年4月，23岁的唐韵笙过了倒仓期，从东北来到天津，假座广和楼，日场和晚场演出《五星联珠》、连台本戏三至十本《狸猫换太子》、《刀劈三关》、《七擒孟获》、《贩马记》、《越虎城》、《斩于吉》、《红粉骷髅》等。合作者有张品卿、马春奎、小菊花、马春良等。难忘的是5月21日在新明大戏院，他与尚小云、言菊朋等名角的合作。唐韵笙在前头演杨（小楼）派长靠武戏《冀州城》（一名《战冀州》），饰马超，在城下见妻儿被害，悲愤昏倒两番的后"僵尸"和前栽的"僵尸"挺直而又猛愣，观众报以可堂好。大轴是尚小云、言菊朋、筱翠花、赵美英、马富禄、小玉楼、赵鸿林、陆树田、晚香玉合演的《红鬃烈马》，演员均是一时之上选，使观众饱饫所望。通过这次演出，唐韵笙初识"四大名旦"之一的尚小云，得到了向这位名家学习的机会。五天后，即5月26日起，梅兰芳偕王凤卿在皇宫电影院演出《黛玉葬花》、《宝莲灯》等剧目，好学不倦的唐韵笙又获得了观摩学习的"天赐"良机。津门既是他初试锋芒之所，也是他求师请益的好学校。

是年，上海爆发了震惊中外的"五卅惨案"和工人大罢工。消息传来，举国声援。时时忧心国事的唐韵笙心里像烧着一团火，他茶饭无心，奔走四方，敦请东天仙戏院经理和梨园界同仁演义务戏，为支援罢工工人募捐。此议很快得到各方响应，天津《大公报》6月19日载文《东天仙舞台演义务戏》云："自沪案发生后，全国同愤,不断举行游行演说等示威活动。各大埠莫不尽力筹款,以接待上海之罢工工人,因最后的胜负,视罢工之能否坚持为依归。兹有本埠东天仙经理及诸大名角唐韵笙、李鹤龄、邓丽峰、鲜牡丹等,爱国热忱不后于人,拟定本星期五演义务戏一天,闻是日所演均为拿手杰作……"6月20日,义务戏在东天仙舞台开锣。天津民众爱国热情高涨,纷纷前往,剧票全部售罄,观众无不称颂唐韵笙等艺人的拳拳爱国心。唐韵笙为自己能参加这次义举而感到欣慰、振奋,他心里想:我的身体发肤受之父母,我的艺术则是属于民众。民众是养育我的母亲,我不能忘记民众的深恩。在我的有生之年应该多为民众做点好事。的确,这个报效庶黎的执着意向他抱持终生,并见诸嗣后许多实际行动中。

从下半年到年底,唐韵笙与芙蓉鞏、张铭武、李鹤龄、鲜牡丹、温小培、喜彩铃、韩宝春在东天仙戏院演出《定军山》、《乾隆下江南》、《天河配》、《翠屏山》、《三请姚期》、《南天门》、《朱洪武打擂》等戏。戏班漂泊迁徙的生活对上了年纪的人是不适应的。为了安排义母唐老太太安度晚年,唐韵笙在天津日租界租了一所房子——"居仁里门牌1号",把义母安置下来。这期间,他在津结交了一些朋友,其中与赵永贵父子过从更密。赵永贵是唱花脸的,其子赵鸿林工武生,20世纪20年代曾与麒麟童、孟小冬合作,以短打武戏从上海到津京"三战三捷",比侔于盖叫天,名重一时。唐韵笙慕名,常登门与赵氏父子切磋技艺,赵鸿林见唐韵笙前途无量,便有意把自己胞妹赵蕙珍许配于他,赵永贵也慧眼识才,应允了这门亲事。1926年,唐韵笙南下上海大舞台演出,赵家慷慨解囊,给了他经济援助,置办了两套行头。不想因国难殃及、市面萧条、观众无心赏戏等种种原因,上海卖座不好。遂返回青岛,在平度路新新舞台与青衣王梅生合作演出。后经津北上,抵哈尔滨,演于新舞台。以《驱车战将》打炮,一鸣惊人。接着演出《甘兴霸百骑劫魏营》,这是武生宗师杨小楼常演的剧目。唐韵笙演来有自己的创造,改穿软靠,手使双戟。剧中"冲阵"、"冲四门"开打时,双戟出手,堪称一绝。"劝军"的大段念白用的是《三国演义》的原文,由于他嘴皮子功夫过硬,念来白口清朗,铿锵有韵,受到内外行一致赞赏。另一出引人注目的戏是《小霸王怒斩于吉》,剧中的孙策和《伐子都》中的公孙子都一样,都是精神失常。为避免雷同,唐韵笙饰演的孙策一反子都扎大靠、以翻腾跌扑为主的演法,改穿箭衣、马褂、挎剑,以做工取胜。这些革新尝试别开生面,在哈尔滨收获了好口碑。

唐老太太见韵笙已长大成人,有心为他安排婚事。赵鸿林的胞妹赵蕙珍姑娘,

1925 年，唐韵笙（左）与赵鸿林在青岛炮台山合影

二九年华，身材颀长，皮肤白净，容貌端庄，青春可人，还在学堂进过学，会画画绣花，有良好的教养，性格娴静刚强。老太太觉得两人门当户对，经武花脸闻子芳穿针引线做媒，唐、赵两家几番磋商，就订下了这门亲事。干娘驰书给当时正在哈尔滨演出的唐韵笙，叫他回津完婚。不知为什么，哈尔滨方面没有回音。唐老太太求人择个黄道吉日，又发一份电报，明示婚礼大典的时辰，严令义子务必如期赶回。

婚典之日来临，天津最大的回民饭店——鸿宾饭庄正厅张灯结彩，鼓乐喧天，男女嘉宾毕至。倾心于唐韵笙、赵鸿林的名望，当时在津伶界名流无不光临致贺，其中有荀慧生、尚和玉、李吉瑞、黄俊卿、金仲仁、郭仲恒、吴铁庵、韩长宝等人。新人行礼如仪，宾客有的窃窃私语，有的暗递眼色，有的露出狡黠的微笑。原来，认识唐韵笙的宾客发现新郎不是唐韵笙，不认识唐韵笙的也觉得新郎不像男人，倒似女流。不错，新郎确是一个替身，女扮男装代替唐韵笙拜堂成亲的是天华景戏院的一位女演员。唐韵笙当天没赶回来。择定的吉日良辰不能错过，发出去的请柬不可更改，怎么办呢？急得两家人乱成一团，思来想去，最后只好采取李代桃僵之计，局面总算应付过去。

第三天晚上，唐韵笙才从哈尔滨返回津门，新娘已等待在洞房红烛帐底。其时，1928 年夏，唐韵笙 26 岁。他姗姗来迟，是因为路上交通不便，还是其他什么情况，人们不得而知。他用自己攒下的包银买了两副手镯，给干娘、妻子各一副。次日,唐韵笙让新娘穿上唐家置办的服装给老太太请安。新娘性格倔强,非要穿自己娘家陪送的衣服不可,惹得唐老太太很不痛快。这就埋下了婆媳矛盾的种子。唐老太太对儿媳很苛刻,伦理道德观念浓厚的唐韵笙既想孝敬干娘,又要体贴妻子,不免左右为难。他安慰妻子说:"干娘那么大岁数,你就让让吧! 你要吃住干娘的苛刻。"在唐韵笙看来,赵蕙珍做贤妻良母是蛮好的。何况母命难违,她是母亲为自己选定的,不! 也许是上天安排的,现在只好与之和乐相处,尽到做丈夫、男人应尽的义务了。志存高远的唐韵笙,没有把结婚成家当成了不起的事。新婚燕尔,他既没有休假,更没有闲暇偕发妻去度蜜月,也没有沉迷在红罗帐下的温香软玉里。此时,萦然于怀的仍是国事艺事。他一面照例坚持登台和老搭档梁一鸣、孟丽君、李艳香、方连元、雷喜福、程艳芳、骆连翔等,在新建成的带转动式舞台的法租界劝业场四楼天华景戏院演出《哭灵牌》、《霸王别姬》、《铁笼山》、《张果老成亲》、《盘丝洞》、《杀四门》、《狸猫换太子》等剧;一面关在书房里编写剧本。

唐韵笙从报上和街谈巷议中得知,日本军国主义者正在调兵遣将,蠢蠢欲动,对我东三省垂涎三尺。有正义感的中国人无不痛恨日本鬼子张牙舞爪,为国运堪忧而心怀省惕。面对寇氛日亟的现实,唐韵笙决定以舞台为战场,借古喻今,口诛笔伐,指斥日本强盗的猖狂,吐诉中国人民的志气。他花费几个月时间,根据中国古代传说编出四本连台本戏,剧名定为《扫除日害》,一语双关地道出召唤抗日之意。《扫除日害》本事是上古时,十日当空,禾苗焦枯,百姓无以生存。神箭手后羿奋勇射落九日,为民除害,并保尧帝辅治天下,百姓安居守业。尧帝访贤,荐舜为帝,舜传位于禹,禹传汤,万民拥戴,永庆升平。这部唐韵笙自编自导自演的爱国剧作,于1929年9月12日起在天津天华景戏院正式首演,成为他张扬爱国心的力作。

在《扫除日害》中,唐韵笙自饰后羿,梁一鸣饰尧帝,孟丽君饰嫦娥。该剧灯光布景齐备,"太阳"以电灯照明,耀如真日。太监陈亮被罚,将其放在道具箱内,演出锯人绝技。并巧用"白话联弹"[1]隐喻时事,妙趣横生。"后羿射日"一场台词中有"不除日害,国无宁日"句,痛快淋漓地喊出全国人民的心声。后羿每射下一个太阳,台下辄响起一阵雷鸣般的掌声。该剧在津连演数十场,"九·一八"事变后又到东北及关内各地演出,深受广大观众热捧,唐韵笙也因此身罹祸难,这是后

[1] 白话联弹:两人说话,你一句,我一句,连在一起,都是成语。

话了。

在传统戏《墓中生太子》一剧中,唐韵笙还为小花脸的传统数板特意增加了反抗日寇的台词,其中有:"抵制日货,还我青岛,坚决反对'二十一条'!"在国事蜩螗、民族危难的时刻,唐韵笙便自觉地以自己的艺术创作为武器,同帝国主义侵略者针锋相对。在此后数十年的生活中,他始终深怀忧患意识,关注国运民瘼,这对于他艺术创作的倾向、流派特色的形成产生了深刻的影响。

数日后,来了一个相貌酷似唐韵笙的小伙子,唐韵笙一看,原来是胞弟斌贤。斌贤在福建家乡日子不好过,奉母命前来投奔二哥。唐韵笙把弟弟搂进怀里,亲热地打听母亲和哥哥的情况,问给家里寄的钱和衣物收到没有,斌贤不住地点头诺诺连声,他才放了心。讲到爷爷去世的情景,唐韵笙泪流满面。他决计把弟弟留在身边当管事,襄助他料理剧团杂务。

有一天,唐韵笙刚吃过早饭,弟弟进屋禀报,说有三个年轻女子从哈尔滨前来求见,现正在大罗天饭店恭候。唐韵笙听罢先是一惊,继而禁不住一片红晕顿时飞上双颊……

八、爱的旋律

男人看似无所不能,实际上却被身后伟大的爱情所支配统驭。

——(英)培根

唐韵笙赶到大罗天饭店会客厅,一位年约20多岁、靓妆盛饰、光艳夺目的丽人早已等在那里。她细长的瓜子脸,肤色微黑,额头中间分开的两绺刘海半遮着额角,两道弯弯的秀眉下面嵌着两颗黑宝石一样闪闪发亮的眼睛。身穿绣着大花的绿色缎子旗袍,缠裹过的尖尖小脚蹬一双深红色的绣花鞋。耳上戴着耳环,颈上挂着项链,腕上绕着手镯,满身珠光宝气。唐韵笙望着她愕然了,不知说什么好。

"韵笙,"那女人嫣然一笑,拉一下他的手,"没想到我能来吧!"

"没想到来得这么快。"他又惊又喜,示意她坐下来。

"意外吗?"她在沙发上坐下,目不转睛地盯着他。

"……"他语塞了。

"这么说,你不愿意……"

"啊！不！愿意！愿意！就是有点太快——了，我刚结婚。"他急促地解释着。

"这我知道，我会处理好的，我是来侍候你的，我不会惹她生气……"她凝注着他有点尴尬的表情，充满柔情与希望。唐韵笙默默无语，陷入沉思中……

原来，这位北国佳人是唐韵笙数月前在哈尔滨认识的。他没有按期赶回天津举行婚礼，正是因为她。

她是郭氏，和旧时代的女人一样没有名。原也是苦出身，其继父杨永竹是唱花脸的，姊妹六个，都叫"姨儿"，她排行老四，故称"四姨儿"。几年前由父亲包办，许配给比她大40多岁的哈尔滨开司坊的大掌柜，充第五房姨太太。冷厉

夫人郭淑筠

的父亲为了金钱门第，全然不顾念女儿自己的意愿，埋葬了女儿的青春。锦衣玉食弥补不了"四姨儿"精神的空虚，呼奴使婢取代不了无爱的苦闷。她要反抗，要追求，要冲击那个由金屋牙床、七宝流苏外壳包裹着的人间地狱，去呼吸自由的空气；要破开三从四德、贞女节妇的封建礼教的厚厚冰层，去呼唤爱情的春光。命运给了她这样的机遇：有一次看戏，她发现台上年轻的武生扮相英俊，武功精湛，被他的神采和技艺迷上了。往后，苦闷之余，就常出来看戏。进而打听到那个她为之惊叹的武生演员名叫唐韵笙，且未有家室。她涌起了追求爱的勇气，便在剧场订下一个包厢，三天两日来看戏。包厢里有茶房侍候，她就赏给茶房一点小费，托茶房递个片子、字条给唐韵笙。

"唐老板，楼上看戏的郭小姐送您的，她敬仰您的大才了。"正在卸装的唐韵笙漫不经心地看了一眼片子，"哼"了一声，扔在一旁，走出化妆室。这类事，可以说屡见不鲜。一个年轻漂亮的男演员成了名角，自然是年轻女子心仪的优质偶像，招致异性追求的机缘总是不会少的，早就成为贵妇名媛引诱对象的唐韵笙自然并不在意。旧时代十里洋场淫风炽盛，一个戏子要逃过美人关，不落入陷坑

也难。小帅哥唐韵笙躲过许多关,越过了许多坑,但他不是超人、圣人,也不免偶一颠踬。

郭氏真够得上一个"情种",一次不成,再次、三次、四次……接连不断地送鲜花、檀香扇、古玩给唐韵笙,唐韵笙不能不加以注意了。在谢幕时他举头向二楼包厢望去,见一亭亭玉立的执扇女子正在向他凝眸遥望,果然风采不凡,楚楚动人。"青年男子谁个不善钟情? 妙龄少女谁个不善怀春? 这是人性中的至洁至纯。"(歌德语)正当青春年华的他,第一次为女性打破了心里的平静。在茶房的穿针引线之下,他们在松花江边开始了第一次约会。天长日久,两人互通款曲,感情越来越深。就在这当口,天津来电报催促唐韵笙回天津娶亲,唐韵笙心里像十五个吊桶打水——七上八下。他匆忙找到郭氏,把电报拿给她看。

"我该怎么办?"唐韵笙把头埋在双手里,叹了一口气说。

"抗婚! 不回去不就完了吗?"

"人家都说我是孝子,干娘恩重如山,我怎能违拗她老人家的心意? 再说,老太太是很厉害的呀!"

她扑在他怀里呜呜地抽泣起来:"反正我不能没有你,你若走,我也跟你走。"

郭氏先前一直瞒着给富翁做小的身世,怕唐韵笙因此鄙视她而中断俩人的往来。如今两人的心已经贴在一起,关系发展到如胶似漆、难舍难分的田地,此刻,身世的秘密再也不能相瞒了。她坦白了自己遭逢的不幸,恳求他原谅,千万不要抛弃她。唐韵笙得知真相后,心情更加矛盾、忧郁和不安。爱她吗? 当然,这爱是无可否认的。她年轻、娇媚,富于女性的柔情和魅力,这些像磁石一样紧紧地吸引着他;她掉进无爱的恨海里,忍受着独守空帏的寂寞孤凄,独抱着青春时光被白白销蚀的哀怨,这叫他怜悯;她对他一往情深的痴爱,对他燃烧般火炽的热情和托以终身的期许,这使他深深感动;她置纲常伦纪于不顾,不怕世人笑骂,敢于背着僵尸般的名誉丈夫与自己所钟爱的真正男人偷情求欢。这种舍命追求幸福的行为,向旧家庭、不合理的婚姻制度、封建礼教挑战的勇气,令他敬佩。这样的女人不值得爱,不值得为之奉献、牺牲吗? 现在,唐韵笙知道确实没有什么力量能把自己和这个可爱而勇敢的女人分开了。然而,又一想,她毕竟已是身有所属,还没有同丈夫正式脱离夫妾关系,现下,义母又严命他返津明媒正娶,这便如何是好呢? 他有生以来第一次感到这样惶惑。古语说:"忠孝不能两全。"难道自己真的要在忠孝之间无法取得平衡的窘境中向一边倾斜下去吗?

"那么,我就不回去,直等到你和老头脱离关系,咱俩就结婚。"唐韵笙用手轻抚着郭氏乌黑油亮的发髻说。

"敢情好!可你怎么向你娘交待呀?你把她的面子卷了,背着她和我结亲,今后,我到你家,她能容我吗?"郭氏沉思着,慢慢扬起头,凝望着唐韵笙说。

"有道理,只怕我落个不孝的恶名。再说,老太太若是知道了你的真实情况,恐怕也不会同意咱俩的。"

"我知道,我的身份低,不配做你的夫人,你的结发妻应该是个黄花闺女。你还是回天津娶那位小姐吧,这样子你的名声还好些。"

"那你怎么办?"

"你就别为我犯愁了,反正我就是这个命了,只能给人做填房。可是,只要有你,你不嫌弃我,我宁愿给你当奴婢,做马牛一辈子,也不愿在那个老朽家当一天姨太太。"她用期望,甚至哀求的目光在他脸上寻找答案。

"那好吧!我还是谨遵母命,先把那门亲事应承下来。过后,你什么时候能挣脱那个家,成了自由人,我什么时候要你。我忘不了你的。"

"你真是天底下最好的好人!"郭氏破涕为笑,俩人紧紧拥抱在一起,仿佛有一股高温热流把两颗心熔化了,焊接在一起了。

此时,在会客厅,唐韵笙端详着风尘仆仆、带点倦容的郭氏,问道:"你怎么和他谈的,他应许了吗?"

郭氏两手放在一个别致的手提包上,两只小脚并拢在一起,说:"我跟他说:'我看上一个人,我要跟他走。您就开个恩,放了我吧!'他问是谁,我说'是唱戏的唐韵笙'。老头惊奇起来,说:'唐韵笙,这个人我知道,人品不错,好哇。念你这些年侍候我挺周到,我也没几年活头了,我就放你一马,答应你奔他去。'就这样,我就带我五妹、六妹,一块来了。"

数月后,郭氏在日本租界地兴隆南里租下一所二层小洋楼,干净、漂亮,带希腊式廊柱和雕花玻璃窗、小小庭院。距居仁里唐宅不远,郭氏三姐妹便在这块小天地定居下来。唐韵笙有余暇便到这里来与她们聊聊。时间长了,这事唐老太太、赵蕙珍也渐有所闻。唐韵笙与郭氏相商,索性把此事前因后果原原本本告诉她们。事已至此,因为小脚女人是舍命投奔的,他们又是真诚相爱,而且他保证永不遗弃结发妻,老太太和赵蕙珍虽然开始很生气,但闹了些日子后,也只好默许了。在那个年月,二美事一并非稀罕事。

25

过了三个月，唐韵笙与郭氏假大罗天饭店餐厅正式举行婚礼。嘉宾如云，场面非常热闹。天华景戏院经理、管事、津门梨园界闻人票友梁一鸣、王灵珠、范富顺等都前来祝贺。

婚宴散席，郭氏乘车先回新房。她一只手提一个尺许长的皮箱，一只手由傧相六妹挽扶，轻移莲步，款摆长裙，迈进大门。唐韵笙的三弟斌贤从他住的门楼旁的小屋里迎出来。郭氏把手中沉甸甸的皮箱递给他说："三弟，你先替我提溜着，回头给我送上楼。"说着转身上楼了。

唐斌贤把皮箱放在床上，好奇地端详着这个精制的四角包着铁箍的皮箱，情不自禁地用手摩挲着。岂料不知怎么碰到了灵巧的开关，扑棱一声，机关陡然启动，一下子把箱盖弹起来。原来箱子没锁，斌贤往里一看，吓！大吃一惊：里面净是黄澄澄的、银亮亮的，五光十色，璀璨夺目。有一枚枚金戒指、小宝、金条，一对对翡翠耳环、玛瑙手镯，一串串珍珠项链，还有几叠现款。连漱口盂、刮舌、香烟嘴都是银子的，筷子是犀角的，绿中透黑，两头镶着金子套……简直与古书上说的杜十娘的百宝箱一般无二。斌贤赶紧关上盖，赶紧把皮箱送到楼上交给嫂嫂。他知道，这是郭氏的前夫、那个财东老头给的，还有她为改嫁经年积攒的。一个在婚姻大事上早已下决心作出自我选择的女人，为适人而嫁私下所做的物质准备该是多么丰厚。单靠这些财宝，细水长流，丈夫满可以坐享其成，受用半辈子。可是唐韵笙觉得自己是男子汉，耻于靠女人养活，没把这笔财源当回事，随意大手大脚地花钱，只图快活一时。

婚后，唐韵笙改在天安大戏院与华慧麟、韩素云、品艳琴、张俊山、沈斌如等演了三个月。还排演了一个新戏《暗室青天》，很叫座。不久，天安大戏院有新角到来，唐韵笙就安居晏息不唱戏了。他每天除了照例练功外，就是伏案读书，修改前些时候写的剧本《扫除日害》。唐家原在居仁里的住处屋子少，所以同郭氏结婚时，举家迁居英国地孟买52号路新丰里一号。郭氏原来没有名，嫁到唐家后，唐韵笙给她起个名叫"淑筠"，与赵蕙珍互称姐妹。郭比赵大四五岁，两人相处得挺和睦，赵住楼上前室，郭住楼上后室，出门全家一块儿去。他们买了一辆很讲究的带四个灯的人力车，专雇一个拉车的叫张广财。全家六七口人出外游玩时，除了自己家的车以外，还租"胶皮"（人力车），每人一台，好不阔气排场。逛商场，看戏，看电影，进大菜馆吃西餐。这么大的花销，靠的是郭淑筠把一件件高级细软拿出来变卖，如此奢豪的生活不过半年就把她的家私挥霍掉大半。唐韵笙扪心自省，靠妻子的妆奁过舒服的日子不是一个有出息的男子汉应满足的,而且耽于婚后逸乐的日子太久,很可能把自己的艺术前程断送。他决计尽快结束这种享乐奢侈的生活,从温柔乡里抽身振拔,重返舞台。

九、与周信芳合作

羽毛相同的鸟,自会聚在一起。

——(希腊)亚里士多德

1930年夏,唐韵笙离家先到青岛演出,然后在横穿山东省中部的胶济铁路沿线的四方、潍县、周村一带跑小码头。

那会儿,周信芳(艺名麒麟童)久站沪滨,又经常辗转于北方各地流动演出,技艺渐臻成熟。津人称其"文武戏靡所不能,外江须生之健将也","精明过甚,有小诸葛之称"。周信芳成班在周村,听说唐韵笙戏唱得好,也在山东,就邀来一起合作。唐韵笙逢此移樽就教的机会,岂能错过?于是欣然搭入周信芳的班社。他们挂并牌各唱各的戏,周信芳演《反五关》,唐韵笙就演《鹿台恨》;周演《鸿门宴》,唐就演《驱车战将》。他们还同台合演连台本戏《汉刘邦》、《扫除日害》、《八仙得道》。《汉刘邦》,周饰刘邦,唐饰韩信;《扫除日害》,周饰白胡子老头,唐饰后羿,孟丽君饰嫦娥;《八仙得道》,周饰张果老,唐饰韩湘子。有时候唐韵笙也给周信芳挎刀,配二路活,帮助周绘制布景。周比唐大8岁,唐在艺术上、文化修养上很佩服、敬重周,周也颇赏识唐的才华和禀赋。几个月后二人分手,周信芳欠唐韵笙一笔包银,因为当时正是周信芳一生中最蹭蹬的时期。在上海,一年之中他到三家戏院演出,三家都赶上关门,内行人调侃他的倒运戏呼之为"赶三关"。他不得不再度北上跑遍华北大小码头,而在地少人稀的小城,卖座收入不多也是注定的。唐韵笙体谅周信芳的困难,周信芳很感动。临别时周握着唐的手说:"贤弟,现在我是青黄不接,我欠你的以后再补吧!"唐韵笙答道:"没关系,友情为重,友情是多少钱也买不到的。"

时隔不久,唐韵笙到济南府游艺园聚华戏院和山东大戏院演出,故友又重逢了,剧场管事耿明义先邀他,后又邀周信芳。周第一天打炮戏总是《萧何月下追韩信》,唐让周演大轴,自己在前头演与其对应、连夜新编的《好鹤失政》。这两出戏都在"追"字上做文章,耿明义担心观众会产生重复之感而败兴。唐韵笙莞尔一笑,答道:"好么!戏路子近,不正可以互相学习,取长补短吗?"唐韵笙的想法是:你有你的赵钱孙李,我有我的周吴郑王。

唐韵笙不甘人后,他常想:"彼能是我何不能是。"不管在谁面前,哪怕是自己崇仰的前辈、闻人名师,他也要暗自下决心力争与之颉颃。周信芳的《萧何月下追韩信》很红,是他在上海根据《西汉演义》编的,写的是宰相追将才;唐韵笙为了与其争胜,根据《左传》、《东周列国志》编了《好鹤失政》,在山东大戏院首演。《好鹤失政》也是写追,不过是大臣追君王。说的是列国时卫懿公酷爱仙鹤,致使厚敛于民,摒弃人才,国库空虚。大臣弘演屡谏不听,反派他出使陈国搬兵。懿公终因玩物丧志,招来北狄入侵。军民不肯抗敌,懿公弃城微服骑马逃走。弘演归来闻知去追,及至追上,懿公已被番王杀死,全军覆没。戏中穿插唱、念、扑、跌,比《追韩信》的表演全面。唐韵笙扮演的弘演在崎岖的山路上催马疾追,突然马失前蹄,弘演从马上跌落,先扔马鞭,后"摔锞子"[1],以背着地,难度大。弘演跌下马时,"四根棒"僵尸落地,刹那间将髯口向上一甩倒地,髯口整个掩面而不乱。这摔而不散的"锞子"、"僵尸"、"髯口盖脸"绝活为内外行所赞叹。周信芳看完唐的演出说:"贤弟,你这出戏演得好啊!小伙子将来成气候。"翁偶虹在《菊圃掇英录》第二十二期写道:"《追韩信》、《好鹤失政》同是一'追',唱念跌扑毫无轩轾,一时有'周追唐赶'之佳话。"看过戏的观众说:"麒麟童(即周信芳)是丞相追帅才,唐韵笙是大臣追国王。"恰巧两家戏院又是斜对门儿,这真叫名副其实的对台戏!可也因此两家的上座率都受到影响。于是两家戏院经理请唐韵笙的妻兄、著名武生演员赵鸿林出面撮合,建议周、唐合作,在北洋戏院排演《封神榜》,山东大戏院改放电影。两位艺术家出于互相敬重,欣然接受,实现联袂演出,唐饰黄飞虎,周饰姜子牙,配合默契。周负责给演员排戏,唐负责绘制布景,各忙各的,只有吃饭时才能聚在一起。唐韵笙忙于舞弄画笔,没时间与其他角色一同排戏,只好请周信芳把黄飞虎什么节骨眼唱、念,唱念的大意说上一遍,便匆匆登场。惊人的是唐韵笙到了台上,竟能依照剧情的规定情景沿波讨源,能临时加唱词,且合情合理;大段念白有来有去,顺理成章;舞蹈身段简洁大方,镂月裁云,将一个连台本戏的黄飞虎演得如精雕细刻的折子戏,后台演员无不叹服。赵鸿林说,唐之黄飞虎与周之姜子

---

[1] 摔锞子:一作"摔壳子",戏曲毯子功,纵身跃起,两腿双臂上抬,以脊背着地。

牙,可谓春兰秋菊,各具其美。周信芳对赵鸿林说:"韵笙弟不仅在舞台上有引百川入东海的本领,而且还精于丹青,看起来他真是个奇才啊!"诚哉斯言!一个自幼唱戏的艺人,竟能成为剧作家和舞台美术设计师,这简直是不可想象的事,却是毫不夸张的事实。

一〇、涉足京师

世界是属于勇者的。

——(意大利)哥伦布

1932 年(民国二十一年)春,唐韵笙自挑大梁成立私人剧团,率 60 余人赴北平(今北京)广德楼演出。此次晋京,一方面向京派请教学习,一方面初试锋刃。北平是京剧的发祥地,那里戏园子栉比开设,英才云集,名家辈出,观众的欣赏水平高,没有相当本事的人是不敢晋京露演的。正因为如此,一个京剧演员,无论在各地多么走红,倘若没有得到京、津、沪内行和观众的承认,就算不上驰名的好角儿。所以,正值鼎盛年华的唐韵笙凭着一股初生牛犊不怕虎的勇气,怀着跻身名角之林的进取之心,闯入京畿,拉开了与京朝派[1]群雄竞争的帷幕。

唐韵笙的戏码是《好鹤失政》、《小霸王怒斩于吉》、《绝龙岭》、《陈十策》,还有一些关公戏。给他配戏的人头齐崭,旦角是美霞君,武旦是原来在京的方连元(男),武生是赵鸿林、曹宝义。曹宝义与梅兰芳、周信芳、刘奎官、赵君玉、林树森、白玉昆、黄玉麟被京剧界称为"八匹骏马"(指皆属马的同庚名演员)。头一天,唐韵笙以自编自演的

青年唐韵笙

---

[1] 京朝派:指北京地区形成的戏曲艺术流派,亦称"京派",与上海形成的"海派"相对而言。

《驱车战将》打炮。出场前,他对大伙说:"咱们是外江派,不管他京派、海派,还是什么别的派,咱们怎么学就怎么演,该唱什么就唱什么。"这种不卑不亢的态度和敢于自成一格的自信心赢得了同仁的赞佩。后来竟斗胆与"武生宗师"、"第一名伶"杨小楼及其弟子李万春分别在广德楼(大栅栏路北)、华乐园(鲜鱼口,今大众剧场)、庆乐园(大栅栏路北)三个剧场于星期天唱"同天戏"。每逢星期日报上就登出海报:杨小楼的新编剧目叫《坛山谷》,李万春的叫《铁笼山》,唐韵笙的叫《九伐中原》。虽戏名不同,其实三人唱的都是武净、武生两门抱的长靠戏,都饰演姜维。观众有意想看个区别,也是出于好奇,所以这个礼拜看杨的,下个礼拜看李的,再下个礼拜看唐的,结果三个剧场都满座。观众觉得杨小楼禀赋超群,器宇非凡,处处带戏,武中有文,演来独具大将威武雄壮之风范,固然难以企及;门人李万春也能承其衣钵,身段优美大方,动作干净利索,做到脆、漂、率,值得一看;唐韵笙则显得持重凝练,步法、枪法稳准扎实,招式清楚,约而不繁,路数别有自己的特点,亦属不可多得。这样连唱了几个星期,满足了观众戏瘾,京华梨园界传为佳话。唐韵笙尽管名声远不能与大名鼎鼎的杨小楼比并,而且在心里他对杨先生是仰之弥高的,但他居然敢在这位"国剧宗师"、"武生泰斗"面前亮相,其胆魄之大可知。

敢于竞争,善于竞争,唐韵笙此间虚心向杨小楼请教,使杨先生深为感动,诚心倾囊相授,并给唐韵笙以"真才实学,自有渊源"的评价,这一评价意味着唐派艺术在20世纪30年代初已渐臻形成。

唐剧团的戏票卖五六角钱,上座还蛮好。广德楼姓武的楼东不准唐剧团"打转"(即到各剧场流动演出),只许在广德唱。因此,唐剧团唱三个月就停锣了。唐韵笙在长巷下二条住处闭户休息些日子,晚上去戏院观摩诸名师前辈的演出,亲炙其教。正巧,奉天(今沈阳)共益舞台业主何玉蟒来平接唐韵笙,他对东北观众素有深厚的感情,于是慨然应允前往奉天。

一一、营口劫波

> 好男儿血泪为祖国流。
>
> ——维吾尔族谚语

1932年夏,唐韵笙剧团人分水陆两路向日伪统治下的"满洲国"奉天(今沈阳)

进发。因船费比火车费便宜，为节约起见，傍角^[1]的和勤杂人员如武生王斌虎、小花脸王凤奎、跟包张广财等携道具、行头乘船由天津到营口登陆，再转奉天；唐韵笙则乘火车直达奉天。想不到，从水路走的一行十几人在营口海关遭劫。日本强盗刺刀下制造的东三省傀儡政权——伪"满洲国"是日本的殖民地，遍设关卡，戒备森严，对入境的中国人控制搜查非常严密。中国人上下车船不仅检查行李，还要搜身，遭受人格侮辱，那时候进"满洲国"无异于进鬼门关。一队队全副武装、端着枪刺的日本海关警察在码头上巡逻。王凤奎等人正在搬运着戏箱，一个蓄着仁丹胡子的小队长走过来，瞪着眼睛做手势，用日语高声喝道："箱子的，统统打开！"王凤奎把箱子打开，宪兵们一齐围上来搜查翻检。

"哈……"突然一个小个子、眉棱上有块伤疤的日本兵怪叫一声，嘴里咕哝着什么，用刺刀从柳条包里挑起一个本子来。仁丹胡和一群日本兵像野兽发现猎物一般狂叫着猛扑过来，把那装得满满一箱剧本的柳条包翻个底朝天，书本扔得狼藉满地。粗通汉语的仁丹胡翻看着小个子刀挑的那个本子，本子封面上用墨笔楷书写着"扫除日害编剧：唐韵笙"的字样，翻开内文，一句台词"不除日害，国无宁日"赫然入目。"叭嘎呀路！"仁丹胡陡然大骂一声，脖子上的青筋暴起，把本子狠狠一摔，喊了一句日本话。一群日本兽兵立即冲过来，把王凤奎等十来个人按倒在地，五花大绑，强制他们跪成一排。王凤奎明白了原来唐老板剧本中"日害"的字样触犯了鬼子的大忌，日本人肯定要定戏班以"反满抗日"罪的。唐老板今在何处？大概也快要大祸临头了吧！想到这里，他不禁不寒而栗。

仁丹胡挎着腰刀，在跪着的戏班人前面来回踱步，一面气势汹汹地叫喊着。一个穿西服、戴金丝边眼镜的翻译，用中国话学着仁丹胡的腔调板着面孔说："太君说，你们太混账了！胆敢演反大日本帝国的戏，非把你们送去喂狼狗不可！"不一会儿，眼镜又听仁丹胡说了一句，赶快转过脸来问："快说，唐韵笙是谁？"

"是我们的老板、业主。"一个被刺刀尖顶住脑门的跟包回答。

"他在哪里？"

"不在这儿，他不跟我们走一路，他大半坐火车从北平到奉天。"张广财插嘴说："太君，我们这个戏演的是中国古代的神话故事，后羿射太阳是老早就有的，不是反对贵国。"他分辩着。

---

[1] 傍角：指依傍名角而生活的次要演员、乐师、后台工作人员。

仁丹胡怒目圆睁,一挥手,一声断喝,日本警察把跪下的一班人拽起来,全部押送至营口警察总署。

营口出事的消息很快传到了奉天,奉天伶界内部哄传说日本人要抓唐韵笙治罪,共益舞台(今北市人民剧场)经理何玉蟒闻讯后急忙找刚刚到的唐韵笙商议对策。

在共益舞台后楼宿舍里,唐韵笙坐在写字台前,放下手中的毛笔,拿起烟斗大口吸着,一只手抱在胸前,望着天棚。

何玉蟒瞅着他,嗔怪地说:"唐老板,眼看人头落地了,你还不慌不忙,没事似的。"

"嘿嘿!"唐韵笙冷笑一声,"日本鬼子说我反满抗日,倒没冤枉我。有良心的中国人,哪个不恨鬼子? 老实说,我写《扫除日害》就是冲着东洋鬼子去的,日害涂炭生灵,不除日害,中国灾难能有头吗? 我有意用小花脸的数板联弹骂那群野兽,出出中国人的气。"唐韵笙越说越激愤。

"您有气节,我佩服。可这是在满洲国呀! 你没听说,鬼子扬言要把营口那帮人砍头吗?"

"是,怪我疏忽,把本子夹在柳条包里,连累了弟兄们,要想法搭救他们。"

"营口方面,我自有安排,我已托日本人到营口斡旋去了。你呢? 你怎么办?"

"只要营口的弟兄免遭不测,我唐韵笙什么也不怕。我有以应对,有托词,后羿射日不是我的发明,我一口咬定:我演的是中国古代神话故事。看他小鬼子能把我怎么的?"

"那就难说了,鬼子一动怒还听你讲理? 他们什么事干不出来? 我看您还是暂避锋芒,躲一躲为好。"何玉蟒的声调近乎哀求了。

旧时代,剧场业主接角儿,都得先付给演员一份"包银"(工资),如果唐韵笙被日本人抓去,那么何玉蟒就赔了老本,所以何极力为营救唐一干人等奔走说项。

唐韵笙从椅子上站起来,举目眺望窗外,沉思了片刻,转过头来对何玉蟒说:"那也好,就依何老板的意思办,我来个匿影藏形。"说着说着,他哈哈大笑起来。

当夜,唐韵笙乔装打扮,改名为"李根发",猫进一个不起眼的小旅店——天成旅社(位于北市场鸡鸭市)里。旅店离剧场不远,剧场派人天天给他送饭,送书报。他成了真正的"宅男",整日价关在房里读书,编写剧本。压迫愈深,反抗愈烈。"举刀断水水更流",日本强盗的凶焰激起唐韵笙更强烈的民族仇恨,他决心拿起笔对敌寇痛加回击,给不惮前驱的勇士以鼓舞和慰藉。于是,唐韵笙用几个月不得演出的机会,在天成旅社斗室之内写就了另一出慷慨悲壮的爱国剧作《闹朝扑犬》[1]。在这出戏里,他运用以古例今的手法,通过春秋时代的一个奸佞用恶犬伤人的故事,含蓄地揭露与挞伐日本帝国主义及其走狗汉奸残民以逞的罪行,礼赞了不畏强暴与之英勇搏斗的仁人志士。这出戏的详情且看下文分解。

受了何玉蟒贿赂的日本头面人物到营口与日伪警方疏通,海关警察队网开一面,总算把傍角、勤杂的那班人保释出来,但是日伪当局限令这些人必须全部离境,不许入满洲国。他们只好乘船悻悻回津,然后各自星散。

数月后,营口事件风波渐趋平息,何老板已经把日本人的欲壑填得差不多了,就在报上登海报披露"唐韵笙"的名字。唐韵笙公开露面与共益舞台的班底合作,重返舞台。这次露演,不知什么原因,也许是想慰问和激励富有民族气节的唐韵笙吧,观众踊跃异常,剧场满坑满谷。

为了唐韵笙的事,何玉蟒花了很多钱。唐韵笙在共益舞台多唱了两个月戏,没要包银。他应哈尔滨新舞台业主秦玉峰之邀,准备北上。行前,何玉蟒握着唐韵笙的手说:"共益从你上台,营业一天比一天好,你唱两个月没要戏份[2],我得谢谢你呀!"

唐韵笙爽朗地笑着说:"我得感谢你呀!你帮我和弟兄们逃过了鬼子的鬼门关,我挣的钱就算顶了欠你的账,沈阳的观众成全我。沈阳,我还是要来的!"

一二、关东大地之子

最伟大的,我父母之故乡,你失掉了自由、快活与主权,这国土上有三千万的人民,我要为着他们的斗争而歌唱。

——马加:《登基前后》

从 1932 年到 1945 年,这十三个春秋正是东三省沦陷、腥风血雨笼罩东北大地、人民罹难遭灾的岁月。日伪傀儡政权实行文化专制,文网四张,文禁如毛。大

---

[1]《闹朝扑犬》:1933 年创作,首演于沈阳,1962 年重新整理,改名《闹朝击犬》。
[2] 戏份:戏曲班社术语,演员每次演出所得的工资。

批作家、艺术家被迫流亡关内,文坛、剧坛一片萧条。在这样艰难的情况下,唐韵笙不畏日寇的刀锋和遍地荆榛丛莽,以勇者的姿态踏上这片燃烧的土地,辗转四方,与日寇、汉奸周旋,坚持自己的艺术活动,坚持为蒙难的百姓演唱,给他们以抗日复土的激励。十三年间,他的足迹几乎遍及东北大小城镇。

北满是爱国抗日文学的故乡,很多有良心的作家、艺术家坚守在这里,用隐晦曲折的手法暴露伪"满洲国"社会的残酷和黑暗。唐韵笙多次奔走于齐齐哈尔、牡丹江、佳木斯、哈尔滨一带,除了演出传统折子戏外,还排演了两出在奉天共益舞台创作的反抗暴力、弘扬正义的爱国主义新戏:一是《闹朝扑犬》,二是《二子乘舟》,均系根据《左传》、《东周列国志》改编。

《闹朝扑犬》写晋灵公昏聩无道,荼毒百姓,相国赵盾直言劝谏,灵公听而不闻。赵盾无奈与宠臣屠岸贾在朝房相争,屠怀恨在心。灵公、岸贾密谋杀害赵盾,先遣钼麑行刺,钼见赵耿正忠直不忍杀之,触槐自尽。屠岸贾又诓赵盾君前献剑,并放獒犬伤赵,赵奋力搏击恶犬,力士提弥明打死獒犬,被围自刎。赵盾之子穿、朔辄救赵盾出险,弑晋灵公于内宫。赵盾由唐韵笙自演,穿紫蟒,挎剑,戴白三、改良相貌,这个扮相是唐韵笙的独特创造。赵盾不拿牙笏,拿玉圭,这在京剧里是从来没有过的。唐韵笙熟读文史,精于典章文物,根据春秋时代的生活,独出心裁地创造了拿玉圭的大臣形象。为了塑造赵盾这一公忠体国、万死不辞的英雄形象,唐韵笙在演唱中创作了长达四十多句的连续〔慢流水〕,以长短不一的句式、平中见奇的唱腔唱出:"你要把晋国来吞并,以酒为池肉为林。……你要仔细思忖!"在表现赵盾与前来杀他的刺客之间的矛盾冲突时,唐韵笙舍弃了惯用的唱、念形式,从特定情境出发,用眼神、动作配合锣经,设计了一段动人心魄的静场哑剧表演。最令人

《闹朝扑犬》,唐韵笙饰赵盾

击节赞赏的是"扑犬"一场,唐先生把恶犬的扑咬,赵盾的挣扎、击打、跌滑、翻滚等惊心动魄的场景,通过炉火纯青的高难舞蹈动作活现出来。你看,在〔五锤〕中他左手撩蟒、捉带,右手持玉圭,足登三寸五的朝靴上殿,用小趋步走半个圆场,半跪在晋灵公面前,动作又帅又脆。见恶犬扑来单腿后退,跌屁股坐子,蟒向后一撩,脚一抬,前后两个蟒甩起来非常平。灵獒咬他时,他在地上滚着走三个"大滚",后襟被犬咬住三次"滑步",接唱〔斗鹌鹑〕。甩蟒、舞带、按地、转身动作非常灵巧,蟒、带、纱帽翅、水袖、髯口、圭在翻滚中摘得干干净净,一丝不乱。这段表演又得躲狗,又得舞蹈,将闹朝脱险的情境表现得出神入化。没有非凡的功底是做不出来的,内行外行看了无不叫绝折服。剧中奸佞当道、宵小横行、恶犬伤人的情节适足令人联想到日伪统治下的"满洲国"社会现实,激起民族义愤。赵盾等英勇抗暴的浩然正气,又给正在从事抗日斗争的东北同胞以战斗的感召与鼓舞。所以,《闹朝扑犬》的演出引起广大民众的强烈共鸣。该剧 1933 年首演于奉天共益舞台,后演遍东北和关内各地,唐韵笙每每以此戏为"打炮戏",每贴必满,历久不衰,成为唐派艺术代表剧目。

《二子乘舟》写卫宣公纳父妻夷姜为妃,生下公子名为急子。急子成年,聘齐国宣姜为妻。宣公见儿媳貌美,遂故意派急子出征讨伐宋国。趁此机占儿媳为妃,生下公子寿和公子朔。十六年后急子回国,寿、朔已成人,公子朔拟害急子,撺掇宣姜,在宣公前挑拨是非,宣公又派急子出使齐国,并暗中使人在新野途中杀之。公子寿为救急子,乘舟追赶,用酒将其灌醉,代替急子前往新野受死。急子醒后急奔新野救寿,亦为所害。

《二子乘舟》被称为莎士比亚式的中国古典大悲剧,情节曲折,冲突尖锐,气氛悲怆,差可比侔于《赵氏孤儿》。主人公急子一身浩然正气,慷慨义烈,感人至深。唐韵笙扮演的急子从少年、青年、壮年三个时段层次分明地刻画了他的完整的悲剧性格。剧中安排了行路见妻、新台见驾、冷宫见母三个牵魂动魄的悲剧场景,一浪高一浪地把悲剧情节推向高潮。"见妻"一场,父王卫宣公见齐国来使送上的请求与急子结亲的宣姜画像貌美,遂生占为己有之邪念,一面答应给急子成婚,一面派急子带兵出征。一边是卫国发兵,一边是齐国送亲,未婚夫妻途中相遇。宣姜恳求完婚再走,急子表示以国事为重,为大局着想,只能牺牲一己之爱。未婚夫妻洒泪而别,凄恻动人。数年后急子从边疆沙场得胜还朝,未婚妻宣姜已被父王收纳为妃,生下二子。急子见宣姜万感丛集,不知该如何称呼,内心斗争剧烈。一个炸音的滑腔唱出:"大丈夫做事度量大。"最后只得奉父命对未婚妻跪呼:"母后!"胸次廓大,忍辱负重,令人不禁潸然泪下。父王不许急子留朝,遣他镇守边疆,并把急子的生母打入天牢。送遭不幸的急子去拜望母亲,母亲拔宣公赐的宝剑欲自刎,急子用臂膀拦住,剑刺伤了急子胳膊。他一边流血、颤抖,一边念大段撕心裂肺的独白。母子互诉苦情后,母亲让急子去打茶,趁机自刎。急子转来见母亲身亡,扔下手中托盘,一个"屁股坐子"。他面朝里,背向观众,唱从脑后音进出的高腔〔散板〕,把悲怆欲绝、催人泪奔的氛围渲染到极致。该剧唱、念、作俱佳,唱尤为精彩。如急子、公子寿这对同父异母的兄弟在船上对唱,高亢激越,荡气回肠。唐韵笙自创的〔反西皮〕以及在"煎药"中"嘎调"的运用都独具特色。唐韵笙扮相英俊,是一个不挂髯口的老生:头戴插雉鸡翎的太子盔,身着小铠甲,两边带革新的云肩,足登抹斜下来的船形靴子。这套既戏剧化又舞蹈化的漂亮服装也是他自己设计的。急子刚直不阿,光明磊落,而他对昏君愚忠,恪守正统观念,最终导致自己悲剧性的毁灭,又令人扼腕而叹。唐韵笙借公子寿之口道出了他追求的真理:"为人子者,遵从父命应从顺命而不从逆命。我宁可做个不孝之子,也不做误国之人!"《二子乘舟》从正反两方面给被压迫者起而抗争提供了沉痛的经验和教训。因此,这出戏在1933年首演于奉天共益舞台后,引起蒙难的东北同胞的巨大反响。首演杨永竹饰卫宣公,周少楼饰公子寿,张春山饰公子朔,刘云亭饰夷姜,鲜牡丹饰宣姜,周稚威饰华督。后该剧在新京(今长春)新民戏院上演,红遍东北和关内,成为唐派自编自导自演的又一代表作。

《二子乘舟》,唐韵笙饰急子

《闹朝扑犬》、《二子乘舟》两剧精湛的艺术创作,标志着唐派艺术进入渐臻佳妙的成熟期。在剧本文学方面,经唐韵笙手笔精编,主题更加鲜明,剧情更加合理,结构更加严谨;在表演上愈见其才华和个性,突破赵盾和急子单纯的唱工老生、做工老生的传统旧范,容纳了老生各个分支及武生的诸多表演技艺,形成了"文武结合、唱做俱重"的特点,将唱念做打融于一角。他的这些创造都带有独特的"唐派"印记。

1934年,唐韵笙第二次赴安东(今丹东)在天桂舞台演出《闹朝扑犬》、《二子乘舟》、《驱车战将》、《艳阳楼》、《跑城》、《卫懿公好鹤》、《法门寺》等。他还带来又一出自编自演自导的列国新戏——《郑伯克段》,剧情是郑国武公娶姜氏,生二子:寤生、段。姜氏生寤生时受惊,故不喜欢他,让武公传位给段。武公因长幼有序未允,封段到共城。武公薨,寤生继位为郑庄公。姜氏对段的地位不满,指使段杀兄夺位,自己作内应。庄公假意离朝去镐阳朝贺天子,姜氏暗传密书给段,约定段起兵谋反,里应外合。庄公得全部证据,以伏兵平叛,杀弟禁母。此剧通过官帏内部血淋淋的生死格斗,暴露了高层统治阶级争权夺势、灭绝人伦的残酷性,昭告了搞阴谋的野心家必将被钉在历史耻辱柱上的下场。同时也说明政治斗争不单需要斗勇斗力,更需斗智。庄公之所以制胜,是因为他智勇双全。群臣察觉段阴谋,纷纷请庄公设法制止,可是庄公表面不动声色,总是以"母命"推辞,实际早有准备。只等段一造反,就明正其罪而绳之,使天下人不怪罪他。"前事不忘,后事之师。"这段春秋时有名的历史故事,搬上舞台足资今日从事现实斗争的人们殷鉴。剧中的郑寤生激动地告诉母亲,反叛朝廷的正是自己的兄弟郑段时,一句念白:"就是他!"用了唐派创造的声震屋瓦的"炸音"。所谓"炸音",就是运用丹田之气和声音的共鸣,把所念的字从字头开始,随着声音的拖长、上滑、音量、力度迅速增强,形成极为洪亮的滑音或长音,到达字尾时音高亮而"炸",产生震撼全场的效果。传统京剧只有花脸运用炸音,而唐先生却把它加工后作为塑造硬汉形象的手段,在他的老生戏、关羽戏中都使用这种"炸音"念法,改变了以往老生念白较为平稳、缺乏个性的倾向,为生行的念白走出了新路,至今仍为许多演员所效仿。

同年夏天,唐韵笙偕武生李春元等北上齐齐哈尔,在龙江大戏院演出《铁公鸡》、《挑滑车》、《过五关》等戏,老板给唐韵笙薪金一天八十元。演戏很辛苦,唱完戏回来吃一顿饭,吃完不多时天就见亮了,齐齐哈尔的夏天夜短昼长。不久,苏联加紧对日作战,苏军飞机轰炸齐市市郊的发电厂,为防夜间空袭,晚上市区经常停电。唐韵笙在这样恐怖笼罩的城市里没有卷起铺盖走人,而是坚持艺术活动,改在白天演,上午9点在龙江公园搭台子派班底唱,下午在龙江大戏院自己领衔主演。

1936年,唐韵笙应哈尔滨新舞台业主秦玉峰(著名青衣秦友梅之父)之邀再次赴哈献艺。秦玉峰也是艺人出身,很能干。为了生意兴隆,特从北京接来相当走红的旦角蓉丽娟,老生邵汉良、曹艺斌,武生李仲林与唐韵笙合作。蓉丽娟正当豆蔻年华,挂头牌,她唱全部《玉堂春》打炮了,给她配蓝袍刘秉义的不是别人,正是蜚声关外的唐韵笙。

唐韵笙一边演出,一边整理改编剧本。这一年他根据《史记·淮阴侯列传》、《西汉演义》及传统连台本戏《楚汉争》,创作了又一出享有盛名的唐派力作——《未央宫斩韩信》。说的是刘邦即位后,命陈豨出征。陈豨求计韩信,韩信劝同反,并作内应。陈豨反后,刘邦亲往征讨,捉住下书人,搜得韩信反书,降旨委吕后处之。吕后与萧何定计,诳韩信入未央宫斩之。唐韵笙设计了长达三十八句的〔西皮流水〕,用"大推磨"的形式,表现韩、萧二人时而款款而行,时而止步叙谈。行时唱如行云流水;止间腔则婉转迂回。"板在脚下,唱在走中",结尾时的垛句字字紧凑,声声入耳,吐尽胸中块垒。"未央宫"一场,在与吕后对白中,以两种不同的"跪",显出扮演韩信的唐先生高超的腰功。第一番,韩信在念:"娘娘明察!""明"字出口的刹那间迅速敏捷地将前后蟒袍扬起,随着"察"字的节拍在大锣声中突然跪地,前后蟒袍两大襟随之飘落,平平展展盖在氍毹上,真像用手铺出来似的。这

《未央宫斩韩信》,唐韵笙饰韩信

一"跪"又快又脆,干净利索,出人意料,使观众为之一振。当韩信接圣旨,随着"旨下"两个字的〔撕边一锣〕,跪在地上的双膝在原地突然转身,用身形带动宽袍大袖的红蟒飘然旋转,这漂亮的转跪动作为韩信读旨做了有力的铺垫;第二番,韩信起身欲去问萧何"凭证",吕后喝道:"回来!"韩信连忙双手撩袍,一个急转身,袍前襟扬起,后襟同时甩开,蓦然跪倒在地,应声:"臣在!"这一蹦跪与读旨时的转跪,恰好一高一低,形成鲜明对比。吕后命他起过一旁等待物证时,他起身一步一锣地退向台侧,在末一个"顷仓"的锣经里暗自挥汗,转身背手亮相,

表现内心惊恐又故作镇静。每一个台步都在点线组合的韵律美中表露出韩信那沉重的心情、黯然的神态。正如马连良先生对他的称赞:"每一个台步都有戏!"他最后的〔二黄碰板〕虽然也采取了由念而转唱的方法,然而却和周信芳《追韩信》中"三生有幸"的〔碰板〕截然不同。唐在第一句"萧何丞相"的"丞"字就用了一个拔地而起的立音,然后用申诉的语气慷慨陈词,直唱到"我的功高盖世……封我为三齐王"的"齐"字,运用了"脑后音"扶摇直上,随即又以"擞音"倏然而落。这种大起大落的唱法被评论家形容为"亚似那划然长啸,草木震动,山鸣谷应,风起水涌"[1]。

　　唐派的《未央宫斩韩信》,从韩信的扮相、戏的情节、场子安排,到表演、唱腔、台词均另起炉灶,与于占先、刘汉臣、小杨月楼演出的《斩韩信》完全不同。唐的韩信头顶金踏镫,口戴黑三,身穿红蟒,足登黑靴。唐韵笙1947年赴江南演出过全部《楚汉争》、全部《汉宫秘史》;1954年在上海将《斩韩信》一折作了整理,单折演出。全剧自刘邦派陈豨出征起,至未央斩韩止,演出中曾一度将萧何诓信与未央斩信并为一场。它的特点是以《进宫》一场近四十句的〔西皮慢流水〕和《未央宫》一场的〔二黄碰板〕为主要唱段,配合两跪等高超的做工表演,使之唱做俱佳,长城内外的文武老生均起而效法。从三四十年代起,整个东北地区的文武老生,如曹艺斌、周仲博、田子文、小王虎辰、董春柏等皆以唐派的《未央宫斩韩信》作为自己学演的重头戏。此剧在关内也广有影响,李玉书、徐荣奎、王志英、邵麟童都曾上演,有位研究者写道:"40年代以后,唐韵笙先生演的此剧不仅驰名南北,并且成为他舞台生涯的代表作。后来大凡演此剧者,绝大多数是以唐先生的路子为范本。"[2]

　　沈阳首演《未央宫斩韩信》后,当时沈阳出版的《盛京时报》发表了署名"庸吾"题为《谈唐韵笙》的文章,赞扬说:"该伶文武昆乱、老生红净颇多所能。导演之《尧舜禹汤鉴》更是出色,场面穿插之紧凑,角色搭配之整饬,处处动人观听,其煞费匠心之处也自不俗。红生戏以《困土山》、《白马坡》、《华容挡曹》为杰作。其长处念唱沉练有味,尖团分明,非一般武生拖泥带水所比拟。无论何戏向不敷衍。至于盔

[1] 赵万鹏:《"南麟北马关外唐"的开拓精神》,载《戏曲研究》第二十九辑。
[2] 魏正麟:《关于〈未央宫〉》,载《戏剧电影报》1990年第12期。

袍火炽,扮戏好看,尤啧啧在人称道之中……"[1]可见20世纪30年代中期,唐派艺术的风采和势头。

一三、"七七事变"前后

甘泉知于口渴时,良友识于患难日。

——谚语

1937年2月,在哈尔滨新舞台演出合同期满后,唐韵笙应邀来到大连宏济大舞台,地点靠近浪速町。他与雪又琴、李仲林合作演出《未央宫》、《枪挑小梁王》、《张果老成亲》等戏。排戏时舞台美术人员不够用,唐韵笙便亲自动手画起布景来。这期间唱《二子乘舟》,与唐韵笙合作的是屈指可数的中国女文武老生陈麒麟。唐韵笙扮演急子,陈麒麟扮演二太子寿。陈麒麟青春年少,扮相俊美,嗓子清华朗润,武功率中有美,两人配合珠联璧合,相映生辉。他们还合演过《郑伯克

唐韵笙(1937年摄于大连)

段》。陈麒麟是妓院老板、福兴大戏院股东之一陈富贵的养孙女,陈富贵很有钱,决心让孙女学唱戏,请了师傅教她,给她置了不少行头。数年前唐韵笙到大连,陈富贵就托人找唐韵笙,请唐收陈麒麟为义女,教唱武生戏。陈麒麟后来到处走红,在天津大舞台唱《甘露寺》,前乔国佬,后张飞。她居然还能画花脸,反串净角。唐韵笙发现陈麒麟是个好材料,说"这女孩五音六律都很合标准",亲自为她操琴吊嗓,给她说了《刀劈三关》等戏,在培养她成才方面下过一番工夫。

在大连唐韵笙还斗胆演出连台本戏《尧舜禹汤鉴》、《八仙得道》。在《尧舜禹汤鉴》中,唐韵笙在台上喊出"人定胜天",反日倾向显而易

---

[1] 庸吾:《谈唐韵笙》,载《盛京时报》1935年2月23日。

见，爱国的观众不难体悟个中蕴义，所以剧场气氛非常热烈。敢在日本军国主义势炎熏天的"关东州"大连演这种露骨斥敌的反戏，唐韵笙的爱国之心、骨气和胆魄自不待说了。幸亏演完这出戏，他就动身去烟台了。日本人气急败坏地赶到剧场找管事要人。管事是个秃子，日本人的雪亮战刀在秃子头顶蹭来蹭去，吓得秃子言塞气哽。然而即使鬼子再逞淫威，也无计捉到唐韵笙的影儿。

6月底，唐韵笙应业主曹老四、曹老五之邀，到烟台丹桂舞台接孟丽君的坑儿[1]。由于时局日趋紧张，人心惶惶，卖座情况不好，白天不演，只在晚上演一场。节目有汪(笑侬)派戏《献地图》、《胡迪骂阎》、《铁笼山》。唐韵笙带了三十多号人：有武生范富顺、李仲林，司鼓何荣昆，操琴刘颖华等，还收了青衣李妙兰之子李刚毅为徒弟。当时著名昆剧演员白云生正在烟台由祠堂改的小园子演戏，白云生擅长昆曲[2]及弋腔[3]，早年演青衣、花旦，中年后改演文武小生。唐韵笙早慕其名，听说他也营业不佳，就让斌贤弟买十张票，他率九人默默进剧场看白演出的《贩马记》。因为戏不热闹，又不是京剧，唐斌贤没看完就要起身。唐韵笙一把拽住他，劝止说："别走！万一人家知道咱们唐剧团到这儿来看戏，没看完就走，多不好。"唐斌贤自知失礼，羞惭地坐下来。唐韵笙环顾左右，对旁人说："今儿个谁也别提前走，老老实实坐在这儿，等戏散了再走，这才叫尊重白先生。"结果大家都稳稳当当坐到散场才离去。事后，唐韵笙看戏的消息传到白云生耳朵里，白云生立即赶到丹桂舞台看唐韵笙的戏，演出结束后又到后台寻找唐韵笙。唐韵笙卸完装正在洗脸，赶忙擦擦手握住白云生的手："噢，您是白先生，久仰大名。""唐先生，您好，我是慕名来拜访的。"两位艺术家好像心仪已久，一见如故，立刻交上了朋友。

送走了白云生后，唐韵笙激动的情绪仍然写在脸上，对大伙儿说："白先生艺术修养很高，咱们唱京剧的应该学点昆曲，再说梨园同行本该患难与共，咱们情况不好，人家那儿比咱们更困难，明天咱们全体出动，都去捧捧白先生他们，怎么样？"大家连声应诺。于是，唐韵笙让唐斌贤又买三十张票，唐剧团几乎倾巢而出。白云生闻讯非常高兴，传告傍角的："今天唐剧团全体来看戏，大家好好唱。"戏演完，唐韵笙到后台看望白先生，两人握手言欢，亲如兄弟一般。白剧团的人把唐韵笙包围起来，点烟、献茶，嘘寒问暖，忙个不亦乐乎。过后，唐韵笙设饭局宴请了白

---

[1] 接坑儿：即在他人演出结束后接着继续演。
[2] 昆曲：戏曲剧种，起源于昆山(今属江苏)，曲调细腻婉转。
[3] 弋腔：戏曲剧种，元代起源于今江西弋阳一带。

云生,白云生也回敬了唐韵笙的知遇之恩,两位艺术家在患难之中相濡以沫的友谊传为梨园佳话。

在烟台刚演出不多日子,就爆发了"七七"事变,日寇全面侵华,黎民百姓命且不保,哪有心思看剧,剧场只好关门。没有轮船,不通火车,唐韵笙等困在烟台,心如汤煮。唐剧团只有靠典质度日,每天当一件蟒袍,换回十块钱,三十口人啃这十块钱。吃上苞米面掺白面的馒头,喝一碗豆腐汤,就算顶好的饭菜了。在烽火遍地的年月,这种遭际也不是个别的。演艺圈的人都为一时断了生计而神情沮丧,闷在旅馆里闭门不出。可这时唐韵笙却花钱买回了一盆盛开的菊花,颇有兴致地招呼大家都来赏花,猜花名,并念诵出"花开不并百花丛,独立疏篱趣无穷……"的诗句。他那充满乐观风趣的性格感动了大家,慰藉了同行们寂寞忧郁的心。好不容易挨到这年冬天,奉天共益舞台的何玉蟒亲自到烟台来接唐韵笙。何玉蟒是冒险来烟台的,他拿钱给唐剧团还了债,要唐韵笙两日内动身。当时只有一条船由烟台开到大连,必须乘此船回东北。唐韵笙归心似箭,只用一天时间准备,就匆匆坐船抵大连,无暇逗留,即直奔奉天。在奉天演到过完春节,又到安东"安成舞台"演半个月,然后返回奉天。

1938 年夏,唐韵笙带着六十多人的庞大队伍到达哈尔滨,演于道外南十六道街的华乐舞台,共二十多天,同行的有樊富顺(武生)、李铁如(花脸)等,返回奉天的只有唐韵笙和何荣琨(司鼓)、刘长宝(武场[1])三人,其余的都留在哈尔滨了。唐韵笙此次在奉天一直演到 1939 年 4 月。

一四、辗转北国

种子不落在肥土而落在瓦砾中,有生命力的种子决不会悲观和叹气,因为有了阻力才有磨炼。

——夏衍:《野草》

1941 年,唐韵笙到伪"满洲国"首都新京(今长春)旅行演出,地点在新京电影院。电影院经理傅文焕爱好京剧,他见演电影不赚钱,就盘算把影院改成剧场,接

---

[1] 武场:指乐器中的打击乐如大锣、小锣、铙钹、堂鼓等的乐师。

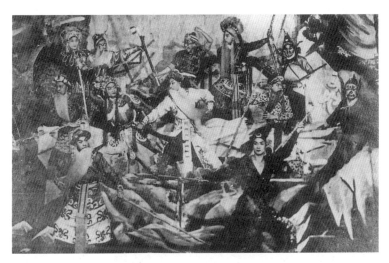

《怪侠锄奸记》，唐韵笙饰焦振远（后左二）

唐韵笙唱戏来支撑生意。该院没有班底，傅文焕就把在沈阳唱戏的著名武生演员张云溪请来，张云溪还带徐永寿、张小佟、张世杰等四个傍角，组成了一个阵容很强的班底，光是武行就有二十人之多。先演传统老戏，时间一长上座就差了。唐韵笙与大家商量，排点新戏以资号召。他们共同琢磨，就根据小说《彭公案》改编了连台本戏《怪侠锄奸记》。主要写拿大烟袋锅子当兵器的怪侠欧阳德仗义行侠、除暴安良、伸张正义的故事。因戏中有影射现实痼弊、抨击贪官污吏的内容，替老百姓出气的台词，观众看了十分解气，当官的看了十分恼火，日伪当局下令禁演。孙经理心情焦灼不安，急忙与大伙商量，把剧名改为《彭公案》，这才得以通过文化检查。

这个连台本戏编一本演一本，每本视上座情况演一星期或个把月，再编下一本，演下一本。如此边编边演，共编出 64 本，前前后后在新京、吉林、哈尔滨、奉天各地共演了四年之久。头本、二本唐韵笙演武生黄三太，张云溪扮武丑杨香武。从第三本起，张云溪扮演文、武丑应工的怪侠欧阳德，演完八本后张云溪去哈尔滨，周少楼接着演欧阳德。

大家利用每本戏演一个星期的时间悉心研究武打的创新，力求每本戏都搞出两套新颖的武打，这样日积月累，充实了许多新颖套路的单对[1]和群荡子[2]，发

---

[1] 单对：戏曲武打程式，二人对打的套子都称"对子"。
[2] 群荡子：表现战斗的群舞，交战双方人数相同的称为"荡子"。

展了武打艺术,颇能吸引观众。这个戏的布景也巧妙出奇。画布景的小伙叫"朱一狄",是上海人,在奉天城里大舞台画布景出了名,大舞台把住他不放,唐韵笙派弟弟唐斌贤把他从沈阳"偷"了出来。

唐韵笙对朱一狄说:"以前布景都是用布画的,这回咱们拿胶合板、木头做立体的。我预备了上百张胶合板,咱们凭机关布景、灯光、彩色排这出新戏,怎么样?"

朱一狄回答:"当然好,可我一个人不够。"

唐韵笙笑了笑说:"我再给你找人。"

结果从上海又找来科班出身的陆桂波、冯金声,三个人画布景,还有两个木匠、两个电灯匠,光做布景的就七八个人。为了不误演戏,通宵达旦地赶制,唐韵笙也跟着动手做。譬如《杨香武三盗九龙杯》里王爷饮酒的亭子、杨香武偷了杯在空中翻飞的房顶、墙垣、假山怎么做,怎么布局,怎么有利于杨香武表演的飞腾蹿跳,都动足了脑筋,巧设了许多机关。唐韵笙说:"戏没上演,咱们先在戏院门口做出活动广告,让行人停步来看。"这一来,《怪侠锄奸记》光看布景就够风光惹眼的了,加上武打,更激起观众的兴味,一时搞得门庭若市,轰轰烈烈。

1942年元月,哈尔滨中央大舞台邀请四方名优唐韵笙、雯茹彧、张云溪、周雅盛、张世桐、李宝亭、李刚毅等八十余人举行联合公演。他们除了演脍炙人口的流派剧目外,常以连台本戏取胜。剧目有《张果老》、《斩将训羊》、《花木兰从军》、《怀都关》、《怪侠锄奸记》、《鹿台恨》、《欧阳德出世》等。其时,哈尔滨有三个演京剧的剧场:中央大舞台,以唐韵笙为首;华乐舞台,以白玉昆为首;新舞台,以曹艺斌为首。形成了三足鼎立的局面,竞争激烈。曹艺斌以吸收李少春、李万春、张云溪长处的《十八罗汉斗悟空》的猴戏赢得观众,唐韵笙则与张云溪合演《十八罗汉斗悟空》,唐韵笙演太上老君;张云溪演《十八罗汉收大鹏》的大鹏,唐还演猪八戒。这路戏大受追捧。唐韵笙不只演一个角色,在《八仙得道》中扮铁拐李、张果老,在《何仙姑得道》里演哥哥,哪个角色戏重他演哪个。张云溪每天与唐一起演戏,一起生活,竟不知唐在什么时候怎么就写出一个新戏——《十二真人斗太子》。此剧取材于《封神演义》,运用艺术手段把殷郊、殷洪两段情节合而为一,使两个主角如齿轮交错,轮番登场,发挥各自所长,一环扣一环,一浪高于一浪,精彩纷呈。唐韵笙和张云溪分饰殷郊、殷洪,单是剧名就很吸引人,上演后连续客满。后来,唐韵笙又推出一个新戏,叫《十二真人战玄坛》。唐韵笙饰改良扮相的赵公明,剧中有赵公明斗黑虎的精彩稀见表演。唐韵笙之所以编这两出戏,是因为李少春有《十八

《十二真人斗太子》，唐韵笙饰殷郊　　　　　　《十二真人战玄坛》，唐韵笙饰赵公明

罗汉斗悟空》，李万春有《十八罗汉收大鹏》，这两出戏都称绝一时，红遍南北。唐韵笙受了启发，针对这两出戏，他要搞出自己的成果来。他的信条是"你上我下，你无我有"。为此倾力编出自己的打斗戏两本《十二》与两个《十八》竞争媲美。两个《十二》正是唐韵笙强烈的竞争意识和独创性催生出来的艺术花朵，都是有所为而作的。

　　为了切磋技艺、提高艺术水平，演员们组织了一个类似文艺沙龙的艺术探讨小组，演出余暇聚集在一起提出问题共同讨论。如字意传讹、字音颠倒、动作标准等，凡属艺术上的问题无分巨细都可以提出，谁能解答就当场解答，解答不了的记在本上作为今后探讨的课题。这个小组由唐韵笙领头，张云溪、任子衡等艺人们自由参加，大家从这一活动中学到了许多有益的东西。有位演员扮演《珠帘寨》中的周德威，有一句定场诗，排练时忘记了，后台谁也想不起来，一经请教唐韵笙，他马上脱口而出："好似明珠土内藏。"大家都暗暗惊赞：唐老板知识真广博，不是他演的角儿的念白，他也能掌握，记忆实在好。

　　在长春演《斩韩信》时，唐韵笙为了培养新人，提携后进，让19岁的女老生张筱贤饰刘邦，他自饰韩信，张韵宸饰萧何。见刘邦一场戏，韩信戴甩发上场，见了刘邦,向下一跪,身子仿佛装了弹簧似地向上弹起来后落地,那动作实在太利落边式了。饰刘邦的张筱贤被唐韵笙这一高超、漂亮的身段慑住,惊呆了,以致把词儿都忘了,张口结舌,急出一身冷汗。这时场面锣鼓打出"嘟!亢才!亢才……"侍立身旁扮演萧何的张韵宸老先生不慌不忙,代刘邦说出念白:"你有三行大罪,你可知晓?"幸亏张先生急中救场,把这场戏圆了下来。事后,张筱贤回顾当时的情景,既对唐先生的绝技钦敬不已,又对张先生机敏救场的戏德感激不尽。

1943年春,唐韵笙由奉天到新京(今长春)在长春戏院组班演出。这里是伪"满洲国"首都,日伪残酷统治非常厉害,人们都叫它"心惊"。戏院财东是个日本浪人,颐指气使,无人敢惹,在此演出可免受汉奸、泼皮、特务、警察的欺侮。不久,日本浪人回国,唐韵笙寻思应赶快离开此地,不然会遭坏人报复。于是匆匆来到火车站,发现警察、特务遍布,四下把守,便改道从陆路去吉林。

到了吉林新庆大戏院,唐韵笙组建"育风馆京剧团",这是他第五次来吉林,班底有老生周亚川,文武老生周仲博,武生周少楼、张海涛,小生张菁华,花脸杨永竹,旦行王美君、孙丽君,丑行王少伯等。唐韵笙的戏码扎硬,有《闹朝扑犬》、《金鞭记》、《鹊桥相会》、《走麦城》、《陈十策》等。唐年值40岁,正当精力弥满,气沛声宏,张嘴能唱二个眼、三个眼[1]。那是夏天,溽暑蒸人,剧场门窗大开,唐韵笙扮闻

1942年,"育风馆京剧团"于吉林市新庆戏院合影

---

[1] 二个眼、三个眼:戏曲音乐术语,旧戏曲界以笛定弦,"眼"指笛音孔,这里特指京剧较高的两个调门。

仲,在《绝龙岭》中唱〔倒板〕"将人马扎在山角,待某观看",声音高亢入云,连在数百米之外德胜门乘凉的周仲博等几位没上戏的演员都听到了,周仲博惊叹道:"唐先生的嗓子太棒了!"

在吉林,排演了九本《怪侠锄奸记》,唐韵笙演黄三太和神力王,周少楼演杨香武、欧阳德,周仲博演彭朋、康熙、邱成。那当儿,伪"满洲国"处于所谓"大东亚"战争时期,经常搞灯火管制。台上正演出时,警察突然下令将全场灯光关闭,还有挑国兵、抓劳工,闹得百姓惶惶不安,衣食无着。唐韵笙家也不得不把整箱东西往"当铺"抬,典质度日。绘制机关布景所需木料、布匹都买不出来,《怪》剧只好辍演,换上传统戏《玉项金锁侯》《西游记》对付维持。农历七月七日上演应节戏《天河配》,七月十七日中元节,俗称"鬼节",演出了应节戏——唐韵笙改编的全部《目连僧救母》,由周仲博饰目连僧。在目连僧游地狱一场,唐韵笙运用影射手法,把现实生活的种种黑暗弊端巧妙地折射到鬼魂世界,刻画了大烟鬼、白面鬼、摩登鬼(交际花)、酒鬼、小偷鬼等鬼蜮形象,讽刺日伪专制暴政下人生世相的悲惨窳败。唯其替老百姓出气,深受欢迎,遂成为此番在吉林上座率最高的戏。此后,该剧在奉天(今沈阳)、上海亦颇多拥趸。唐韵笙为了让观众看得懂,领会深,特意在编脚本时第一次改用白话文写唱词,这种通俗化的尝试表明唐韵笙创作的着眼点是一切为了观众。四年后,唐韵笙到上海贴演此剧,扮演目连母刘清提,显露步法、锞子、唱工"三绝"。第一,他的老旦步法宗传统,前面用"仙鹤步",后面用"鹌鹑步"。第二,他能翻好几个"抢背",摔好几个"锞子",他摔的锞子起范很高,落地无声,形如元宝。演到后边的五鬼捉刘氏,唐先生在四张桌子上翻"锞子"落地,同时接五鬼抛过来的飞叉。这一手真是绝活,不仅当时震动了上海京剧界,直到今天也很少有演员能继承。[1]第三,他的唱工也是一绝,能规规矩矩地唱足"滑油山"、"游六殿"等场子大段繁难的唱腔。《砸佛堂》一场有大段的〔二黄慢三眼〕,唱得声震屋瓦,韵味十足,所以此戏在上海爆棚,一演再演,竟达半个月之久。

数月后,奉天共益舞台来人邀唐韵笙,因剧团在吉林欠下税捐局和楼租等巨额债务,如果把全班人员拉走,就得吃官司。所以唐韵笙只带少部分人到奉天,留大部分人在吉林维持,就是说"团走债不烂"。唐韵笙在吉林养了一条名叫"吉利"的

---

[1] 叶盛长:《在上海相处的日子里》,载唐玉薇《唐韵笙舞台艺术集》,沈阳出版社,1991年,第140页。

心爱狼狗,甚伶俐漂亮,经驯养能上台演戏。唐原演《张果老招亲》(即《狗咬吕洞宾》)时,驴用人形扮,如今真狗上台,新人耳目,票价增两角。在《十二真人斗太子》里也用真狗上台,与赵公明搏斗。唐离吉,倘携狗同往,须做防疫检查,打木笼子装。他不愿意添这些麻烦,只好将"吉利"赠人。唐韵笙爱犬之心未泯,解放后赴云南又弄到一只爱犬,驯狗作戏可说是他追求艺术创新的一个延伸。

一五、共益舞台

一方水土养一方人。

——中国谚语

唐韵笙一生从艺,与共益舞台(今北市剧场)有着特殊密切的关系。共益舞台地处奉天(沈阳)北、人口稠密的商业区北市场,这里繁华而又破烂,热闹而又畸形。达官贵人、名门淑媛、贩夫走卒、市井细民、日伪汉奸、特务、军、警、宪、流浪汉、乞丐、妓女嫖客、走江湖的艺人,社会上三教九流都在这里出出进进,奔波钻营。共益舞台一楼摆四方桌,二楼设二十四个包厢,外加两廊共有近千个座席。老板何玉蟒睿目识英才,深知唐韵笙人才难得,能招徕观众,便三番五次去外地聘他,并把他拉入剧场作财东。他说:"唐老板,您为共益立下了头功,不用您出钱,您就算一个股东。今后只要到沈阳,您就来共益,这儿就是您的家。"从那时起,唐韵笙就成了共益舞台业主,在感情上已然把辽沈当做自己的第二故乡了。在东北各城镇中他来沈阳次数最多,演出历时最长,这期间主要是以沈阳共益舞台为基地的。

何玉蟒从外地接来许多名角以壮共益声势:有张云溪、周少楼、李盛斌、蓉丽娟、曹艺斌、梅兰芳的大弟子青衣魏莲芳、老生管韵华、花脸王奎生、武生郑玉廷、旦角素雅坤、素雅卿姐妹等,而何玉蟒最倚重的当然是唐韵笙。这时因角多,不明确谁是头牌、二牌、三牌,谁先唱谁后唱,有时候把主要演员拴在一起唱。好多戏都是唱四四[1]的,如《铁公鸡》,唐韵笙饰向荣,曹艺斌、张云溪、周少楼、郑玉廷四人分饰张嘉祥;《金钱豹》,唐韵笙、高宝义、曹艺斌、张云溪都演豹精,一人一场。《蚰蜡庙》,唐韵笙、曹艺斌双演褚彪,张云溪、郑玉廷双演黄天霸。经常唱的大轴戏《溪

---

[1] 四四:即由四名演员分别饰一个角色。

皇庄》中"跑车"一场,所有的旦角都上,好不热闹。在共益,唐韵笙家里供养了一个老先生叫关仲莹,是一位腹笥渊博的学究,他帮助唐韵笙学古文和诗词歌赋,模仿唐韵笙的笔体画画,代唐韵笙修信函、抄剧本,从事文书工作。唐韵笙在编剧上的成就,得关仲莹之助不少。

唐韵笙全家长住共益后楼的宿舍里,在这里他编写了好几个剧本,有《斩韩信》、《关公月下赞貂蝉》、《郑伯克段》……在这里,他含着悲痛送走了两位亲人。爱妻郭淑筠,这位勇敢地向旧礼教挑战、冲破腐朽家庭樊笼与唐韵笙结合的伴侣,把自己全部的爱献给了她崇拜的丈夫。在动荡不安的生活中,给他以襄助、温慰和支持。然而,命运之神真会捉弄人,既赐福把他们费尽周折地撮合在一起,又冷酷地将他们过早地分开。郭淑筠不幸得了难治的肿瘤病,在北平手术,回奉天不久,就在共益后楼怀着无限憾恨离开了人间,年仅33岁。唐韵笙遭到有生以来最大的一次感情打击。在停灵的保灵寺(现群众电影院)举行葬礼时,他一句话不说,脸色惨白得像一张纸,眼珠也仿佛定住了。后来,义母唐老太太也病逝于此地。

不幸一个接一个降临,结发妻赵蕙珍竟精神失常了。她生的二女儿香荷感染白喉死掉了,这给她留下了精神创伤。包办婚姻带来的夫妻感情上的牴牾也难免在她心灵罩上一层暗影,长期郁郁寡欢。她不管孩子,不做家务,终天叼着烟卷,逢人便傻笑,唐韵笙见妻子已成废人,好不伤心。扪心自问,好端端的妻子落到这步田地,自己也有责任,心里感到愧怍。从道德上说,自己应该尽丈夫的义务,永不遗弃她;从道义上讲,像医生对病人那样,更需要加意照拂,小心侍候。他一面想方设法照料她的饮食起居,一面多方延医给她看病。

郭淑筠过世,撇下了一个养女,她就是长大后嫁给唐韵笙高徒张海涛的唐秋桐。秋桐从小被爸爸卖给一个拉胡琴的人,那人穷得也养不起了,就把她带到唐家。唐韵笙、郭淑筠见孩子可怜就收为养女,并视若亲生女儿,排行老大,宠爱有加。他不允许家人把秋桐非亲生女儿的真情向外泄露,由此可见唐韵笙仁厚秉正之德。后来,唐秋桐在1966年唐山大地震中不幸遇难。

一六、女徒弟之殁

不怕早死,但怕死得不值得。

——中国谚语

在共益舞台,对唐韵笙又一个打击是干女儿、徒弟、女老生陈麒麟之死。陈麒麟已经在大连、天津走红,曾傍袁世海合演过《连环套》,与周信芳合演过《关公走麦城》、《封神榜》,戏路很宽,很有风采。被邀到沈阳共益后,接替田子文,与义父唐韵笙合作。他们合演《二子乘舟》、《郑伯克段》,唐韵笙挂头牌,陈麒麟挂二牌,两个人嗓子、扮相、武功都好,配合得默契,观众喝彩声不绝,场场客满。何老板也喜出望外,每月付给陈麒麟一千二百元高薪。于是,她开始沾沾自喜,不思艺业长进,追求物质享受,贪恋男女之欢。她看上了张云溪从北平带来的一个傍角、翻跟头的小伙子徐永寿。两人情投意合,春情漫如草,很快便偷期密约。一对未婚青年正当情窦初开的青春年华,当然有恋爱的自由和权力,也理应享受爱的欢乐、幸福。然而不幸的是,他们生长在那个到处是陷阱的伪"满洲国",当青涩的爱情帷幕拉开,却向着悲剧发展。陈麒麟独个儿住在舞台侧上方拉布景的小屋里,不演戏时,那里便成了隔离人群的"世外桃源",一对欲火中烧的年轻人把这间黝黑的小屋当成了他们私密的空间、狂欢的场所,一有机会,徐就溜进小屋找陈唠扯。两人凑到一起,无拘无束,率性而为,如干柴近烈火,难免越过谈情说爱的"礼"的堤防。日久天长,过分放纵地耽溺于性爱的甜醪,使他们淡漠了艺业,荒疏了练功,演戏也没了精神。小黑屋的幽会被拉布景的人发现,风言风语传开了。张云溪找徐永寿谈话,唐韵笙约陈麒麟谈心,都好言规劝他们有所节制,清心寡欲,把精力主要集中在学艺进取上。他们收敛、克制了一段时间,但是有情人要斩断缠绵的情丝是很难的。不久,他们重又陷入了销魂情网。随之闲话、冷嘲热讽、批评警告也越来越多。可这一切对他们全然成了耳旁风,他们索性和大家闹翻,我行我素。

"共益没法呆,咱们走,我在哪里唱戏不挣钱?"陈麒麟赌气说。

她果真悄悄离开了剧场,搬到旅馆去住。戏不唱,功也不练,终日躺在床上懒散度日,玩纸牌、抽烟、喝酒。徐永寿唱完戏就往旅馆跑,两人由着性儿做爱,野性难羁,慢慢身体消瘦了,浑身疲软无力。为了强打精神,他们开始染上了烟毒。吸鸦片不过瘾,就抽白面。日久,白面也嫌不够劲儿,就往腿上扎吗啡,由此身体状况急剧恶化。徐永寿瘦的只剩皮包骨头,再也翻不动跟头了。张云溪只好写信给在北平的徐母,徐母来奉天把儿子接回去戒毒治病。甩下陈麒麟在旅馆子身一人,唐韵笙恨她太固执、任性,不听良言苦口相劝,一段时间顾不上管她。后来,抽空到旅馆看望她几次,周济一些生活费。陈麒麟把唱戏的积蓄都花光了,接着典当行头,卖日用品杂物,最后终于沦为一文不名的乞丐。一个如花似玉的梨园精英,竟枯瘦如柴,仿佛是个老太婆,走在街上连戏迷都认不出她来了。她在皇寺广场附近街道上踯躅着,捡路人吃过的干鱼头充饥。严寒的冬天马路上的雪和垃圾混在一起,死猫死狗也羼杂在污秽的雪堆里。在一场漫天大雪过后,人们发现雪堆里又埋下了一具尸体,不知什么时候,年仅26岁的名伶陈麒麟无声无息地被冷酷肃杀的风雪世界惨然吞没了。

唐韵笙得知陈麒麟死讯,不胜惋惜,自责没有能挽救她。他出资买了棺材,找人把这个旧社会戕害、孤凄、早夭的可怜亡灵安葬了。

情迷一时,自毁一生。同是唐韵笙的女弟子的田子文,习文武老生,演过《罗丝峪》等剧,也年轻漂亮,但守本分,持身严谨,忠于艺业。所以同样生活在黑暗的大染缸里,她没有掉进去,没有发生陈麒麟那样英年早逝的悲剧。田子文名媒正嫁,与拉胡琴的陈布雷成亲,建立了和睦的家庭。解放后还入了党,成为福建省京剧团主要演员,安度着幸福的晚年。唐韵笙的两位女弟子,生长在同一环境下,她们不同命运和人生道路,确乎给人们留下颇多思考和启迪。

一七、重建家庭

桃之夭夭,灼灼其华。之子于归,宜其室家。

——《诗经·桃夭》

郭淑筠谢世,赵蕙珍精神失常,唐秋桐、唐碧莲年幼需要有人抚养。唐韵笙正处在奋发进取的创作旺盛期,没有一个能干的家庭主妇撑持家务是不行的。在这样极端困难之时,郭淑筠的六妹蔼然毅然承担起唐家的家务重担。蔼然跟四姐淑筠由哈尔滨同到天津,常年陪伴在姐姐、姐夫身边。她酷爱京剧,以老生应工,曾傍周信芳在北洋戏院演出《大红袍》《封神榜》,艺名"金铎声",在天津已小有名气。她爱慕唐韵笙的才华,同情他丧偶的遭遇,主动提出愿接续四姐,为姐夫分忧解愁,带着母亲(杨永竹的老伴)和唐韵笙生活在一起了。不幸的是没过两年,她刚生下唐韵笙长子唐登年后第七天,就因为产褥热病故在医院。唐韵笙的婚姻生活遭到了二次打击,难过得不想见刚出生的儿子。小登年由外公、外婆、秋桐姐照看长大。秋桐常把登年抱到隔壁邻居王淑卿家逗着坑。

王淑卿艺名"雪艳梅",工武旦、花旦,在拿手戏《白蛇传》里饰白素贞,两手要四根鞭,令观众叫绝。她生于1917年,原籍河北省高阳县北佛堂村,父亲是农民,母亲是家庭妇女。她12岁学戏,先后拜王胜俊、张顺堂为师。为了偿还师傅张顺堂欠下的医药费,她在15岁上就到齐齐哈尔搭班唱戏。以后唱得很精彩,排戏码也能在一二号了,当了主演,领班在东北各地流动演出。到24岁那年,雪艳梅带七八个人由赤峰到沈阳共益舞台,唐韵笙也带周少楼、周仲博由吉林到共益,他们开始了第一次合作。首日打炮戏是《盘丝洞》,雪艳梅饰蜘蛛精,唐韵笙饰猪八戒;第二天,前半场演《霸王别姬》,雪艳梅饰虞姬,王奎生饰霸王;后半场演《未央宫斩韩信》,唐韵笙饰韩信,雪艳梅饰吕后。演了二十多天后,他们又同往安东(今丹东),在安东打对台:唐韵笙在业主为刘绍恩的安成剧场唱,雪艳梅在七道沟剧场唱。一个月后,分道扬镳:唐韵笙北上哈尔滨,雪艳梅北上佳木斯。1940年,张云溪把雪艳梅接到沈阳共益舞台合作,同台演《天河配》,张云溪饰牛郎,雪艳梅饰织女。后来,张云溪去北京,共益舞台又把唐韵笙、周少楼一家从吉林接到沈阳,再次与雪艳梅合演《拾玉镯》、《怪侠锄奸记》等。

正赶上这时候,唐家生活又陷入人力上的极大困境:原配夫人精神病未愈,秋桐、碧莲、紫菱三个小女儿和一个儿子都需要有人照顾。热心肠的朋友为使唐韵笙能

雪艳梅剧照

专注艺术,便婉劝其续弦,认为雪与唐同操艺业,志同道合,是很般配的一对。可是"曾经沧海难为水,除却巫山不是云",唐韵笙几经丧偶灾厄,重建家园之心已消磨殆尽。雪艳梅也拒绝了说媒,倒不是她对唐韵笙本人有不满意的地方,她对唐韵笙素来是敬重、折服的。但是,一来她看到很多艺人结婚的结局都不好,尝到的是苦果,所以对成家的事怀有一种心理上的牴牾。又怕婚后再不能唱戏,无法侍奉母亲和妹妹。二来她觉得唐家人多,有个患疯病的大人,还有几个孩子,担心处理不好复杂关系。这门婚事就搁置下来。次年,雪艳梅的家庭生活发生了很大变化。她有个妹妹也学青衣,能唱戏了,艺名砚蓉,与姐姐同台演《白蛇传》,分饰白蛇、青蛇,崭露头角。不料,砚蓉突然发现染病肺结核,阴历腊月就命

赴黄泉。这一不幸对雪艳梅打击太大了,清明上坟,嗓子哭哑了,第二天演戏话都说不出来了。当时在共益,三个人并挂头牌:唐韵笙、周少楼、雪艳梅。如今雪艳梅嗓子不行了,演不了戏,就由唐韵笙、周少楼替她演,连弹也由别人替,再排下本戏,她只能演不用嗓的开打戏。由主角降到傍角的,收入顿减,雪艳梅还得奉养两位老人。就在这样困难的情况下,杨永竹夫妇再次出面说媒。唐韵笙经过慎重考虑,知道家中无主妇终非长久之计。他喜欢雪艳梅的才调不凡,作风正派,孝敬老人,家教好,也盼望有个家庭主妇早点到家为他分担家务。他找雪艳梅母亲说:"我要娶雪艳梅,是明媒正娶,算石家媳妇,给石家续后代,赵蕙珍算唐家门媳妇,这叫'一支两不绝'。"母亲把唐韵笙求婚的意思转告雪艳梅。她思想斗争激烈,觉得自己处在这个境地,没有谁比唐韵笙更适合做丈夫的了。终于决定把自己的命运和唐韵笙连在一起。

1945 年 3 月,在奉天北市场共乐饭店举行了唐韵笙、雪艳梅的婚礼。婚礼很隆重,嘉宾如云,摆了七八桌酒席。婚后,雪艳梅在北关借了蓉丽娟的房子暂住。不久,一直守在唐韵笙身边的干娘唐老太太次年在沈阳因患心脏病去世,享年 62 岁。不过,唐家有了管家主妇,解除了后顾之忧,唐韵笙精力充沛,艺术臻于成熟,因而能励志奋发地准备风光的上海之行。

光复前夕,日本鬼子垂死挣扎,烧杀淫掠,对中国老百姓施行疯狂报复。妇女们不敢上街,为了自卫,有的甚至披头散发,脸上抹锅底灰,有的藏在剧场的小阁楼里避难。唐韵笙自动组织男演员在北市场一代街巷巡逻,阻止日本强盗行凶肆虐,保护中国人。

"八一五"光复后,国民党接收了沈阳城。由于国民党腐败,国统区通货膨胀,物价飞涨,加上蒋介石发动内战,时局动荡,艺人们还是过着食不果腹的日子。国民党趁机诱迫演员加入"国军",有的演员为生活所迫不得不加入"海峰"、"一四"之类随军剧团。国民党上峰知道唐韵笙名气大,影响广,专门派人给他送来一套上校军服,企图拉他入其彀中。国民党官员为了竞选议员拉选票,派人暗通关节,送登记表给他,蓄意拉他加入国民党。对此他一概不理不睬,却在暗中筹划飞抵上海,雄心勃勃地投入艺术竞争中去,攀登自己艺术创作的高峰。

一八、一进上海

人生求胜的秘诀,只有那些失败过的人才了若指掌。

——(英)柯林斯

1947年春,上海天蟾舞台经理周剑星派人到沈阳邀请唐韵笙赴沪演出。抗战胜利后上海全市欢天喜地,京剧迎来一个鼎盛春秋,全国名角川流不息云集上海,名剧迭出,流派纷呈,各行各档极一时之盛。张云溪对唐的艺术甚钦佩,认为这样杰出艺人久在关东转悠,未免埋没人才,故力荐唐赴沪一显身手。唐韵笙也知道梨园行流行的俗话:"北京镀金,上海淘金。"一名京剧演员不能在上海扬名,也无以蜚声全国,自己应重返那个群英咸集、文化繁昌的大都会开眼界。为此,他带王少伯、李春元、李刚毅经天津抵沪。

一到上海,唐韵笙征尘未掸便四下打听生母郎惠兰的下落。几年前唐韵笙就把路费交给弟弟斌贤,让他把母亲接到自己身边。可是由于战事吃紧,南北交通阻断,通讯隔绝,唐韵笙与母亲失去联系多年。通过一些渠道,得知家母已不在人世了,唐韵笙立即戴孝,难过得几天茶饭不吃。天蟾经理周剑星把他的日程安排得很紧,唐韵笙哪里有时间咀嚼丧母的悲痛。为了万千观众,他只好揩干眼泪,忍痛节哀,如期登台献艺。

上海梨园公会[1]会长、老生梁一鸣在梨园公会举办了座谈会,欢迎唐韵笙莅沪展演。

位于上海黄金地段——福州路西端尽头的新天蟾舞台于1925年改建落成,这是一个有三千二百个座席的古典风格的三层建筑。屋顶为伞状型,覆盖整个观众厅,舞台前凸,三面环临观众,气势宏伟,建筑艺术造型在当时为东南亚各国所瞩目。1942年起,天蟾舞台被张善琨租下,由他一手控制的囊括上海三大剧场(天蟾、黄金、中国)的托拉斯——大赉公司经营。天蟾舞台向以京朝派自居,专演出名骨子老戏,几乎全国所有京剧名角都曾到此献过艺,以至观众中流传着"京角不进'天蟾'不出名"的话。唐韵笙在旅途中对同行人说:"咱们这趟到上海就是为打仗去的。"

周剑星竟花几亿元法币为唐特制一堂崭新的行头:十蟒十靠。宣传上更不惜血本,剧场三层高楼最上头用灯泡编出巨幅"唐韵笙"三字,还在上海滩行驶的无轨电车车头上装镶海报。夜幕降临,由大字"唐韵笙"、小字"天蟾舞台"组成的巨幅广告在彩灯照耀下随着车流在人海中流动着、闪烁着。票界、戏迷为偌大宣传声势所动,三四千坐席的票售卖一空,连过去不卖票的三楼票也卖光了。

---

[1] 梨园公会:旧社会戏曲艺人行会组织的泛称。

天蟾舞台的班底实力雄厚,四梁四柱俱全,多系"京角"。此外,尚有张云溪、张春华从北京带来的小组,与之合作,真可说人才济济,阵容强大,形成最佳组合。

唐韵笙到天蟾唱戏是接林树森、童芷苓的坑。林树森艺名小益芳,曾与梅兰芳合演过《浣纱计》、《抗金兵》(饰韩世忠),是梅先生在幼年合作的伙伴,搭班喜连成与梅兰芳同台。他是长期在上海演出的文武老生兼红生,身材高大,嗓音高亢而近"左",工架稳练,以演《华容道》、《走麦城》等红生戏雄霸上海,遐迩闻名,有"江南活关公"美誉。林树森在结束自己演出的最后一场谢幕时走近台口,摘下髯口对观众说:"各位鼓掌非常捧我,可我唱这出《走麦城》并不好,请诸位明天看唐韵笙先生的戏,唐先生比我强。"话音未落,掌声四起。观众一方面敬佩林心胸开阔、谦虚质朴、奖掖同行的高尚品质,一方面翘首企盼一睹唐韵笙的风采。

旧社会大凡到上海唱戏的演员都少不得一个必要的"程序",那就是"拜客",也叫"拜码头",即拜会那些沪上有钱有势的达官贵人、绅士名流、帮会头领、报界人物,争取获得他们的青睐、捧场。许多演员演戏台前挂满了"头面人物"送的祝贺条幅。鉴于此,推荐唐韵笙莅沪献演的张云溪出于好心,向他建议援例而行。谁知唐韵笙却不以为然,不肯买账。张云溪用心良苦,主动为他做了联系,要拉着他去见见那些"举足轻重"的人物。没想到唐韵笙却漠然对张云溪说:"云溪,咱们认识好多年了,我的脾气你也知道,我到上海来是演戏的,我靠的是艺术,我看拜客的事就免了吧!"他就这样给推辞了。

众目瞩望的首场演出开始。为尊敬同行艺友林先生,唐韵笙不先演关羽戏,戏码是张云溪、张美娟的《盘丝洞》,张春华的猴戏《水帘洞》,大轴是唐韵笙的《闹朝扑犬》。演到《闹》剧已近更深夜半,观众渐散,坐席上稀稀拉拉。第二天演《未央宫斩韩信》,这本是唐韵笙的拿

《古城会》,唐韵笙饰关羽,王春义饰马童

手戏。但前半部较松,观众没等戏完就纷纷起堂了。等到临末唱到最佳处〔二黄三眼〕:"千不恨,万不恨,恨得是萧何丞相。"唐韵笙劲头来了,唱腔翻高拔起,起堂的观众闻声又回来了,可是此时观众已走掉近半了。连续两天一炮也没打响,踌躇满志的唐韵笙刚到上海,一个跟头就栽倒在天蟾舞台,原因何在呢? 唐韵笙苦恼地暗自思忖着,张云溪与任子衡等帮助他分析:一是宣传太过,观众要求高;二是列国戏不大合上海观众胃口;三是唐平时演戏就十分规矩、较稳,在上海怕落个"野狐禅"[1],就稳上加稳,连一丝烟火气都闻不到了。大家建议他放开手脚,把戏演"火"起来。舞台经验丰富的唐韵笙也自省到本人"温"的弱点,立意改弦更张,从第四天起贴演《古城会》,改变过稳的表演方法,果然立竿见影。他在幕后"搭架子"[2]唱了满宫满调的一句〔闷帘儿导板〕"挂印封金辞汉相",还没露面就博得一阵掌声。马伕扛刀拉马与关羽同时上场(这是与众不同的演法)。他足登三寸半特高厚底靴,手持马鞭,带一米长的超长髯口,英气逼人,威光四射,台风灌满全台,碰头好像雷声一样在观众席炸开了。只见他双手向上一振,抖开金光闪闪的大斗篷,右腿金鸡独立,左足蹬马伕,右手马鞭上膀子,左手捋着美髯,目视前方,好一个八面见线的漂亮造型。把一个威武儒雅的关老爷活现在人们眼前,观众无不为之动容。接唱〔回龙〕"灞里桥挑袍",用一个唐派独有的高挑腔,又连一个长拖腔"马蹄忙",继而来个稳重的缓式亮相。此刻打击乐休止数秒钟,迨至乐队奏起下一段音乐——"慢长锤"时,台下爆起一阵轰雷般的掌声。一般演《古城会》没有在这儿叫好的。见张飞时,没有关、张刀矛厮杀、把张飞打下马来的情节,关羽训弟时不上刘备。他的这些改动是从人物出发,很有道理,不落俗套。关羽唱的〔西皮二六〕整段没有一句大腔,从"勒马停蹄"开始,每句唱的尾音都收得干净利索,唱得近似话语说白那样朴实简洁,表现出关羽在结义弟兄面前诚挚的剖白。唱到"刘关张虽异姓胜似同胞"时突然停住,似语塞哽咽,然后用哭音低沉地唱出"莫动枪刀",把关羽内心炽热深沉的情感和盘托出,观众莫不为之动情。由此可见唐派唱腔的一个特点:不偏重唱腔的华丽繁复,突出唱情,以他的音色、运气、咬字和节奏句式的匠心处理去表现唱段中的词情、曲情和声情,赋予演唱以鲜明的人物个性。

---

[1] 野狐禅:比喻夸张过火、不规矩的表演,如佛家视为的外道、异端。
[2] 搭架子:指剧中人在幕后答话、对话或唱的表现手法。

唐韵笙接着演出前部《汉寿亭侯》、《伐东吴》、《华容道》等关羽戏,林树森在台下看完戏,喟然长叹:"嗨!果然气度非凡,看来,上海的老爷戏,不好唱了。"

　　唐韵笙的另一出关羽戏《走麦城》也很博佳誉。张云溪、高盛麟助演关平,叶盛长助演廖化。唐韵笙扮演的关羽造型凝重不滞,表情内在,威武骄矜中颇带儒雅之风。"大帐"一场,唐的关羽出场亮相一下子威镇全场。同是迈步出场,唐区别于其他演员的独异处在于他那步伐的轻重、抬腿的高低、节奏的快慢、出场的时机、转身的速度、腰部的劲头、手势的位置、变脸的角度,所有这一切的尺寸、劲头都可说百分之百地适度。多一丝嫌过,少一丝则不足,这才能达到那可观的分量和气度。这场〔西皮二六〕先用一个高而有力的甩腔来渲染关羽听完诸葛瑾一番话后陡发的怒火,随后在"刹时叫尔"四字把唱腔拉开,出乎寻常地进入最低音,唱得沉郁而厚重,表现关羽强压住心中的躁动。稍停顿后猛然将唱腔翻高了八度,用膛音爆发出一个异常洪亮的"刀"字,具有一股令人生畏的杀气。这里的抑扬对比是要凸显关爷盛怒中仍有那种特殊的孤傲。

　　周信芳去看唐韵笙的《走麦城》,唐饰的关羽随着〔九锤半〕锣鼓点一步一颠,手里的青龙刀穗子一绕,胳膊一哆嗦,表示臂曾受伤,这会儿刀有点拿不动了,这一动作恰当地表现了英雄末路的顽强挣扎。作为中国"八大关公"之一的周信芳看到此处也不禁连连点头,拊掌叫好。唐韵笙的戏真是抢尽风头,林树森、周信芳、裴盛戎等都经常去看,梅兰芳也多次观看,天蟾舞台特在二楼正面加一席,专供梅先生看戏用。

　　唐韵笙的几出关公戏征服了上海观众。此后,天蟾舞台生意一天比一天好,乐坏了周剑星,进一步鼓动他演吃功夫的热闹戏。与唐韵笙自幼在上海、海参崴即有合作之谊的赵松樵已居沪多年,唐韵笙特约赵松樵再次与他合作。天蟾舞台门外悬挂出唐韵笙和赵松樵两人同样大小的霓虹灯招牌,二人并列头牌合演《斩颜良》,唐饰关羽,赵饰颜良。唐韵笙个子不高,但穿上三寸半的厚底靴,髯口长至膝盖,体形亦显得高大威武,一上场很有神韵。两人放马交战,打得严丝合缝,非常合手。一个〔四击头〕关羽举刀朝颜良脖子一抹,赵松樵跳起来走个兜底磕,直挺挺地落在地上,髯口盖脸。唐韵笙转身涮刀亮相,身子像一尊塑像,青龙刀连连作响,造型太美了,台下炸了窝。他们还把几成绝唱的铜锤唱工戏《双包案》再现于舞台,唐饰真包公,赵饰假包公。二人按金秀山、郎德山的路子一句句对唱,愈唱愈激昂,音色越美。

《十二金钱镖》,唐韵笙饰俞剑平

赵松樵是在天蟾舞台预排《十二金钱镖》时,缺一反派旗鼓相当的演员,应后台管事赵东升(赵如泉之子)邀请出面助战的。《十二金钱镖》乃是"编剧圣手"翁偶虹特意为唐韵笙编写的连台本戏,系根据白羽的武侠小说改编。以武林拳脚、草莽镖镝展现江湖上剑师刀客的斗争,故事曲折,情节热闹,人物性格鲜明。唐韵笙饰前、后部俞剑平,中部饰李云崧。中部发挥其唱、念特长上,武打的特长则集中表现在后部拳战四老的戏上。饰高老者为李春元,矮老者为李盛佐,胖老者为李刚毅,瘦老者为王少伯,四老各怀绝技,打斗精彩。该剧上演后场场满堂,上海戏校学生常结队购票观摩。《十二金钱镖》连演四十天后,适值中元节(农历七月十五),中元节俗称"鬼节",当时上海的迷信习俗较北方为甚,每逢中元节都要上演应节戏。应节戏受欢迎者首推《目莲救母》,天蟾舞台老板敦请唐韵笙露演,唐韵笙早已熟谙此剧,于是欣然允诺。其中"游六殿"一场,设有转台,十二殿布景乔皇典丽,转瞬即变,唐韵笙饰演的主角老旦刘清提每过一殿,必有一段唱。尤为精彩的是"十鬼对叉捉刘氏"一场,连摔几个"锞子"技艺直令沪上的京戏迷醉倒。难怪一演再演,前后竟蝉联了半个月之久。

一天入夜,后台管事赵东升叩门找已经就寝的赵松樵,商议如何把唐韵笙热推向高潮,赵松樵出主意于次日摆一桌酒席,请各路同仁共商良策,并提议用"角儿捧角儿"的办法,以《艳阳楼》一剧献给观众。赵松樵虽然自小即常演主角高登,但这次却主动让唐韵笙演高登而自饰青面虎,带头捧唐,其他演员亦积极响应。张春华饰秦仁,高雪樵饰呼延豹,张云溪饰花逢春,此四人极一时之上选,克展所长,"绿叶扶红花"。唐的高登有自己独到特色:挂一口二尺多长的头发黑扎,左耳毛[1]插一朵大绫子红花,大带不披,小袖不挽,身上干净利落。出手抛接自如,造

---

[1] 左耳毛:插于鬓边的两撮竖直的毛发,有黑、红两种。

型美，圆场疾，跺泥[1]稳。出场时念坐场诗："力大身高貌堂堂，虎背熊腰谁敢挡，懒读诗书熟拳棒，最爱艳花美娇娘。"说着将一柄尺八大折扇一甩展开，"美娇娘"三字用颤微微的声调拉长音念出。当唱到"人来带马会场上"随拖一长腔随走圆场，随把大折扇放在中、拇指肚上，使之快速平转。一个沉迷酒色、玩世不恭的花花太岁形象活脱脱呈现出来。这出戏里唐韵笙创造了新的武打套子，尤以"趟马"中的马上动作，在〔一封书〕[2]中的亮相最为精彩。喝醉了酒的高登"醉打"的亮相、动作姿势都是醉态，"跺泥"跺住后脚底下不动，上身却呈现出醉中的摇晃。后面观众都站起来看，想不到唐韵笙竟有这等高超技艺。盖叫天带着小儿子张剑鸣去看这出戏，当演到高登与花逢春对打时，高登使大刀，花逢春使双刀，唐韵笙一个反"钓鱼"，盖老看得出了神，不禁在台下鼓起掌来。稍晚的著名武生厉慧良等也都学习吸收了唐韵笙高登的演法。

生意日益红火，周剑星视唐韵笙为无戏不能、无所不精的奇才、全才，索性让他再贴一出高难武功戏《铁笼山》。那会儿，高盛麟在黄金大戏院演《铁笼山》，若天蟾舞台也演《铁笼山》，分明是打对台。这出长靠戏由赵松樵饰司马师，萧德寅饰西羌国王米当，宋迁春饰陈泰，李刚毅饰马岱。米当带领的八个女兵由当时响当当的旦角赵晓岚、张美娟、于素莲、董芝兰扮演，还由著名武生和老生阎少泉、高雪樵、张云溪、叶盛长反串。如此整齐、强大阵容有如众星捧月，银瀚灿烂。"草上坡"一折，八女兵分四对儿出场，每一对儿都博得热烈彩声。"站门儿"[3]、"亮相"严肃认真，"圆场"、"开打"大卖力气。"打八件"一场，以女兵配搭打斗，大刀、双刀、枪、鞭、锤、铜、弓箭交错抛接，如珠落九天，令人目不暇接。一下子就把唐捧火了。唐主演的姜维扮相威武中见凝重，"起霸"、"观星"腰腿功夫棒，气势雄壮，八面威风。〔八声甘州〕[4]唱得响遏行云，攫住了观众，连后台都叫好。《艳》、《铁》两戏红得山崩地裂，以后演《刀劈三关》、《绝龙岭》、《二子乘舟》、《十二真人战玄坛》等本门唐派戏也越演越红，场场爆棚。这些戏鲜为上海人所见，观众感到耳目一新。

唐韵笙不怕艺术竞争，专意演对台戏，如《大明府》等。周信芳、裘盛戎、李玉

---

[1] 跺泥：表演程式动作。一节舞蹈完毕，纵身一跳，一腿抬起一腿落地，兀立不动，如泥跺地，故名。

[2] 〔一封书〕：曲牌名，仅用打击乐，不用管弦乐演奏，用于武戏中节奏较缓的开打。

[3] 站门儿：戏曲舞台调度手法，表现官员升堂或将帅升帐，衙役，军士在堂下或帐外守卫。

[4] 〔八声甘州〕：曲牌名，分南北曲，均属仙吕宫。姜维所唱属南曲，与〔排歌〕合成集曲，名〔甘州歌〕。

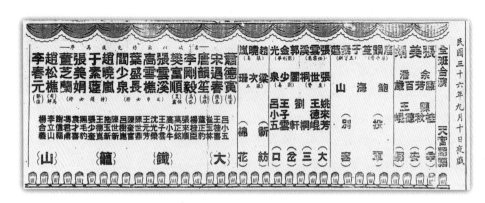

民国三十六年(1947)年九月十日上海天蟾舞台戏单

茹在黄金大戏院合演《二进宫》,他在天蟾舞台同郭元汾、赵晓岚合演《二进宫》,也非常走红,杨波的一句〔二黄慢三眼〕"千岁爷……"足以使观众心醉神迷。

这次来沪,与著名京剧艺术大师"江南活武松"盖叫天的合作记下了唐韵笙艺术上的光辉一页。他们合演《艳阳楼》,唐韵笙饰高登,盖老饰花逢春。盖老气度不凡,屈伸拧放、顺转逆返变化多姿,从四面八方看,造型都具有雄健威武的雕塑美。两人的会阵对打,暴中有稳,慢中见急,不爽毫厘,无空招废式,观众报以接连不断的掌声。真可谓"棋逢对手,将遇良才"。盖叫天长唐韵笙15岁,但他能给唐韵笙配戏,体现了盖老对后进的提掖。唐韵笙不仅对盖老的高尚戏德铭感五内,也对盖老高超的技艺心折意服,感到能与盖老合作是引以为荣的幸事。此后,唐韵笙在沪上于义演中再次同盖叫天及诸名家联袂演出,增进了他们之间的友谊。唐韵笙还与著名花脸演员裘盛戎合演过《四进士》,与裘盛戎、姜妙香合演过《法门寺》。

唐韵笙在上海连唱四个半月,盛况不衰,获得极大成功,上海滩竟有几十份小报评论他的技艺。他初到上海时,上海《大美报》、《申报》、《罗宾汉报》、《飞报》、《明报》等载文贬斥他,说唐韵笙"有艺无术"、"阴阳怪气"、"演得死板"、"不如麒麟童"云云。有的报纸还登了漫画,画《闹朝扑犬》的一个场面:唐韵笙挎剑,抬一条腿,后边犬咬袍襟。这些报界记者以孙老已为头领。远东饭店有位小开(即老板的少东家、小业主)是个京剧迷,为人正直,好打抱不平,他看了小报的文章憋了一肚子气。有一天,小开邀了以孙老已为首的二十多个记者先吃饭,饭后掏自己腰包在天蟾剧场正位池座包下两排座,请记者们看《好鹤失政》。戏散场后小开问众人:"戏怎么样?"众人点头,齐声叫好。小开从衣袋里掏出一叠报纸,往座席上一摔:"看看你们写的这些东西,既然好,干嘛天天骂人家?"记者们面面相觑,哑口无言。孙老已面带愧色地说:"也不能光怨我们,唐先生架子太大了。"原来,孙老已等曾到后台欲采访唐韵笙,唐韵笙对此不感兴趣,所以才招来他们的腹诽和毁谤。孙老已向小开表态:今后要如实报道,挽回过去的坏影响,他找武生演员郭玉琨从中调停。唐韵笙吃完夜宵到静安寺路散步,坐在跑马厅对面的青草地上纳凉。郭玉琨把孙老已带到草坪上,孙老已向唐韵笙虔诚赔礼,唐韵笙表示可以原谅。不日,各家小报即用大字标题刊出捧唐文章,《罗宾汉报》写道:"……足见此人知识渊博,卓见高明。"各报都说上海观众欢迎唐韵笙云云。新闻舆论翻转过来,唐韵笙自此声名远扬。后来成为著名戏剧评论家的龚和德回忆儿时看戏的情景说:"唐韵笙常到上海演出。我那时看了不少他演的戏,留给我的美好印象一直忘不了。……他不但做工好,唱工也极好。他有好嗓子,唱起来激越苍凉,非常动听。演《铡美案》包公,在天蟾舞台四层楼上,听起来字字真切。那时没有'麦克风',他的唱真个声震屋宇。"[1]

基于申城的大红大紫,上海伶界中人一致尊称唐韵笙为"唐老将",把他同"麒老牌"(周信芳)、"赵老开"(赵如泉)并称为"上海三老"。上海戏迷聚集街巷、里弄、公园里争赞唐的精湛表演。唐韵笙既非北京的京朝派,又非上海的海派,是从东北去的、带有东北地方色彩和风味的,人们就送他个"关外唐"的美称,并情不自禁地把唐韵笙同他们心目中崇拜的海派麒麟童、京派马连良相提并论。从此,梨园行"南麒北马关外唐"(亦称"南麒北马关东唐")之说在广大观众中逐渐传开了。唐韵笙作为"关外唐"一帜独张,与马连良、周信芳齐肩媲美,誉满上海,名扬全国,为梨园行所普遍首肯认同。梨园世家出身的名演员叶盛长实事求是地评说:"唐先生戏路宽、会得多,许多人见都没见过的戏,他却能倒背如流。我陪唐先生演戏时间虽然不算太长,可从他身上学到的表演技巧着实不少。由此更信服'南麒北马关东唐'的说法是言之有据的了。"[2]张云溪也感慨地说:"为什么唐韵笙多年以来不演的节目他都能演得得心应手?栽跟头摔倒了能爬起来,接着再干?转败为胜后又能连连大胜?因为'关外唐'具有不平凡的、全面的真才实艺和一颗强烈的事业心。"诚哉斯言!

快到中秋节了,主管天蟾舞台的业主吴性栽请梅兰芳唱一期(四十天为一

---

[1] 龚和德:《小忆唐韵笙》,载《戏剧电影报》1982年第1期。
[2] 叶盛长、陈绍武:《梨园一叶》,中国戏剧出版社,1990年,第370页。

期),挽留唐韵笙歇一期再唱,老板答应此间照发唐韵笙工资。唐韵笙不愿意赋闲,为给梅先生让台,就在农历八月十三日乘飞机回沈阳了。临行前,周剑星把五大箱行头都赠送给唐韵笙,紧握他的手说:"天蟾这段时间营业这么好,全靠您了,感谢您,这些行头就送您做个纪念吧! 上海观众欢迎您再来!"

一九、二进上海

> 我至此才了解,一个人只要怀抱理想和自信,大致都能获得成功。
>
> ——(美) 克塔宁

　　唐韵笙由沪回沈时,沈阳正处于国民党统治分崩离析、摇摇欲坠的前夜,百业凋敝,剧场萧条。唐韵笙不得不于次年4月把全家迁到北平南池子,借金少山的管事孙焕如的房子暂时安顿下来。孙焕如是天津上平安剧场经理,因此,唐韵笙重返暌违已久的天津,于1948年6月10起假座上平安戏院演出,与袁金凯、张德茂、娄振奎合作,何荣琨司鼓,王桂森的弦,何长青的大锣。戏码是《吞吴恨》、《忠义千秋》、《好鹤失政》、《薛礼》、《绝龙岭》、《华容道》、《美髯公》、《关公三辞曹》、《温酒斩华雄》、《汉宫秘史》及连台本戏《麦城升天》(一至八本)。7月初,曹艺斌也赶到上平安,唐韵笙、曹艺斌师徒俩在一起唱了两个月,贴《大艳阳楼》、《逍遥津》这类在东北不常演的戏。天津人爱看京剧的多,卖座还好。唐和曹双演《走麦城》(前、后关羽),还排演了全部《楚汉争》,由《追韩信》、《霸王别姬》、《未央宫》三出戏组成,唐韵笙饰韩信到底,曹艺斌饰萧何到底,中间的虞姬由李蓉芳扮演。他们还演出全部《岳飞》,包括《枪挑小梁王》(这是黄派武生戏,以武老生应工)、《宗泽之死》、《岳母刺字》三出戏。唐韵笙前面饰宗泽,到刺字又反串岳老夫人,他的老旦神完气足,浑似其人。曹艺斌演全本的岳飞。两个月后,上海天蟾舞台业主周剑星派人来津接唐韵笙,唐韵笙便又飞抵上海,再次奏响他一生舞台生涯中最火红煊赫的乐章。

　　1947年唐韵笙去上海,为他一生艺术道路的成功走出了关键的一步,为复返沪滨再展英姿奠定了基础。1948年8月,他复应天蟾舞台之邀二次到上海。天蟾舞台以接京角唱传统老戏为主,演员阵容很强:老生有李宝櫆、纪玉良,小生有姜妙香,花脸有金少臣、马世啸、肖德寅,小花脸有艾世菊,武生有高盛麟、郭金光、李仲林、林鹏程,花旦有童芷苓,武旦有班世超。由于上一年赢得巨大声誉,唐韵笙这次演出一直很红,特别是《夜走麦城》,高盛麟陪他来关平。高盛麟是著名老生高庆奎之子、富连成盛字辈的大武生,长期在上海演出,嗓音高亢脆亮,表演优美严谨,威猛稳健,尤以长靠武生戏见长。《夜走麦城》是唐派红净戏代表作,经过他的加工整理,关羽造型庄严、肃穆、威武骄矜中还带儒将风度;工架稳健、准确,尤以气势雄迈著称,从败到死整个过程神威不倒;演唱激越高昂,实大声宏,唱出了这位"亘古一人"的忠正英雄心声。关羽决定夜走麦城,众将劝阻他执意不听,那凄凉景象竟使台下观众掉泪。关羽败阵用"倒蹉步",倒退出场,那背后戏也教人感极涕下。夜出麦城时,他作了一个寒战的动作,把观众全带进戏里,只觉得身上有冷风扑体之感,好像也到了凉夜的麦地里一样。《陷马坑》一场两番"压马"动作是京剧表演中通用的马上动作,但唐韵笙却赋予这个动作以贴合剧情戏理的特殊内容:他左右转身的步伐踩在节奏中却似乎重心不稳,失去控制;以腰部和身体的力量表现出在马上的左右晃动,难以平衡;双手极力绾住缰绳要控制住战马,眼神流露出焦躁急迫的神情。通过这些协调、准确、细腻的表演,使观众看到关羽急欲驾驭战马、却被马载着乱转的挣扎。对此,上海京剧院著名鼓师高明亮说:"唐先生这两个压马的动作把传统的程式完全融化了,把艺术技巧和生活真实结合得非常好,真正让人看出了关羽最后陷落时的艰难。"有的演员演此戏一上场就表现关羽末路的老态龙钟,唐韵笙则不然。他认为关羽纵使年逾六旬,可毕竟是五虎上将之首,威镇华夏。即使是生命的最后时刻,也是一生骄矜自负性格发展到极端的时候,因此他一上场便展示出声势夺人、武威赫赫的大将雄风,举止神态中处处显露出骄傲自信之态,这才能关联着他的最后失败。如《劝军》一场念两句:"尔等不要浮躁,再若生事违令者斩!"然后双肩抖动斗篷,向前迈一步,双眼立刻瞪起,扫视众人,那威严犀利的目光,立刻将全场将士镇住。这抖肩、迈步和目光的配合显示出一种不可抗拒的力量,真个把关老爷演活了,无怪观众称他为"活关公"。

《夜走麦城》、《逍遥津》两剧每演出时,甲票加两角,乙票加一角。平时甲票一元,乙票八角。临时增加的票价钱,唐韵笙留一半,另一半分给大家。有时不分,就大家一起去"厚得福"下饭馆花光。1948 年 8 月,周剑星经理相机特烦 26 岁的童芷苓与 45 岁的唐韵笙挂双头牌,联袂上演传统折子戏,并邀高盛麟主演压轴重头戏《战太平》。在《南天门》中唐韵笙演安工老生曹福,童芷苓演曹女玉莲。在《十八扯》中唐韵笙演孔怀,童芷苓演孔秀英。在《法门寺》中童饰孙玉姣,唐前面反串刘媒婆,在台上边唱边耍大烟袋杆,精彩百出,后面又赶赵廉。两人事先"不排戏,不对词,就喜欢'台上见'。而最后在舞台上两人配合默契"。评论家顾炳兴评述道:"唐韵笙广采博收,南腔北调,融汇自然,炉火纯青,笃实稳健,举手投足间规范之至,时时皆有准地方,使童芷苓处处能合辙和谐。而童芷苓也后生可畏,虽系个人发挥,但与戏路陌生的大角儿同台,谨守章法,真是前辈戏德可嘉,新秀功底扎实。结果老少两位联手的《十八扯》,把剧场观众'扯'得如疯如狂,如痴如醉。当时,戏院贴出'唐童联手、天下无匹'的海报,足见气壮如虹,自信自豪,创造了菊坛史上票房卖座的奇迹。戏票抢手,'黄牛'猖獗,天蟾舞台只得被迫提前拉上铁门,以防不虞。"[1]10月天蟾演出期满,唐韵笙又转到共舞台,共舞台以演本戏为主,直到上海解放。剧目有连台本戏《目莲僧救母》,前演老旦,后演地藏王;《蜀山剑侠图》是上海的本子,与曹艺斌合作,唐扮智空叟。

这年深秋,上海一个有钱的大户人家在宅邸举办"堂会"[2]庆寿,请了许多达官贵人、公子哥儿、名门淑媛,其中还有上海警备司令部的少将参谋。来唱堂会的演员有老生、小生、旦角,都是临时拼凑的。唐韵笙的徒弟李刚毅也被邀请参加演出,扮演老头。唱的是压轴戏《贩马记》,不唱皮黄,而唱吹腔。李刚毅原是烟台丹桂戏院的底包,其父李妙兰(梅派青衣李玉芙之父)与姜妙香是师兄弟,唐韵笙在烟台演出期间收他为入室弟子。那天他嗓子不灵,唱得黯然失色,听者啧有烦言。身着便衣、西装革履、戴金丝边眼镜的少将参谋,鄙夷不屑地对他身旁打扮妖冶的女人说:"你看这个老生,唱的啥玩艺儿?他是哪儿的?这么大的堂会,怎么找这号人来唱?"女人抛送过来一个媚眼,娇声娇气地哼哼了两声。这些话被他们身后的两个小青年听得一清二楚。高个长脸的小伙叫阿毛,矮个胖子叫阿呢,都是李刚毅的酒肉朋友,在新新公司当营业员。李刚毅给了他俩的票,才来看堂会。适才听一男一女在底下说侮辱李刚毅的话,两人不觉一股火从脑门往上撞,够意思的哥儿们岂能容忍?两个人咬了咬耳朵,定计非教训他一顿不可。散戏后,西服眼镜男人挎着妖女人大摇大摆往外走,阿毛、阿呢一个箭步冲上去,把西服眼镜男人一把抓过来,猛一阵拳打脚踢。等挨揍的清醒过来,明白了是怎么回事时,阿毛、阿呢已经混入人群溜之大吉了。不曾想被打的西服眼镜不是别人,正是不可一世的堂堂警

[1] 顾炳兴:《唐韵笙童芷苓上海滩联袂唱双出》,载《中国京剧》2012年第3期,64—65页。
[2] 堂会:豪门巨室在私宅或假饭庄组织的演出,多为喜庆祝寿而办。

备司令部少将参谋。他今天带着交际花姘头看堂会没带警卫,遭此袭击。眼镜打飞了,眼睛落个乌眼青,钻进汽车跑回司令部。一下车就跟疯了一样,歇斯底里地冲进办公室,一手捂着眼睛,一手抓起电话,跺着脚叫嚷:"马上全市戒严,抓李刚毅和他同伙,不抓住李刚毅,休来见我!"少将怎么知道这两人与演戏的李刚毅有关系呢?原来阿毛、阿呢对他施暴的时候,一边动手,一边嘴里骂道:"他妈的,我叫你说李刚毅坏话。""你敢侮辱李刚毅,我叫你尝尝老子铁拳的滋味。"少将要先抓李刚毅,再顺蔓摸瓜,抓那两个打他的小瘪三。命令一下,军警倾巢而出,警车在街上嗷嗷吼叫,横冲直撞,舞厅关闭,商店停业,各旅馆、饭店到处在搜查,不夜城的上海顷刻笼罩在一片阴森恐怖的气氛中。

接近子夜时分,李刚毅慌慌张张从外面跑进他住宿的爵禄饭店四楼。这间屋子很大,住着唐韵笙的弟弟唐斌贤等六人,五个人都已躺下睡了。李刚毅悄悄打开灯,搬过一把椅子,站在椅子上打开放在柜子上头的箱子,取几叠流通金圆券,揣在兜里,飞也似的跑出去乘电梯下楼。恰巧,全副武装的警备队也在这一瞬间乘电梯上楼,两部电梯一上一下,交错而过,李刚毅侥幸溜掉了。茶房把门打开,"咣"一下子,一群警备队员用大皮靴把门端开,端着卡宾枪冲了进来:"快起来!哪个是李刚毅?"一个满脸杀气的队长掀开被,冲着司鼓的何荣琨叫嚷道。

"李刚毅今晚没回来。"何荣琨蜷缩在床上说。

"他到哪去了?"队长逼问道。

"我们哪儿知道哇!"

"你不说,我揍你!"队长不由分说,上去就给何荣琨两个嘴巴。

"抓不着李刚毅,就找你们算账!"

一个蓄着小胡子的军警伏在队长耳根说了几句什么,队长转身厉声问道:"说,李刚毅的师傅唐韵笙在哪儿住?"

大家缄默不语,心都缩紧了。队长气得脸也歪扭了,抓住一个傍角的肩膀举起手枪怒吼道:"你不说就毙了你!"

"我说,我说,在……在大中华饭店六楼。"

"哼!"队长把傍角的一扔,转身走了,直奔大中华。

到了大中华饭店,把唐韵笙从床上叫起来,逼他说出李刚毅的下落。唐韵笙不慌不忙地说:"李刚毅是我徒弟,他惹了祸,当师傅的有责任。我也恨他,我要知道他的去处,一定告诉你们。你们不妨先回去,待我打听一下。"

"不行!"队长声色俱厉地说,"今天抓不着他,我们没法回去交差。"

"我真不知道他在哪儿,那怎么办?"

"那就先把你抓起来再说,我们是奉命前来的,抓不着徒弟就抓师傅。"

"明天我还有戏,你们还让不让唱了?"唐韵笙急了,高声叫道。

"什么戏不戏的,我们长官眼睛都叫小坏蛋打瞎了,我抓的是人,还管你有戏没戏呀!"队长不耐烦了,把手一挥,"来,把他捆起来!"四五个警备兵一拥而上,正要动手……

"慢着!"唐韵笙放开嗓门一声吼把队长、警备兵吓了一跳,不由得退了一步。"何必绑,我跟你走,唐韵笙跑不了。我唐韵笙堂堂正正,看你们能把我怎样?"唐韵笙整理一下衣服,昂然走出门外。

将近半夜一点,唐韵笙被带到上海警备司令部的地下室,几个彪形大汉把他往里一推,铁门"当啷"一声上了锁。这里黑漆漆一片,只有一盏小电灯泻出几束黯淡的光。唐韵笙摸索着向前迈几步,借着微光依稀可辨,墙角歪斜着一个个人影:站的、坐的、蹲的、躺的,有的脸惨白,有的脸发绿就好像发了霉,有的披散着头发。这种森然可怖的惨象使他打了一个寒战,一股又酸又臭的气味袭入鼻翼,他差点呕吐出来。

"喂,刚来就受不了啦,你是闻粉脂闻惯了吧。"从墙边传过来一个沙哑的声音。

"哈!哈!哈!"一阵怪异的笑声从四面掀起。唐韵笙没有理睬他们,心里想:气味倒不可怕,怕的是看这些人的脸,他们那副样子真叫人受不了。

"喂!外头有什么消息?"有个满脸大胡子高个儿的人凑过来探询道。

"我是唱戏的,不了解时事情况。"唐韵笙瞥了他们一眼说。他揣摩这里关押的人很杂,但更多的是无辜罹难的好人,说不定还会有敌特派来伪装犯人打入的奸细,须存几分戒心。

"得了,你还要保守秘密呀!装什么蒜!到这地方来的没一个活着出去的,'司令',你说是不是?"又一个尖细的声音说。

又一阵大伙有气无力的哄笑声。

"你带香烟了吧!"大胡子"司令"想给弟兄们谋点福利。

唐韵笙伸手摸一摸衣兜,真想拿烟分给他们抽,这些非人的人是怎么熬过来的呀!多长时间没抽烟了。可是,真糟!身上一支也没带,只好说:"出来得太匆忙了,连衣服都没来得及换,哪有空儿找烟,对不起!"

"你犯了什么罪?"一个温和的声音发问。

"什么罪也没犯,我是清白的,我会很快出去的。"

"进来就甭想出去,除非是咱们的人来了以后。"说话者大概是个看得透的不存幻想的人。

周围脏得实在坐不下,躺不下,唐韵笙索性咬牙硬挺着站一夜。

当夜,警备队兵分两路:一路人押走唐韵笙;一路人让唐斌贤领路,半夜两点多钟赶到新新公司抓阿毛、阿呢。公司里里外外都上了铁门铁锁,整幢大楼不见人影。警备队喝三吆六,用枪托砸门,出来几个打更老头,他们说:"阿毛、阿呢都是营业员,找他们明天白天来。"警备队只好悻悻而返。

次日,一大早就开始提审。唐韵笙一口咬定不知李刚毅去向,审讯官见问不出什么线索来,只好把他又投进牢里。幸好看守长是个戏迷,认识唐韵笙,网开一面,把他带到办公室呆着,免遭了许多罪。

周剑星经理得知唐韵笙被捕的消息,急得心如火燎,马上四处活动。他知道要撬动那少将参谋,非得抬出"黑瞎子打立正——一手遮天"的头面人物不可。于是他去找上海滩谁也惹不起的大流氓头子杜月笙。杜月笙与上海警备区司令汤恩伯能说上话。杜月笙为了附庸风雅,假充斯文,爱好"国剧",曾在唐韵笙登台演出之前与黄金荣、张啸林三人上台,各送卷联一幅,其中一幅上面写着"能文能武 艺术精华"。唐韵笙对这班有钱有势的黑社会头人向来嗤之以鼻,避而远之,对这些名堂压根儿没当回事。看透了他们是拿钱、借唐韵笙这块招牌沽取自己的荣名。别人告诫他:"您到上海,不去拜流氓头子,戏就别想唱好。"唐韵笙冷冷地回答:"哼! 我是唱戏的,凭本事吃饭,不靠交际,我才没工夫同那帮无赖勾搭连环呢。"

杜月笙因唐韵笙没有曲意逢迎而心怀芥蒂。周剑星提起搭救唐韵笙的事,杜月笙躺在沙发里,嗅一嗅翡翠鼻烟壶,懒洋洋地说:"唐韵笙这个人不识抬举,我才不管他的事呢?"

"哎呀,杜先生!"周剑星脑门沁出汗珠,"'不看僧面看佛面',就冲着我的面子,您也得帮帮忙啊! 您想怎么办,咱们都好说,唐韵笙一天不唱戏,我的损失大了,您总得为我着想啊! 再说,海报都贴出去了,怎么向观众交待。"

"管他观众不观众的!"

"我求求您了,花多少钱我都认可,只要您给汤司令挂个电话,就是有杀头之罪,有您一句话就死不了。"

周剑星与杜月笙是多年老交情,杜月笙实在搪不住他的一再苦苦央求,方才答应向汤恩伯疏通。几小时后,唐韵笙被放回来。因关押了将近一天一夜,站立时间过长,脚面都控肿了,亲友们一齐来看望问安,给他倒温水烫脚,弄药敷上。

后台经理问道:"还有三个多点开演,您今晚的戏还能唱吗?"

"能唱! 一定要唱! 不能轻易回戏,回戏对不起观众。"唐韵笙一边搓着脚,一边斩钉截铁地说。

"脚都肿了,靴子穿不进去怎么办?"

"那就借一双肥大点的靴子。"唐韵笙答道。

果然,当天晚上的戏照演不误,周经理乐得什么似的,让人在大饭店包了十几桌席应酬杜月笙及手下几百人。

闯下大祸的李刚毅跑到黄埔港外的轮船上藏起来。半个多月后,才偷偷给唐韵笙打个电话。唐韵笙审时度势,觉得风波平息了,才让他回市内,李刚毅一进门,见了师父就跪下磕头谢恩。唐韵笙半嗔半怜地说:"你都交些什么人? 你闹悬要送我终啊!"

二〇、迎来了黎明

莫畏途难时日远,鸡鸣林角现晨曦。

——黄诚:《亡命》

1949 年是蒋家王朝覆灭的前夜,国民党盘踞下的上海,剧场纷纷关闭,艺人生活无着。为帮助穷苦艺人度过年关,上海梨园公会会长梁一鸣组织了一次周济失业艺人的春节义演,同时分别在三个剧场演出京剧:一、天蟾舞台演《铁笼山》,高盛麟主演;《恶虎村》,盖叫天、李万春、李仲林主演(前后三人演黄天霸);大轴《奇双会》梅兰芳、俞振飞、美妙香合演。二、中国大戏院演出的大轴戏是《坐楼杀惜》,周信芳、赵晓岚主演。三、共舞台演《泗洲城》,班世超主演;《追韩信》,徐荣奎、李如春主演;《夜走麦城》,唐韵笙饰关羽,曹艺斌饰关平。这次义演钜公名流云集,阵容强大,各骋骥骤,在国势艰窘的情况下吸引了很多观众,募集了一笔济贫资金。

在上海,周信芳经常自己买票去看唐韵笙的戏,也用不着告知唐,学了唐的长处,就用在自己身上。唐韵笙也看周的戏,看完不禁惊叹道:"周先生把我的东西搁在自己身上,糅合得那么巧妙,先生不愧为好学的人,我再创造新东西,也要学先生的。"周信芳长期在黄金大戏院演出,戏院楼顶高悬麒麟童头牌的牌匾,不论谁来此演出,这块牌脸都不动。一天晚场,周信芳在这里演《徐策跑城》,正在天蟾舞台演出的唐韵笙闻讯,告诉管事今晚也出《徐策跑城》戏码,别人提醒和黄金大戏院的戏重复了。他回答说:"周先生唱周先生的,我唱我的。"大家明白"唐老将"是要在艺术竞争中推进自己的进步,觉得这倒是一个难得的交流互鉴的好机会。结果,那天晚上,两个距离不远的剧场演出了对台戏,天蟾后台人员都去看周的徐策,黄金的后台人都去看唐的"跑城"。两边的同行经过对流观摩,对两位艺术家的创造长处都有体味、评论,认为他们各具千秋,可以互相取长补短。

周信芳的《徐策跑城》固然是冠绝天下,唐韵笙的《徐策跑城》亦非踸步于其后。"麒老牌"戴缀有珠球的花相貂、白三,身上穿蟒;"唐老将"戴没有珠子的黑色相貂,穿古铜色官衣,保持传统的穿戴,给人以古朴素淡之感;周的髯口一尺多长,跑起来横甩髯口,髯口四散飘飞;唐的髯口二尺许,是撅起来甩,有个抖劲,髯口随风走井然不乱;周跑城时右脚踢袍,相貂上的翅子颤动,珠子飒飒作响;唐跑城时手提衣前襟,后襟甩起来,相貂两侧的"展"(帽翅)平稳不动;周足登薄底的朝方,唐穿三寸多厚的厚底靴;周跑起来掏着腿走斜步,利用垂在右边的小襟作舞步的烘托,每一节拍跑三步和两步相交织。一方面显得摇曳生姿;一方面表现年迈人的步履跟跄;唐跑起来不论节奏快慢总是和鼓板、过门结合,无论用上步、跨步、蹉步,也不管步伐怎样加快,脑袋老是在点,髯口也老是在抖动,始终不失为一个奔皇城里去、步履维艰的老头形象。末了,周来个前栽,单腿后退,最后一个"屁股坐子";唐也有一个屁股蹲,一条腿抬起来,一条腿颠、颠、颠,与鼓点配合。临末屁股落地的当儿,一记锣"仓",全场爆发满堂好。总之,周的表演风格奔放、苍劲、自由,注重形式美感和力度,走歌舞化路子,看了令人神往;而唐的风格规矩、准确,注重生活真实感,同人物年龄、身份、处境、心情结合得好,走的是生活化的路子,给人以亲切、自然之感。他的台步始终踩在板上,起落得当和谐。上城楼时,开始迈步较快,然后越走越慢,走到顶端险些摔倒,很逼近生活。著名武生周凯亭多次看过京剧前辈王鸿寿先生演的《徐策跑城》,他说:"在韵笙身上看到了老三麻子的东西。"唐韵笙的跑城诚不及麒派跑城的精工和腾誉众口、盛演不衰,但亦不乏自己的独特创造。正如许姬传先生所说:"艺术就是贵在走出一条自己的路来,'随人作计终后人,自成一家始逼真'嘛! 唐韵笙在艺术上就是有这种要自成一家的精神。"[1]

唐韵笙的厚底功是京剧界所艳称的。他的靴底在三寸五到三寸七之间,穿上如此厚底的靴子,不要说演戏,就是在台上行走恐怕也要跌跤。而唐先生穿着它竟像穿便鞋那样自如,即使演武戏、开打也不换薄点的靴子。这种卓绝的厚底功是他青年时代刻苦练就的。20 世纪 20 年代,在天津日租界,人们看到唐韵笙每天早晚两次到寓所外行人少的僻静马路上,挨着墙耗腿,一耗就是一两个小时。倒仓时期他在吉林北山穿厚底登陡山,走峭壁。据演员徐戎明说,唐先生领人练功,让练功者两手左右平伸,一手端一只碗跑圆场,他以手拍击节奏,由慢到快,不许碗掉地。他说上台满脸"花儿"(汗)不行,故他让人锻炼夏天穿棉袄练功而不至于大汗淋漓。

度过了漫漫长夜的人,更盼望黎明。"钟山风雨起苍黄,百万雄师过大江。"1949 年 5 月 27 日,在中国人民解放战争的历史上是个难忘的纪念日。这一天中国人民解放军进入大上海,上海从妖孽鬼蜮的魔掌下解放出来,回到人民的怀抱,唐韵笙朝思暮想的大地重光之日终于来临了。他兴奋得彻夜不眠,解放军是中国人民的救星,也是自己的救星。听说解放军进城了,唐韵笙赶紧找到共舞台经理周剑星(兼天蟾舞台经理),两人商议迎接解放军办法:派人买来上海闻名的陈阿筱酱菜,煮了几桶开水和大米粥,把台毯打开扫净,一心想让解放军吃好睡好。半夜两点,唐韵笙等打开共舞台大门迎入解放军队伍。解放军营长代表部队向唐、周致谢,可是他们吃的是自己带的炒米,把台毯卷起来,在过道席地而卧,次日早早就出发了。清晨,唐韵笙走进剧场一看,饭菜丝毫未动,照原样摆在那儿,地打扫得干干净净还洒了水。他暗暗赞叹人民子弟兵真是军纪严明,作风朴素。第二天,唐韵笙冒雨走上街头,加入京剧界欢庆上海解放的游行队伍,挥动彩旗,热泪盈眶,走在游行队伍的前列,感到一种从未有过的欢悦与幸福。

抚今追昔,感慨万千,唐韵笙心想:而今而后,艺术再也不会受时局拨弄、权势作践和铜臭熏染了。京剧属于人民,人民将恢复京剧艺术的青春生命,京剧——艺术国宝将把新中国的艺苑春天装点得更美丽。他预感到命运转折的机遇到来了,自己眼前将展开一个光鲜灿烂的簇新世界。

---

[1] 唐玉薇:《唐韵笙舞台艺术集》,沈阳出版社,1991 年,第 128 页。

二一、上海救灾义演

> 名誉,意味着更大的责任。当一个人获得某种名誉时,这个人就不应属于她自己。
>
> ——(古巴) 阿莉西亚·阿隆索

"自上海解放后,我初步认识到,共产党是我们中国人民的救星,我非常拥护,非常高兴,同时也作了一些微小的工作……以后有吕君樵、林鹏程、蒋振海等人来团结我,出去搞工作。"这是唐韵笙 1958 年在《向党交心说真话》一文中对往事的回忆,他谦虚地说:"作了一些微小的工作。"其实云"小"未必小,就拿参加上海救灾义演来说吧。1950 年苏、皖、鲁等地发生水灾,中央人民政府发出生产救灾运动的号召,上海戏曲界积极响应,成立了戏曲救灾委员会,决定举办两天救灾义演。参加者皆是当时在沪的大艺术家,其中有梅兰芳、周信芳、盖叫天、姜妙香、赵如泉等。经青岛回到上海的唐韵笙艺高望重,自然也名列其内。他同情被困于灾厄中的广大群众的疾苦,也要报答党和政府的解放之恩,怀着这样的心情,欣然参加了这次盛会。

义演于 1950 年 3 月 30 日和 31 日在天蟾舞台举行,剧目是《龙凤呈祥》,台口悬挂"上海市戏曲界救灾委员会主办京剧公会义演"的横幅。梅兰芳把自己保存了 30 年、平日演出舍不得挂的堂幕(演传统戏作背景用的底幕)挂了出来,表达了艺术家对人民政府的真诚拥戴。堂幕上的画系著名画家吴湖帆所绘,湘苏名刺绣家所绣,精美绝伦。唐韵笙望着这耀目生辉的堂幕,想到:这上面丝丝线线无不编织着梅先生对祖国人民的情爱,对艺术执着的追求,不禁从心底升起对梅先生为人的崇高敬意。下午 1 点开演,各位名家都早早来到后台,见面时热烈握手,互致问候,然后化上妆,穿戴整齐。艺术家们都年事已高:梅兰芳和周信芳同庚,都是 57 岁,盖叫天 63 岁,姜妙香 61 岁,赵如泉 69 岁,年龄最小的要属唐韵笙,时年 48 岁。可是老艺术家们个个精神矍铄,谈笑风生,脸上流露着动人的光彩,仿佛回到了青春年少的时光。每人出场,精光四射,台风美不胜言,台下立刻迸发出一阵热烈的碰头好。几位大家各显其能,各极其妙:梅兰芳的孙尚香雍容大方,珠圆玉润;周信芳的乔玄做工恰到好处,念白韵味醇厚;盖叫天的赵云手眼身法步老练边式;姜

唐韵笙传

妙香的周瑜嗓音高亢浏亮;赵如泉的张飞做功雄劲刚健;而唐韵笙的刘备神清骨峻,步态潇洒,唱则清华朗润,念则字正音纯,王者风度十足。他饰刘备是梅先生提议的,梅先生说:"刘备应该让'唐老将'来扮,老将是东北来的,是负有声望的,有真东西。"大家几无异词地作出这个决定,确认唐韵笙是演刘备的不二人选。周信芳在《甘露寺》一场"劝千岁"的〔流水板〕唱段中嗓音不响堂,唐韵笙嗓子高亮,为了照应兄长,唐特意叮嘱琴师唱到《大佛殿》那场,在给刘备拉弦时不能长调门。他说:"周先生没唱上去,我不能超过他。"这种尊敬长者、照顾同行的戏德受到合作者们的一致称赞。

诸大师珠联璧合、相映生辉的表演,使观众大饱眼福、耳福。艺术家的义举带动了上海京剧界,以至整个戏剧界。当时上海的"中国"、"天蟾"、"大舞台"、"共舞台"四大戏院和"先施"、"大新"、"大世界"三大游艺场的剧团,以及中南京剧工作团的演员们,也都纷纷举办救灾义演。参加义演的京剧艺术家达二百余人,这两场义演为灾区捐款共 9677 万元(旧币)。继而,上海的越剧、沪剧、淮剧、滑稽戏、绍剧、甬剧、评弹等剧团,都踊跃举行救灾义演。当时来我国讲学的三位苏联教授观看了演出,为中国戏曲的艺术魅力倾倒叫绝,对中国艺术家与人民息息相通的品德表示服膺。

二二、紧急救场

一个人的真正财富,是他在这个世界上对其同伴及朋友们所做的好事。

——(阿拉伯)穆罕默德

李万春是武生宗师杨小楼的弟子,6 岁学戏,12 岁演出《战马超》一鸣惊人,被誉为"童伶奇才"。文武兼擅,尤以武生戏著称,长靠、短打、箭衣戏、猴戏、关羽戏均见功力。他念白吞吐有力,身段边式利落,流动于京、津、沪、鲁、鄂、东北各地演出,有"美猴王"之称、"关羽再现"之誉。1950 年,李万春在天蟾舞台演出,因与后台经理陈福贲发生口角,气得声言中止演出,尽管戏报已贴出去,票已售完。李万春本想将陈一军,并非漠视观众,没料到陈福贲并不在意。他有他的算盘:你撂挑子,我不怕。我会去找别人,能找一个本事不次于你,保证接得了你的人。随后,他脑海里浮现出一个"唐"字来。他早有耳闻,唐韵笙正在苏州的家里休息。上海到苏州快车只需一个多小时,陈福荟当即登车抵苏州,拜会唐韵笙。陈福荟说:"唐先生,帮帮忙吧!李万春突然病了,您若不唱,我就没法向观众交待了。"唐韵笙笑了笑说:"除了我上海没人可找吗?"

"确实没有,别人接不了李先生,只有您才能把戏园下来。唐先生,'救场如救火'呀!"陈福荟额头沁出了汗珠。

唐韵笙站起来踱了几步,略事沉吟后停下来问:"今晚预定什么戏?"

"《群·借·华》。"

"好吧,应当急人所急。"唐韵笙爽然答道,"无论如何,不能把观众扔在一边。"

陈福荟马上打电话给上海,让工作人员在剧场门口撮块牌子,告知观众李万春因病辍演,故特聘唐韵笙接演。唐韵笙与陈福荟即刻乘车到上海,天还没黑,晚8点准时开戏,一点没耽误。观众知道唐韵笙来唱这出《群·借·华》没有任何怨言,满座无声,屏气凝神,看完戏觉得很过瘾。李万春也因唐韵笙替自己解了围,平息了这场风波而由衷地敬谢唐先生。

此后,李万春赌气离上海到苏州开明戏院演出去了。陈福荟对唐韵笙非常满意与敬重,请他留在天蟾舞台继续演下去。唐韵笙说:"我事先没有多演的打算,这回给你救上了,你赶快接人去,我顶多给你续一个星期。"陈福荟绞尽脑汁,想找一位名角接唐韵笙,但是谈何容易,怎么也找不到。他回复唐韵笙说:"让我慢慢想办法。"这样一来二去,唐韵笙不觉在天蟾舞台又续演了一个多月,才回到苏州家中。

李万春在苏州唱了一些日子,就到无锡去了,开明戏院请唐韵笙接着在苏州唱,李万春在无锡唱完再转常州。无锡剧场派人到苏州接唐韵笙,他便由苏州到无锡;李万春在常州唱完又奔南京,唐韵笙则由无锡赴常州。就这样,唐韵笙一直步趋李万春的足迹抵达南京。局外人对此也许会产生误解:为什么唐韵笙盯上李万春了,老是跟着李万春屁股后头走,莫非他们有什么不对付的,唐韵笙是蓄意想赛倒李万春不成?其实并非如此,李、唐二位名实相若,旗鼓相当。但当时的情势摆在那儿,能接李万春坑儿的,非唐韵笙莫属,所以几个城市剧场业主都不约而同地请唐继李而露演。唐韵笙倒没有和比自己年轻的李万春在沪宁线争一日短长之意。当然他心中是有数的,倘使自己逊色于李,他是无论如何也不会同意干那种狗尾续貂的蠢事的。李万春有李万春的拿手好戏《十八罗汉斗悟空》,唐韵笙有唐韵笙的拿手好戏《十二真人斗太子》;李万春编了《十八罗汉收大鹏》，唐韵笙就来《十二真人战玄坛》。若说这是一种艺术竞争，也未尝不可。这种竞争，争出了艺术家的志气和团结友谊，争出了艺术上的进步和高水平，难道不是好事吗？

二三、与梅兰芳合作

一个人的发展取决于和他直接或间接进行交往的其他一切人的发展。

——《马克思恩格斯全集》第三卷

结束了在南京的演出，唐韵笙回师上海。1950 年初春，李少春、杜近芳、袁世海合作在天蟾舞台演出《野猪林》等剧期满，李、袁回京，杜留在上海，剧场又约请唐韵笙与杜近芳合作。杜近芳本工青衣，是王瑶卿、梅兰芳的高足，且正当绮年玉貌，姿媚跃出，占尽风光。他们正月初一登台，剧目有《三进士》，唐反串老旦孙淑琳；《霸王别姬》唐韵笙则饰霸王，杜近芳饰虞姬。他们还排演了翁偶虹的新编历史剧《云罗山》和《唇亡齿寒》、《红娘子》，后者唐韵笙扮演李闯王，杜近芳扮红娘子。红娘子是绝技女侠，有一场戏写她在树上看热闹，有人提议让杜近芳来一段走绳子表演。杜近芳接受了，真的露了一手"走绳"杂技，剧场效果甚佳。可是，她的老师梅兰芳及其秘书许姬传看了戏，认为这个表演太危险，所以后来就改成了舞单剑，效果同样喜人。这一年，最令唐韵笙终生难忘的是与京剧艺术大师梅兰芳的合作和友谊。

梅兰芳率梅剧团于 9 月 23 日由沪抵津，露演于中国大戏院。梅剧团当时没有好老生，梅先生就想到了享名已久、号召力强的唐韵笙，于是派周某专程到苏州唐宅延请唐韵笙赴津门联袂演出。唐韵笙感到能和梅兰芳合作是自己的殊荣，又是一次难得的向大师学习的机会。他载欣载奔，赶到津门，到梅先生下榻的利顺德大饭店拜会了梅先生。梅先生设宴为他洗尘，把他安顿在国民饭店，给他以优厚待遇，每天薪水 150 元，唐只带马童、琴师、司鼓。《天津日报》上登出梅兰芳剧团与"特约合作文武老生唐韵笙"演出海报。每天头里是唐韵笙的《逍遥津》、《徐策跑城》、《刀劈三关》、《汉寿亭侯》、《千里走单骑》、《呼延赞表功》、《枪挑小梁王》之类，后头大轴是梅兰芳的《宇宙锋》、《西施》、《贵妃醉酒》、《霸王别姬》、《女起解》、《奇双会》及梅氏父子、俞振飞合演的《金山寺》、《断桥》。有时候梅先生因故唱不

"梅兰芳剧团"公演特刊

了,唐韵笙就唱大轴,前边由中国大戏院的底包垫戏[1]。

　　梅先生虚怀若谷,非常善于学习、吸取别人表演艺术的精华,他对唐韵笙的艺术很是倾心赏识。每当他演出,梅先生总是早早来到后台,站在边幕鼓师身后,聚精会神地观看,看得着了迷。直到管事敦请他去扮戏,他才连声应道:"知道了,这场看完马上去,赶趟! 赶趟!"梅先生看得是那么入神,迟迟不愿离开。梅剧团的人见梅先生如此喜爱唐韵笙的艺术,就问道:"梅大爷,您怎么这样爱看唐先生的戏?"梅先生笑吟吟地答道:"我看唐老将唱戏有真本事,还卖力气,不一般。这三国戏都让他唱遍了,唱活了。我看他的三国戏跟别人的不一样,就说《取汝南》吧,那个过场没有什么,给唐韵笙这一唱可了不起,连唱带说好些个玩艺儿。"

　　梅派代表作《霸王别姬》演出时间长,前头唐韵笙唱一出戏,梅再唱《霸》剧,加起来得三四个小时。梅先生便想请唐同台演出《霸王别姬》,他对唐说:"贤弟,咱哥俩合一出'别姬',你来霸王不更好吗? 这样能压缩演出时间,又能为戏添彩。"唐韵笙思索片刻,郑重地回答:"谢谢梅大爷对我的提携,和您同台是我的荣幸。可是,请见谅,这出戏我不该演。"

　　"怎么? 你不是演过霸王吗?"梅先生问道。

　　"对,演过,那是在我的剧团,现在让我陪您演,就是另一码事。您想,自杨小

─────────────

[1] 垫戏:一场演出中预定剧目以外临时增加的短剧。

楼、金少山先生以后,一直是刘(连荣)先生陪您唱霸王。我不是驳您,因为刘先生傍您那么多年,本来他的活儿,我来顶了,对得起刘先生吗?再说,刘先生不是不好,他擅长这个角儿,您二位珠联璧合。我不行,我一演好像和刘先生比高低。咱俩合作是一时,你们合作是几十年哪!"

"噢!"梅先生笑眯眯地望着唐韵笙,若有所悟地颔首点头说:"还有这个问题,贤弟想得周到,说得在理,亏你提醒了我。"其实,唐婉言谢绝还有个秘而不宣的原因:刘连荣每当陪梅先生演霸王,梅先生都是给他双倍"戏份"。倘自己替换刘唱霸王,岂不等于夺人饭碗,怎么能干呢?虽然《霸王别姬》未能合演,但唐韵笙尊重同行、不抢台、不争名的艺德使梅先生很受感动,刘连荣闻知此事对唐更是钦佩不已,遂传为菊坛佳话。

结果,梅、唐只同台演了《法门寺》,梅饰宋巧姣,唐饰刘媒婆、赵廉。梅、唐在有三层楼、两千多座位的中国大戏院合演 40 来天,共 41 场,座无虚席。1950 年 11 月 4 日合同期满,梅兰芳返回北京,唐韵笙则赴青岛。两位艺术家分手了,但他们在合作中结下的诚挚友情却永远珍藏在彼此的心里。

二四、边陲万里行

丈夫志四海,万里犹比邻。

——曹植:《赠白马王彪》

1951 年 6 月,云南省文化厅厅长徐嘉瑞特邀唐韵笙赴滇演出,并派当地剧院尹汇洲经理专程来上海迎接。唐韵笙激于当家做主的喜悦,顾念边疆人民缺少文化生活,欣然答应,挑选四梁四柱[1]、一坤(青衣、花旦、刀马旦)文武场[2],共 50 多人,组成"育风馆唐韵笙京剧团",踏上远征万里之途。先到南昌南宫戏院演《五花洞》,唐饰假潘金莲,徒弟张海涛饰真潘金莲。唐韵笙演《坐楼杀惜》中的宋江,把观众征服了。观众数着数评价他的表演说:"你看唐先生上楼多少蹭,下楼多少蹭;进门在哪儿,出门在哪儿,真规矩。"半个月后到长沙演于黄金大戏院,戏码是

---

[1] 四梁四柱:演员同戏班的关系如梁柱之于房屋,故习惯上把全班各行脚色的骨干喻为"四梁四柱"。
[2] 文武场:演奏吹、拉、弹等管弦乐的乐师叫"文场",演奏锣、鼓、铙钹等打击乐的乐师叫"武场"。

1951 年 7 月昆明云南大戏院戏单

全部《楚汉争》,有《九里山》、《别虞姬》、《伐陈豨》、《人头会》、《未央宫》、《斩韩信》等,卖座甚好,唐韵笙给全团每人订做一套灰布中山服、一双凉鞋。7 月抵昆明,在车站受到云南文艺界夹道欢迎。在风光旖旎、绿茵如盖的翠湖公园举行了欢迎盛会。刚刚在这里完成演出任务的"四大名旦"之一的程砚秋先生出席了欢迎会,并在会上发表了热情洋溢的讲话。唐、程两位艺术家在天津时就相互慕名初识,这次又亲切重晤于南国,握手言欢自不待言。程砚秋向唐韵笙转达了文化部领导希望他到北京与京剧界同仁合作之意,唐韵笙表示感谢并会慎重考虑。

为了感谢边疆人民的盛情欢迎,支援抗美援朝,为国家捐献飞机大炮,唐剧团先在云南大戏院演三天义务戏。头一天打炮戏是《刀劈三关》,省戏剧界知名人士刘奎官、关肃霜、徐敏初、裘世戎等纷纷前往观看,为唐的精湛技艺而心折。继演《艳阳楼》、关羽戏等,还有唐新编的列国历史宫闱佳剧《唇亡齿寒》,又名《假途灭虢》。这个戏在当时富有现实意义,阐发了唇亡齿寒的道理,起到了借古鉴今、宣传抗美援朝伟大意义的政治作用。唐带来的班底很强,文武老生李刚毅、张海涛,武生龚庆来、翟宏鑫,武花脸钱福元,武旦新苹秋,青衣、花旦苏少舫皆称职当行。独缺花脸,经商量把当地花脸裘世戎借来,裘世戎系著名表演艺术家裘桂仙之子、裘盛戎之弟,鼻音、闷音、憨音相结合,颇得其兄韵味。唐剧团还与云南大戏院基本演员通力合作,联袂演出,盛况空前,轰动春城。此间唐韵笙得知有"滇剧泰斗"之誉的栗成之老先生也亲临剧场看他的演出,便登门拜访栗老,征求意见,虚心请教。

在昆明演出三个来月,"三反"运动开始,上座锐减,唐韵笙同大家研究,决定到偏远的滇南个旧市去演出。个旧是盛产锡矿的小城,有十几万人口,四周岗峦起伏,重峰叠嶂。矿工们都住在山上,没有像样的完整剧场,唐剧团在大祠堂临时改

《唇亡齿寒》,唐韵笙饰宫之奇

建的台子上唱戏。这里的矿工难得有机会看外地剧团来演戏,听说赫赫有名的唐艺员莅临,全矿区都喧腾起来。入夜,举目望去,只见远远近近、高高低低的盘山道上到处是灯笼火把,闪烁明灭,缓缓向祠堂这边山洼子底下移动,有如银河下凡、正月十五逛灯会,非常壮观。原来是工人们提着纸灯,穿着草鞋从十里、二十里,甚至三十里以外的矿山赶来看戏,祠堂被围得水泄不通。祠堂门口总是戳一块"客满"的牌子,工人们不在意地笑着说:"我可以买一个'满天飞'(即站票)的。"唐韵笙考虑到矿工们翻山越岭、远道乘兴而来,倘若看不上戏,枉走一趟败兴而归,心里该多不是滋味啊!观众冲着我们来的,怎能拒之门外呢?为此,他想出一个解决办法:每场加一二百张站票。工人们感激地说:"唐先生理解我们矿工的心。"

剧团人马驻扎在山洼子底下从前一个大地主的宅院里,吃饭包在公安局开的"北京饭店"。公安局白局长是个戏迷,对剧团十分关照。有一天,唐韵笙和唐斌贤上街买东西,看见一只异常漂亮的狗穿街而过,唐韵笙一愣神站住了,马上又跑几步去追踪。只见那条狗背部油黑发亮,肚子呈草黄色,双耳高高竖立,腰往下塌,臀往上撅,张着嘴舌头长长的耷拉下来,跑起来不颠不晃,狗相美极了。"好!好!太好了!真正德国种狼狗。"唐韵笙情不自禁地叫道:"三弟,你跟着它,看它跑到什么地方去,是哪家的,想法买回来。"

"这条狗了不起,花大钱怕也不一定买回来"。

"你尽量办,多钱都行,我有用!"

唐韵笙时时琢磨怎样在舞台上求美、出新,在美术设计、服装道具、角色造型方面怎样适应观众审美心理,不断有所创造,有所丰富。所以,他十分注重平素常生活中的搜集积累。三年前,在上海演出期间,唐韵笙发现一个中年妇女拖着一条一米多长的大辫子,经常从旅馆门前通过。他就让三弟斌贤上前搭话,想把那辫子买下来。唐斌贤就与中年妇女攀谈起来:

"您的辫子怎么这么长?"

"我喜欢长辫,不愿意剪,结果越留越长。"

唐斌贤为难起来,希望大抵要落空了。

"你问这个干什么?"

"我是想,假如您肯割爱,它会给我们帮很大忙。"

"这辫子有什么用?"

"剧团用得着,我是唐韵笙弟弟,我哥哥有心把它买下来做髯口。"

"唐韵笙!啊!"女人吃惊地瞪大了眼睛问道,"就是在天蟾唱戏的那位大名角?"

"不错!正是他!"唐斌贤笑着点头道,"您把辫子剪下给我们,我买一辆新自行车送您,还给您烫发钱。"

"能为唐先生办点小事,非常荣幸,给不给报酬都没关系。"

就这样唐韵笙欣喜地获得了施展技能的好材料,用这束又长又黑又粗的头发制作了两副髯口:一个特长三绺[1],关公戴的;一个开口[2],张飞带的。这三绺髯不仅为关公的形象平添了威武伟岸之美,而且为唐韵笙发挥髯口功表演的特技提供了有利的条件。

说起养狗来,唐韵笙自有其妙用。早在吉林的时候,唐韵笙就曾养过一条漂亮伶俐名叫"吉利"的狼狗,甚是喜爱,加意训练后让真狗上台演戏,很是抢眼。唐韵笙演《张果老招亲》(即《狗咬吕洞宾》)时,驴用人形扮,"吉利"上台,真咬吕老夫子,逗得观众捧腹。在封神榜戏《十二真人战玄坛》中"吉利"扮演二郎神杨戬的哮

---

[1] 三绺:也叫"三髯",年岁较大的文人、官吏、帝王等所使用的髯口,按年龄分"黑三"、"黪三"、"白三"三种。
[2] 开口:也叫"扎",露出口部的髯口,勇猛莽撞的脚色所使用,并配以耳毛,有黑、红、黪数种。

天犬,其中赵公明骑的黑虎与哮天犬打架的场面最精彩绝妙:黑虎由人(邱盛华)扮演,犬由训练有素的"吉利"表演,虎犬相搏,翻腾蹿跳,犬猛于虎。锣鼓暂停,犬先在后台"搭架子",汪汪而吠,接着场面[1]开〔急急风〕[2],从上场门犬蹿出,一绕两绕,虎跃至下场门台边的三层高桌,犬也追上去,前爪举起与虎搏斗。虎败,跳下来,犬随之跳下来,追虎,按虎于地,骑虎背上。这种真狗上台的表演激起观众极大的兴趣和好奇心,票价外加五角,观众仍趋之若鹜。唐韵笙离开吉林去沈阳,不得不将"吉利"赠人。

依照哥哥的嘱咐,唐斌贤一路尾随那条黑背狼狗。黑背狗跑到一家裁缝铺子门前,回头望望,钻进门里。唐斌贤随后也跟进去,向主人点头施礼问道:"请问,这条狗是你们的?"

"啊!是……出了什么事?"主人惊慌地讷讷道,用诧异的目光望着来者。

"别多心,是这样……"唐斌贤露出笑脸使主人消除忐忑不安,"我是剧团的,想跟您核计能不能把它卖给我们?"

"你买它干什么?"

"我们要训练它上台表演。"

"哎!"主人叹一口气,"这条狗才下生不到两年,我们天天拿肉、肝、牛奶喂它。你看它背上像擦了一层油似的,我们叫它'德国黑',真有点舍不得哪!"

"您就成全我们一下吧!我给您五十万元。"

主人心动了,五十万(当时一万元等于今天一元)是个大价钱,何况人家能派上正经用场,就答应了。

唐韵笙喜得"德国黑",爱如至宝,给它做衣裳,买好吃的。还带它到河里洗澡,训练扔皮球、站立跳舞、钻圈……不料,有一天晚间,大家都上剧场去了,把"德国黑"锁在屋里,没人看守。散戏回来发现它不见了,连锁链都让人偷走了,唐韵笙急得什么似的,东奔西走,四处寻找。剧场经理也跟着忙乎,但是找了两天连个影儿都不见。不得不到公安局求助白局长,白局长派人到竹子搭制的高楼顶上用铁皮话筒子高喊:"有拣到一条黑背狼狗的请送公安局,失者有酬谢,藏匿不报者,一经查出决不宽贷!"可是喊了两天,仍无线索。局长又派人挨家挨户查找,还是

---

[1] 场面:戏曲里所用各种伴奏乐器的总称,分"文场"、"武场"两种。
[2] 〔急急风〕:戏曲锣经,节奏快,多用以伴奏紧张、急促的动作,如匆遽的上下场等。

无影无踪。唐韵笙因爱犬的被盗大为惋惜、伤心。

在个旧度过 1953 年元旦，唐剧团又返回昆明，起初在仅容五百人的正义剧场演出。正赶上"五反"运动，戏不上座，不得不停演。大家都想回去，但路条开不出来，无法成行。

"五·一"劳动节到了，唐韵笙满怀热情地率全团演职员上街，与昆明群众一起参加了庆祝游行活动。节后唐韵笙拜会云南省文化厅徐嘉瑞厅长，忧心忡忡地说："请开个路条，我们要回上海去了，现在路费都成了问题。"

徐厅长给他沏上一杯茶，宽慰他道："'三·五'反运动快结束了，情况会好转的。想个办法在云南大戏院演一星期，卖的钱不和剧场分账，都归你们做路费。然后上劳动剧场再演一礼拜，两方面钱凑一块，路费不就解决了吗？"

"您说的是，就这么办。"唐韵笙呷一口茶，脸上的乌云顿然消散。

徐厅长诚恳地说："唐先生，西南区云、贵、川三省需要京剧艺术，需要你们，请您考虑考虑，就留在西南落户吧！政府负责给你们接家眷，预备房子，您看怎么样？"

唐韵笙沉思了片刻说："承蒙云南观众和领导的抬爱，我不胜感激。落户问题，我回去开个会，征求大家的意见。至于我本人，这是个大事，还得回去同家属商量，请容我从长计议吧！"

"即使落户的事定不下来，我们希望贵团暂留在这儿演一个时期。"

"五·四"开始继续演出，戏码相当扎硬。演出前唐韵笙半开玩笑地对大家说："这几天的戏，咱们都卯上。我这回卖命就得卖这儿，卖得出去，就回去；卖不出去，我就死在这儿，埋在这儿了。"唐韵笙连演三天，第三天唐韵笙一赶三角：《白逼官》演汉献帝，《黄逼官》演郑窭生，《红逼官》演司马师。演《白逼官》，"唱'带剑上殿欺寡人'的'寡'字，他甩了一个腔，先摇曳直上，后婉转低回，转入'人'字，把汉献帝的一腔悲愤都倾吐出来了"[1]。"三逼宫"连唱五天，容一千八百人的剧场观众挤得满坑满谷，观众说："太棒了！唐先生真是玩命了。"

一周后，唐剧团与劳动人民京剧团联合演出的海报登出来，还没唱戏票就快卖完了。唐韵笙与刘奎官合作《古城会》，惊动了舆论界。刘奎官是武花脸、红生，嗓音高亢，工架稳健，尤以腿功著称。刘奎官饰关羽，善于融汇各家之长而独出机杼。

---

[1] 龚和德：《小忆唐韵笙》，载《戏剧电影报》1982 年第 1 期。

唐韵笙传

因为刘奎官是长辈,唐韵笙傍他来张飞,两位名家珠联璧合,溢光流彩,给观众留下了难忘的印象。当时正在西南任职的宋任穷同志观看了唐韵笙的演出,对唐派艺术颇为激赏,登台向唐祝贺演出成功,并同唐韵笙等合影留念。唐在昆明收了徒弟,白天不游山,不玩水,心无旁骛,除了教戏,就是编剧本。他为劳动人民京剧团改编《逼上梁山》共七本,并担任导演帮助该团排演此戏,亲自为他们搞布景设计图,不收取任何报酬,使该团同志深受感动,徒弟们刻了两方小象牙图章赠给唐先生作为纪念。由于文化厅、各界、剧场纷纷挽留,演期一延再延,总共续了五个半月,贴了四回"临别纪念,最后三天",才脱身启程返沪。

此间,唐剧团曾酝酿过到缅甸访问演出。在昆明市有个福建移民聚居的地方,是一个楼宇密集的大祠堂。同乡们联络在一起,自办了群众性的组织"福建会馆"。会馆的董事长洪本草建议唐剧团出国演出三个月:"在缅甸做生意的跟我们有联系,缅甸方面来人商谈,要邀请唐剧团赴缅甸演出,经费由我集资包下来。"经剧团全体研究,大家同意出访。洪本草遂向中央打了申请出国演出的报告,但终因申请报告石沉大海而未果。

云南公安局给办了有效期四十天的路条,唐剧团雇一辆大客车载人,一辆货车拉行李、戏箱,行驶三天半,到达广西省的金城江。金城江县长听说唐剧团来此换车,找上门来,恳请给当地群众演几场。盛情难却,唐韵笙答应下来。这地方没有戏园子,临时用竹篷搭个戏台,老百姓住的房子全是茅竹盖的,可能没有几个人看过京剧。怕他们看不懂,掂量几出人头少的戏来唱。第一天张海涛和苏少舫的《武家坡》,后头唐韵笙的《古城会》;第二天《法门寺》;第三天《三岔口》。连唱三天,当地群众就像过节似的,穿着节日盛装从四面八方赶来看戏,大开眼界,人气盛极。

由金城江改乘火车到贵阳,本不打算在贵阳停留,不意在车站又被贵阳大戏院经理截住了。唐韵笙婉言谢辞:"我们出来的时间太长了……"

"唐先生来这儿不容易,就唱七天还不行吗?"经理恳切地说。

"我们的行头都在火车上搁着,没行头怎么唱?"

"没关系,我们可以找站长说说,把戏衣卸下来。"

"行头是直接发到上海的。"

"怎么都好办,唱完了我们负责给你们直发上海就是了。"

在这样诚挚热情的请求下,唐韵笙是无由拒绝了,结果在贵阳又演了七天,方始由贵阳直达上海。历时一年多的西南万里行结束了,唐韵笙以其卓绝的表演和高尚的艺德给西南人民留下了美好印象,可谓有口皆碑。他载誉而归,却又身心交瘁,毕竟是年届半百了。可他觉得自己正在艺术的成熟期,回到苏州乐桥紫兰巷家中稍事休息,又秣马厉兵,准备重上战场。

二五、载誉苏杭

不论用什么方法获得名誉,如果后面没有品格来扶持,名誉终必消灭。

——(美)华盛顿

1953 年春,上海天蟾舞台邀请唐韵笙与著名青衣、花旦,中华戏曲学校"四块玉"[1]之一的李玉茹和著名武生梁慧超合作,号称"三头牌"。他们排演了《天波杨府》,唐韵笙饰寇准,李玉茹饰柴郡主,李刚毅饰杨六郎。"探地穴"一场尤见亮点,寇准守灵时发现柴郡主已偷偷溜走,慌忙中倒戴相貂,穿着一只靴子,右手在肩上拎另一只靴子跟了出来。甩髯口,披蟒,跨腿转身单腿站立,然后两脚一高一矮跟着柴郡主走"如意"[2]。李玉茹的三圈圆场快捷如草上飞,唐身上那么多啰嗦,跟在她后面仍然轻盈飘逸。他们由慢而快,一会儿走八字,一会儿走圆场,过小桥,绕树丛。寇准虽脚下高低不平,身段却平稳优美,帽翅一会儿纹丝不动,一会儿单翅颤动。猛然间柴郡主发现走过了门,急向后一连串的小退步,寇准也跟着一连串单腿跳步向后退去,继而转身隐藏起来。这段表演既风趣,又合理;既符合文官老头儿走路的特点,又包蕴着绝妙的舞蹈技巧和深厚的靴底功,因之大受欢迎。

4 月下旬,"三头牌"唐、李、梁以"上海天蟾实验京剧团"名义联袂到苏州市开明戏院演出。从 6 月 1 日至 25 日,唐韵笙等来到杭州,在人民游艺场演 25 天,上座率达八成以上。唐韵笙特邀了著名旦角陈桂兰、老生徐荣奎与其合作。陈桂兰已辍演多年,为了帮助她重新恢复舞台生涯,唐韵笙邀她来杭州。徐荣奎嗓音脆亮,虚心好学(后来在经唐韵笙全面加工指点的京剧舞台艺术片《节振国》中节振国的唱段即是他所演唱),对唐韵笙至为倾服。为了求得唐韵笙手中自己创作和改编的演出秘本,从上海跟随唐韵笙到杭州,并甘愿为唐韵笙配演二路老生。唐韵

---

[1] 四块玉:指北京中华戏曲学校的四名旦角尖子学员,她们是侯玉兰、李玉茹、李玉芝、白玉薇。
[2] 走"如意":按横躺的"8"字路线走圆场,因路线形似如意,故名。

笙解放前很少来杭演出,这次抵杭,不顾连续演出的劳顿,争取为观众多演好戏,经常一人连演多角。头一天打炮戏,他前面演前部《汉寿亭侯》,后面演全部《刀劈三关》。第二天,唐前面演后部《汉寿亭侯》,后面接演《逍遥津》的汉献帝,一连十几个"欺寡人"的大段唱词,唱得铿锵有力,声声带情,大有声泪俱下之慨,把观众带入痛楚凄怆的悲剧气氛中。第三天是三国戏,唐韵笙一人赶演三角:《群英会》之鲁肃、《借东风》之孔明、《华容道》之关羽。后来竟一赶四:在《雪弟恨》中先扮"造白袍"的张飞,次扮"大报仇"的黄忠,再扮"哭灵牌"的刘备,最后扮"连营寨"的赵云。就这样文文武武、大面老生一齐"承包"下来端给观众。

这时唐韵笙的关羽戏已经步入成熟期,自成家数,独具一格,享誉菊坛。早在20世纪30年代中期,他已开始排演大量的关羽戏,从《斩华雄》起,到《困土山》、《赠袍赐马》、《斩颜良》、《过五关》、《古城会》,再至《汉津口》、《华容道》、《战长沙》、《走麦城》等,几乎囊括了所有的关羽戏。他长期耳濡目染,吸收融汇王鸿寿、夏月润、程永龙等各家之长,经过辨别融化变成他自家的东西,形成独辟蹊径的唐派关羽戏特色。在剧本文学方面,删掉《古城会·训弟》中刘备的出场,改动了关羽出场的〔原版〕唱词和城下见张飞的〔二六〕唱词,改"弟兄反目在今朝"为"刘关张虽异姓胜似同胞";去掉了关、张城下的开打,增加《破汝南》中关羽给刘备复信后的"读信"念白;改写《走麦城·观阵》的〔高拨子〕唱词,使剧情更合理,更能发挥演员的创造性。

在表演上,《困土山》中唐韵笙创造了突围策马登坡的舞蹈,关羽被包围且战且走,随〔急急风〕跑三个大圆场,一圈紧似一圈。后在锣经〔大四击头〕中右臂大涮青龙刀上膀,跨右腿,左脚踢起靠前襟,左手紧紧勒马,甩开长髯,头盔微颤,脚下一步一锣地迈出三个半圆形蹉步,继而迅速立身变重心前倾的捣步。接近土坡(桌)时,右腿登上椅子,左腿登桌,刀交左手,右手推"黑三"探身亮相。这一组动作中骗腿转身的稳健、圆场的疾速、亮相的挺拔庄重,尤其在〔大四击头〕很短时间内把勒马、踢靠、颤盔、迈步等协调得那么圆顺和谐,活现出关老爷那紧急之中的威武、峻拔的气势,可以说演技和人物性情的结合达到了以形写神的化境。这一动作已被全国许多演员仿用,但齐平于唐先生高度者甚少。

唐韵笙在《华容道》中的〔导板〕、〔原板〕第一句就唱得很高,力度很强"丹凤眼"三字用了花脸的立音,刚健挺拔,响遏行云。"观瞧"二字的拖腔气沛声洪,竟然长达十多板,像"不尽长江滚滚来"。诚如叶盛长先生在《梨园一叶》中写道:"如果说铜锤花脸中的金少山先生是黄钟大吕的话,那么唐先生就可以算在老生行里音量大得惊人的演员。他在天蟾舞台上唱戏,不光整个剧场听得震耳欲聋,就连剧场外马路上的行人也能听得见。不光音量大,而且气儿长。我们曾在私底下开玩笑说:唐先生在《华容道》里唱那句'皱蚕眉丹凤眼往下观瞧'的长拖腔时,能一连拉十三板。……由此足可证明唐先生在唱功上的造诣是不同一般的。"[1]

《华容道》中关羽出场后的念白也体现了唐派念白对比鲜明、强烈的特点。"关平周将"开口似迅雷不及掩耳,声音极高;"五百校刀手"快而响亮,"手"是上声字,念成高升调,尾音迅速上滑,急促有力;随即念出的"埋伏华容"声音由"扬"转"抑","容"念成中降调;而"擒拿"二字声音处理更低,但咬字真切,重如千钧。至此形成一个由高至低、由扬转抑的声浪。"曹"字出音响亮,由低向上挑起,随即爆发出一个高而洪亮的"操"字,声音很长呈炸音,尾音犹如裂帛之声,直冲云霄。这句念白由高变低,复转为高,起伏跌宕的声音效果、喷口有力的吐字一下子就把关羽的威风气概突现出来,足见唐派念白突出抑扬顿挫、长短徐疾的对比,语调高低变化幅度大,形成音韵的波浪,故有生气,出语惊人。

《梨园一叶》中写道:"他演《走麦城》'刮骨疗毒'一场,照《三国演义》的描写,关羽'饮酒食肉,谈笑弈棋,全无痛苦之色'。唐先生演至华佗刮骨时,既神态自若地同马良用心下棋,又让盔头上的珠球随着华佗动作的节奏轻轻抖动,飒飒作响。这使观众马上懂得关羽感到了手术的疼痛,但能忍着。这比小说的描写反而更加真实地表现了关羽的大勇精神。"[2]

这次在杭州,以他的拿手戏——红生戏为主,几乎演遍了关羽传的全部故事,观众大饱眼福。此外还演出《汉宫秘史》,前扮楚霸王,后扮韩信,唐韵笙运用那音量用之不竭的好嗓子,唱罢花脸唱老生。他忽生忽净,允文允武,兼擅生、净、旦各门角色,看来独丑行缺门。然而他又在《探地穴》的寇准表演里加进了许多插科打诨手法,如在灵堂念:"今日我君臣来得慌疏,未带祭礼,这一只靴儿权当祭礼吧!"说着把靴子往灵牌前一扔,边唱边将左腿跟两只手同时画圆圈转动,把《打棍出箱》里范仲禹出箱动作用在这儿了,令人忍俊不禁。末尾,杨延昭从穴内发问:"前来作甚?"寇准假装妇女声音回答:"送饭。"杨问:"方才不是送过了吗?"寇自觉失

---

[1] 叶盛长、陈绍武:《梨园一叶》,中国戏剧出版社,1990 年,第 370 页。
[2] 龚和德:《小忆唐韵笙》,载《戏剧电影报》1982 年第 1 期。

唐
韵
笙
传

《走麦城》,唐韵笙饰关羽,王奎升饰周仓,汪幼亭饰关平

言,马上机智地应对:"方才送的是饭,如今我送的是鸡登疙瘩儿……汤。"说时绕舌头打了一大串嘟噜,逗得观众眼镜大跌。从这些滑稽表演上看,唐韵笙是有意尝试、弥补丑行一门表演艺术。他悟性强,学即能通,通即能用,这就促成他走向一个生、净、旦、丑的全才了。他跨行之多,在京剧演员中是罕有其匹的。

演出间隙,唐韵笙与夫人雪艳梅在杭州市区的东河河畔,选中一块近一亩的草坪(这块地是著名画家潘天寿的),连同坐落在草坪上的一幢二楼二底的小楼(房主是潘天寿的学生姜萱),花了三千元买了下来,地址在建国中路皋飏里5号。唐韵笙把雪艳梅从苏州接来,到此定居。

听说人民游艺场内有国风苏昆剧团在演出,唐韵笙十分高兴。为了向昆班学习,他派人联系要求观摩昆班演出折子戏,苏昆剧团的同志得知唐老将要来看演出,精神为之振奋,特地于6月25日日场举办折子戏专场演出,上演四个折子戏:《惊鸿记》中《吟诗脱靴》一折,由著名昆剧小生、苏昆剧团团长周传瑛[1]饰李白;

---

[1] 周传瑛唱腔苍劲有力,扮演小生尤富特色,曾在昆剧舞台艺术片《十五贯》中成功地塑造了况钟的形象。

《连环计》中《貂蝉拜月》，由苏剧老生龚祥甫饰王司徒，张世萼饰貂蝉;《浣纱记》中《伍员寄子》，由著名昆剧老外包传铎饰伍子胥;《孽海记》中《下山》，由昆剧丑角饰小和尚。唐韵笙坐在场内最后面的座位上，认真地从头看到底，并不时鼓掌祝贺演出成功。翌日，派人送给该团一面大锦旗，上书五个大字"文艺的先锋"，上款写着"国风苏昆剧团全体同志"，下款是"唐韵笙"题字。苏昆剧团的同志们望着锦旗激动不已，一则钦敬唐先生的谦虚好学，一则感谢唐先生对大家的鼓励。

此次来杭演出历时25天。唐韵笙心里装着观众、不辞辛劳的忘我精神，炉火纯青、艳冠群芳的艺术，在杭州观众中有口皆碑。可以说，闾巷争说唐韵笙，"老将"誉满杭州城。

二六、在十字路口的抉择

艰难临头，英雄出头。

——英国谚语

位于苏州市人民路紫兰巷20号的唐宅，是唐韵笙在刚解放时拿168担米作价买下来的。这是一幢木结构的二层老式房屋，楼上八间，楼下六间，包括一个客厅。买这处房子时，唐韵笙正在上海演出，而家眷早在1948年即由沈阳迁到北京南池子孙焕如(天津上平安剧场经理)家暂栖身。考虑到把家挪近点，唐韵笙把家安置在了苏州。紫兰巷的房子买妥，夫人赵蕙珍、雪艳梅携带子女们一起于1949年11月从北京迁居苏州。唐韵笙的次子登甲就是雪艳梅在紫兰巷生的，当时唐韵笙正在上海，因那年他行年50，故给登甲取小名叫"50"。1953年买了杭州的房子后，二房雪艳梅携子女移居杭州，长房赵蕙珍及女儿仍留在苏州。

1953年10月，唐韵笙率20多人的演出小组，以"育风馆唐剧团"的名义，由上海出发北上巡回演出，经南京、天津到大连。12月8日、9日在大连大众京剧院演出《别虞姬》、《未央宫斩韩信》，唐韵笙前饰项羽，后饰韩信;《打严嵩》、《闻太师夜战绝龙岭》，前饰邹应龙，后饰闻仲。助演的有李刚毅、李韵生、周小亭、柏鸿来、陈金柏、陆少麟、费玉策、杨文山、刘阮等。《绝龙岭》是1932年唐韵笙根据神话小说《封神演义》及传统连台本戏《封神榜》重新创作的,又名《闻太师夜战绝龙岭》,首演于天津,花脸应工,常演于津、沪、江南各地。唐先生将神妖一角删去,改为各路诸侯助姜子牙伐纣。又将《陈十策》《绝龙岭》修改后串联起来,作为文武并重的大戏演出。剧情是闻仲奉旨征伐西岐,姜子牙助武王迎战,并邀各路诸侯助之,会战于绝龙岭。闻仲寡不敌众,被逼上绝龙岭,突围不成,全军覆没。唐扮的闻仲"勾红三块瓦儿脸,前额当中还有一只眼,扎大靠,戴八面威,足下蹬着三寸二的厚底靴子,手里拿着两只'样鞭'(即比普通鞭长近一倍、粗两倍的特号鞭)又粗又长,可唐先生却能抛接自如。唐先生的功夫是出类拔萃的,他能像耍小玩意儿似的耍那两根样鞭,我们看了真是过瘾,没有一个人不从心眼儿里佩服的"[1]。

唐剧团结束在大连的演出又到吉林、长春,最后到沈阳。1954 年春节,唐剧团与沈阳市京剧团联合演出于北市人民剧场,剧目是《插翅虎雷横》等,并参加了慰问解放军活动,而后带原班人员回上海。临别时,沈阳市文化局局长施展、王化南在香雪饭店为唐韵笙一行人饯行。施、王向唐韵笙转达沈阳市文化局欲聘请他参加沈阳市京剧团的意愿。因为上海、天津也邀唐入当地剧团,他举棋不定,当下只是说:"我先把人送回去,如果能来,我给你们去信。"

唐韵笙回苏州家中小住不到两个月,上海文化部门派人来造访,商谈请他加入国营大舞台人民京剧团(上海京剧院前身)。他感慨万端,在长夜漫漫的旧社会,作为一个职业艺人靠跑码头卖艺为生,饱尝颠沛流离、命途蹇滞之苦。如今艺术属于人民,一旦投身国营剧团,如同孤儿回到母亲的怀抱。他真是朝思暮想、求之不得啊!

20 世纪 50 年代初,新中国在战争废墟上崛起,百废待兴,经济建设和文化建设同时起步。京、津、沪都在酝酿、筹备建立国营京剧院团,因此招揽人才、选贤任能成为一时之风。在这样求贤若渴的背景下,唐韵笙成了众多地区剧界征聘的目标。

早在远征云南、与程砚秋会面时,程砚秋即向唐韵笙口头转达中央领导同志希望他去北京工作之意。后来,任文化部艺术局副局长的马彦祥同志曾亲往天津,找到唐夫人赵蕙珍的哥哥赵鸿林,请赵与唐联系邀其进京,到中国戏曲研究院工作。

[1] 龚和德:《小忆唐韵笙》,载《戏剧电影报》1982 年第 1 期。

赵驰书给唐，未见答复。马彦祥怀诚笃之殷第二次又来津邀请，仍无回音。可能唐韵笙有他自己的种种考虑，不愿进京。天津文化局也颇看重唐韵笙，有过建团请唐挑大梁的意思，唐韵笙考虑较多。他心系上海，一时犹豫不决，要求天津方面容他思考一个时期。结果错过良机，天津团邀了杨宝森、厉慧良做了台柱。应该说，上海是他心里向往的地方，所以他选在上海附近的苏州、杭州买了房子，分别安置了长房、二房家眷。现在，上海人民京剧团主动发出邀请，唐韵笙的心情是何等欣慰啊！

　　他激动地对来访者说："加入国家剧团是我早已向往的，我肯定是要入国营的。至于入哪个团，还得慎重考虑考虑。你们来邀我，咱们可以试办三个月，你们看看合适就要我，不合适就不要，怎么样？"

　　随后，在会见京剧团负责人吴石坚时，唐韵笙提出两个条件请组织上予以考虑：一、把自己所带的东北人全部安排进去；二、工资待遇不低于周信芳、童芷苓、李玉茹。

　　吴石坚说："那好，第一条再研究；第二条暂定每月给您一千四百万元工资，您就作为非正式职工加入人民京剧团。"

　　就这样，初步谈妥了，唐韵笙到上海大舞台，演了些骨子老戏，还排了新戏《完璧归赵》，他扮蔺相如。赶上青黄不接，上座不好，剧团决定停演。唐韵笙是个怕闲不怕忙的人，他对上海文化局领导说："不演出，我就回家去，我不能白拿国家钱不干事。"文化局便让他带大舞台人民京剧团的六个人，其中包括老生陆振声、武生翟宏鑫、老旦郭玉蓉、花旦董芝兰等，组成一个演出小组到南京演出。在南京三天打炮戏开局良好，场场满座。首日前部《汉寿亭侯》，下来是《逍遥津》；次日，前头《刀劈三关》，接着是后部《汉寿亭侯》；第三天全部《走麦城》。几天后，适逢南京下了大雪，唐韵笙因受风寒，嗓音失润，让别人替演。从此，卖座遽减，每天顶多六成座。演到二十天，合同期满。来日何去何从？唐韵笙思忖：今日我唐韵笙已是国家剧团的人了，比不得昔日私人剧团的唐韵笙，不能自己想去哪儿就去哪儿，浪迹萍踪，我得向组织请示。于是修书一封请上海领导指示。这当儿，西安来了一位外号叫"黄麻子"的前台经理，他早就仰慕唐韵笙名望，从报上得知唐正在南京，便专程赶到南京，欲请唐韵笙赴西安中央大戏院演出。唐韵笙与大家商量，考虑西安路途遥远，路费太多，决心难下。这时，上海组织来信说已给联系上泰州，唐韵笙决计按上级意图行事北上泰州。

经镇江、扬州，到达泰州，时值1954年初冬，泰州的戏园子(苏北戏院)是由一座狭长幽深的破庙改建的，四面透风，舞台比大炕大些，六百多个座位都是棚子里说书场那样的长条板凳。连降五天大雪，约两尺多厚，这在泰州都是罕见的。雪封得门都推不开，观众寥寥，连日只卖三成座。唐韵笙带的人连家属在内四十来口，住旅馆十来间屋子，欠宿费八百万元，欠饭馆伙食费一千多万元。想走出泰州，路费分文没有。越是在艰难困苦的日子，唐韵笙越是爱护同行，体贴群众。他把自己屋里的火盆送给同行的家属烤火取暖，让管事转告包餐的饭馆掌柜："欠归欠，饭菜质量不能降，到阳历年生意好转马上还清欠账。"见大家无精打采，没有烟抽，他又想让人把关羽的靠拿去当了，可是当地没有当铺，只好悻悻空手而回。

大家虽然为冻馁所苦，心忧如焚，但是一想到唐先生与大家共患难，相濡相湿，都没有半点怨言。此间，经江南名旦黄桂秋介绍，唐韵笙正式收苏州京剧团的邵麟童为徒。

1955年元旦之夜，外面飘着小轻雪，唐韵笙与陆振声坐在桌前，怀里揣着小手炉，就着几碟小菜饮酒。自从到泰州以来，他为了省钱，一直不喝酒，烟也没抽。唐韵笙呷了一口酒，半认真半开玩笑地说："过了年，我虚岁53，关羽53岁麦城归天，我53岁身归何处？"

"此处不留人，自有留人处哇！"陆振声说。

唐韵笙起身踱步到窗前，凝望着窗外漫天飞舞的雪花吁一口气说："怕是我们剧团生命难存了。"他忽然转身走近书案，拿起笔在纸上即兴写下一首小诗：

虽说白雪能阳春，我看雪后愁更深。
来时一班同情者，归后难免雁失群。

陆振声读罢这首诗，心潮似波涛翻滚，他对唐韵笙说："唐先生，我一辈子忘不了您在患难中对大伙的恩情。"

"我对不起大家，万没料到我唐韵笙会落到这步田地！"

"别说了！唐先生，您拉弦，我给您唱一段《斩韩信》吧！"

"好！"唐韵笙操起胡琴，陆振声压低嗓门轻轻唱起〔西皮流水〕转〔二黄慢板〕来：

到如今一统山河，

富贵同享，

人头会把我诓，

前功尽弃被困在义阳，

我也曾东杀西挡……

可叹我，

运筹帷幄，决胜千里，

为谁忙啊！……

过了阳历年，营业还是那么清淡，不见转机。下雪卖二成座，不下雪卖三成座。在一文不名、寸步难行的窘境中，唐韵笙的心系念着组织，他动笔写信向组织呼吁。很快，上海方面即发来回信："来信已悉，关于您的工作难以安插。今派人携款去泰州，见信后，请将原我团借出人员送回上海。"

唐韵笙读着这封信，惊诧得无以名状。他倒抽一口冷气，把信撕得粉碎，掷在地上。本来一心属意上海，指望常留在上海国营剧团，以江南为基地，到各地巡回演出。不料上海方面反应竟如此冷漠无情，在最困难的关头不伸援手，反而拒人于千里之外，究竟是何缘故？是谁从中作梗呢？唐韵笙苦思冥索着个中内情，不得其解。

正当此时，关肃霜带白科长奉云南省文化厅徐厅长之命，从昆明跋山涉水到苏州唐宅，专程聘请唐韵笙去云南省工作。到苏州扑个空，再追踪至泰州。唐韵笙散戏后，寅夜在戏园子后台的一间小屋里会晤了关肃霜和白科长。他们围着火盆亲热地交谈。

关肃霜诚恳地说："徐厅长现在还叨念着您的戏好呢，请您到昆明工作吧！云南需要您。您带带我，我给您挎刀，一来咱们合作，二来我向您学习。"

唐韵笙笑了："小关，你的功夫很不简单哪，何必那么谦虚，咱们互相学习吧！"

"唐先生，您是既打内，又打外，我真佩服您那一身硬功夫。您若是个女演员，不知红得怎么样呢？"关肃霜打趣地说。

"那就让我转世重新投胎好了。"唐韵笙也禁不住哈哈大笑起来，"具体办法怎么样呢？"

"一个月给您工资三千万元，包括两个侍候的人，您可以带两个跟包的。"

唐韵笙双眉微蹙,沉思良久,抱歉地说:"姑娘,我愿意去,可是我带这一大帮人我舍不得。他们得靠我吃饭哪,我不能半道把他们扔下。"

就这样,去云南之事未果。次日天亮,关肃霜、白科长登车返滇。三十多年后,关肃霜忆起这段往事,仍引为憾事,她对笔者风趣地说:"唐老将没到云南来,我们没能在一起共同搞事业,这是个损失。若不然,我们就可以在云南插野鸡毛,占山为王了。"

云南去不了,总得想法子早日脱离泰州这座"围城",唐韵笙让管事向附近的扬州、如皋、南通发函,结果回信不是说"须自带路费",就是说"要推迟到春天"。

唐韵笙把大家召集在一起,正襟危坐地说:"我最后一着,也是不轻易用的一着,是给沈阳拍电报。沈阳是我多年活动的老基地,沈阳观众和我有深厚的感情,向他们求援,他们会伸出手来的。然而,我得向沈阳要三千万元资助费,咱们欠旅店、饭馆的债还不清,也没有路费,怎么走出去? 我对不起大伙,拖累你们困在这里,我总会想办法把你们送出去,各奔其所。"

"唐先生,别上火,我们一切听您的。"大家宽慰他说。

唐韵笙给沈阳市京剧团发了电报:"我同意参加沈阳京剧团,请速派人携款来泰州。"

未几,上海汇来的供给上海市人民京剧团借用人员回沪的路费到了,沈阳也回了电报:"来电谨悉,已派人携款赴泰州,请等待。"

原来,沈阳市京剧团团长曲瑞琦接到电报,立即向文化局局长王化南、鲁坎汇报。考虑到唐韵笙在东北戏剧界的崇高威望,沈阳市京剧团有武生名角黄云鹏等,有旦行名角吕香君、吕慧君、王美君,正缺老生,领导一致同意接唐韵笙来沈加盟。许诺参照上海周信芳、李玉茹的标准给他月薪六千分(合人民币一千三百二十元),并派局艺术科武树森、市团武辉二人前往泰州迎接。

唐韵笙晚上在全体会议上坦言:"今天宣布解散唐剧团。一、欢送上海市人民京剧团同志回上海;二、我北上沈阳,其余同志在此等沈阳来人。欠大家的工资,一一付清,如果哪位同志还感到有困难,我尽力想办法。"

武树森、武辉二人不日携款四千元去泰州迎接唐,还了欠旅店、饭馆的债,又汇来三千元作路费。这样,团内上海的同志返沪,唐韵笙先到苏州家中休息数日,便奔赴沈阳,从此结束了大半生跑码头漂泊不定的卖艺生涯,开始了作为国家干部、人民演员的新的艺术生活。

二七、定居沈阳

这回我真的成为"关外唐"了。

——唐韵笙

　　1955 年春节前夕,唐韵笙正式加入沈阳京剧团。犹如久在外面流浪的孤儿回到慈母的身边一样,唐韵笙现在比任何时候都真切地体验到党的温暖,他怀着一种感恩戴德的心理,马上振作起精神,很快拿出新戏——《还我台湾》,作为"见面礼"奉献给热爱他的熟稔的沈阳观众。新编历史剧《还我台湾》由沈阳市文联集体创作,陈堤执笔。该剧真实生动地再现了历史上中国人民打败荷兰侵略者、收复祖国宝岛台湾的伟大壮举,唐韵笙执导,并主演郑成功,2 月起在沈阳几个剧场先后上演数十场,受到观众欢迎。5 月,唐韵笙排演了配合肃反宣传的新编京剧《唐僧化虎》,并在该剧中饰宝象国王。

　　定居沈阳三个月后,党组织派曲瑞琦团长亲往苏州,把唐韵笙的家眷赵蕙珍及其弟唐斌贤的家眷等接到沈阳,在广宜街京剧团宿舍安顿下来。

　　是年,北京举办"梅兰芳、周信芳舞台生活 50 年"纪念活动,结束后周信芳率上海京剧院一个队于 5 月远征东北巡回演出。在辽宁宾馆举行欢迎宴会,当周信芳步入宴会厅,人们不约而同站起身来鼓掌,并自动近前,争相与周信芳握手。而这时唐韵笙没来得及起身,刚反应过来,便急忙在座位上鼓掌。这时,周信芳的目光发现了唐韵笙,立即直奔他走去,唐韵笙赶紧站起来迎上前去,两位艺术家的手握在一起,互致问候。大家的目光齐集到他们身上,欣羡地祝贺一对老友重逢在沈阳。

　　翌日,周信芳未遑歇息,即先到团部旁的广宜街宿舍看望唐韵笙。两位老朋友畅叙别后,欣慨交集。周信芳在红星剧场演出《秦香莲》,前饰王延龄,后饰包公,赵晓岚饰秦香莲。唐韵笙和赵世璞在楼上观众席最后一排看戏。他对赵世璞说:"我不愿意上前边看戏,免得惊动人。我尊重周先生,周先生在人物塑造上有独到之处,我向他学到不少东西。"他又和李麟童一起在辽宁京剧场观赏了周信芳的《乌龙院》,不仅赞赏周先生的高超技艺,而且在品味中借以对青年同志进行启发。他谈起这出戏,对李麟童说:"宋江丢了招文袋后上场与前边上场不一样,你看周先生演出了前后的区别。上楼多少磴,下多少磴,你数没数? 如果不注意这些小地方,自己就破坏了虚拟的楼梯的完整性。"他接着问李麟童:"宋江杀惜拿什么刀?"

李答:"匕首。"唐韵笙摇摇头:"宋江身份是押司,搞文秘的,本没有杀人动机。你想,他能准备匕首藏身吗? 他使的只是一把裁纸刀,一面刃,放在靴筒里,这才合情理。"李麟童觉得茅塞顿开,悦服于唐先生学别人、善思索、有所悟的钻研精神。

8月15日,市京剧团举办中秋赏月晚会,用月饼、水果招待老艺人。会上品尝着月饼,唐韵笙感激地对大家说:"承蒙组织上关照,我的心踏实了,在沈阳扎根了。这回我真的成为'关外唐'了。"大家都为他的正确抉择而感到欣悦庆幸。

坐在身边的夫人雪艳梅插嘴道:"还是公家剧团好啊,艺人一切都有了保障,私人剧团朝不保夕的日子不会再来了。"

"是啊! 那个年月一去不复返了。"唐韵笙眼角泛起微笑,轻轻点头应道。心想:自己尚年富力强,正应该奋发蹈厉,大干一番,以丰硕的艺术创作成果报答人民的养育和党的深恩。

次年春,4月15日,以唐韵笙为首的沈阳市京剧团首途丹东演出,同行的有黄云鹏、吕香君、贾兰茵、王玉海、赵世璞、田玉琳等八十余人,剧目是《汉寿亭侯》、《金钱豹》、《将相和》等。嗣后北征,5月8日起在哈尔滨露演,6月6日起在齐齐哈尔露演,剧目有《泗州城》、《群英会》、《古城会》、《挑女婿》等。接着又去北安、克山等地巡回演出后回沈。

1956年5月18日,《人民日报》发表《从"一出戏救活了一个剧种"谈起》的社论。为配合肃反运动,促进戏改工作,团里决定移植上演《十五贯》,唐韵笙爽快地接受了组织交给的任务,凭着高度的政治热情和锐意革新的精神,把昆曲《十五贯》移植为京剧,并自导自演,饰况钟,王玉海饰过于执,吕香君饰苏成娟,刘明纪演娄阿鼠。此剧在赴齐齐哈尔时排练,于克山首次公演,获得成功,先后在沈阳、唐山、秦皇岛演出超百场。

1956年夏,为贯彻全国第一次戏曲剧目工作会议精神,挖掘传统剧目,沈阳市市长邵凯深入市京剧团召开会议,唐韵笙出于对戏曲遗产的珍爱,和同志们共同建议:把长期不演的剧目重新整理搬上舞台。他们的建议很快付诸行动,9月22日至10月2日,"沈阳市京剧团久不上演剧目展览周"在沈阳剧场举行。唐韵笙与王玉海、赵世璞、李麟童、吕香君等,上演经过他重新整理改写的唐派看家戏《好鹤失政》、《二子乘舟》、《郑伯克段》以及《古城会》、《包公怒铡陈世美》、《高平关》、《薛礼》。《沈阳日报》的海报上写道:"唐韵笙编导之《好鹤失政》、《二子乘舟》、《郑伯克段》因多年来未曾上演,故随同传统剧目一并展览,以便听取意见,进一步整理修改。"这些唐派看家戏都是唐韵笙早年心血之作，但他并不以既得的成绩为满足，而在晚年力所能及的条件下继续研磨，足见其精益求精的精神。正是"立品定须成白璧，学艺何止到青云"。此间，唐先生领导演员排戏，甚至武场也要他亲自指挥，他常在万籁俱寂的深夜秉笔写作，倾注了忘我的劳动热情。

党和人民给了唐韵笙以崇高的荣誉，他当选为辽宁省政协委员、省文联常委。评为一级演员，月薪三百三十元保留工资九百元，当时在东北区京剧演员中是独一无二的。12月6日，中国戏剧家协会辽宁分会成立，唐韵笙任副主席，实至名归。在中苏友谊宫举行的联欢会上，唐与专诚从大连来沈祝贺的曹艺斌合演《古城会》。当时，年轻

中年唐韵笙

的省文化厅王丕一厅长请曹艺斌担纲主演《古城会》，汪幼亭扮演蔡阳。曹艺斌的父亲曹宝义，是"八匹骏马"（京剧界八位属马的名演员）之一、著名武生，同唐韵笙是好友。20世纪30年代在哈尔滨时，唐韵笙就给曹艺斌说过《驱车战将》等戏。曹宝义说："唐先生，让艺斌拜你为师吧！"唐韵笙回答："徒弟不如义子近一层啊！"于是曹艺斌拜唐韵笙为义父，爷儿俩感情更亲密了，在以后的同班演出中唐韵笙对曹艺斌关爱有加，倾囊相授，想学什么就教什么。唐韵笙的代表作《闹朝扑犬》、《陈十策》、《绝龙岭》等都无私地教给义子。在演出中，唐韵笙也多方提携义子，如大轴《走麦城》，让曹艺斌演前部关羽，直到刮骨疗毒，唐韵笙从"失襄阳"接演；《过五关》、《古城会》让曹艺斌演一半。曹艺斌唱的《古城会》是唐韵笙亲授的，只能按唐派的调度来演。唐韵笙的《古城会》是经他自己改编整理的新本子，不带刘备上场的，特别是张飞改动最大，主角是关羽，张飞是配角，花脸活儿，曹艺斌演不了。唐韵笙一专多能，既能演关羽，又能演张飞。王丕一不了解这些情况，出主意让他们合演，难为了曹艺斌。曹艺斌对王厅长说："这个戏应该请我先生上。"王厅长说："那好，你们爷俩商量吧！"曹艺斌拜见唐韵笙说："干爹，你看怎么办？这出戏还得您来演老爷，我来陪您演张飞吧！"

"不!"唐韵笙和颜悦色地说,"还是你来老爷,一是为我托着你,二是因为你的戏路子没有花脸,张飞怕你来不了。"唐韵笙大度开朗,甘心屈尊为义子演配角,艺斌只好说:"那么就依干爹的意思。"

当下爷儿俩就在屋里连唱带做,排练起来。唐韵笙把自己的戏装拿给曹艺斌穿用,谢幕时曹艺斌把唐先生让在中间,他们成功地呈现了《古城会》。台上台下无不啧啧称赞唐韵笙提携后进的艺德。唐先生不仅给晚辈让台,甘当学生的配角,而且服从领导的安排,毫无怨言,当场教习徒弟,这一切令王厅长深为感动和钦敬。过后,唐韵笙与王丕一共同出席一位名人的生日宴会。酒宴散了,王厅长特地用他的汽车送唐韵笙回家,在车里,王厅长向唐韵笙道歉说:"唐老,都怪我年轻无知,你看,剧协庆祝会那天,我让曹艺斌演《古城会》,不知道……"

"别这么说,"唐韵笙打断他的话,"我陪艺斌唱不是很好吗? 古人早就说过'弟子不必不如师'。"

"可这样的事,若是搁别人,也许会出现两种结果:一是可能师徒两人都扮上,各唱各的,打擂台;一是可能我也不演,也不伴你,搞成僵局。"

"我们是师徒加父子,我为他创造条件是应该的。"

是的,为了繁荣京剧事业,唐韵笙不计较个人的荣辱得失。加入沈阳市国营剧团后,他爱团如家,把自己用半生血汗换来的精美绝伦的特制行头,尽数捐献给国家,这些行头总合价值不下于六七万元。国家为了鼓励他公而忘私的行动,发给他一万元奖金。

令人折服的是唐韵笙还长于舞台美术,1938 年在大连排演《张果老成亲》,他画过布景。在上海天蟾舞台演《唇亡齿寒》时,他亲自设计了战车和假马,和舞美人员一起奋战几个昼夜,创造了在舞台上马拉战车交锋的宏伟场面。他为《闹朝扑犬》中的赵盾设计了"云肩蟒",为《十二真人斗太子》中的殷郊设计了和天神相似的唯美服饰,为关羽设计了"绿靠"、花盆式厚底靴、"青龙偃月刀"等,都可见唐派的艺术成就与唐韵笙在扮相、脸谱、服装、道具上的钻研成果和求新探变的追求是分不开的。

二八、在反右斗争的漩涡中

欲献济世策,此心谁见明。

——李白:《邺中赠王大》

沈阳市京剧团团长曲瑞琦是位责任感强、具有开拓精神的文艺领导干部。为了调动演员的积极性，解决"大锅饭"问题，他大胆率先提出"基薪分益"的治团方案，把演员的收入同演出的经济效益挂钩，把一个团分成三个团，并亲自带团下基层演出，一天演三场。演《十八罗汉收大鹏》，曲团长戴上假脸，粉墨登场演"沙僧"，黄云鹏扮演的孙悟空举起金箍棒照着沙僧头上就打，逗得全体同志哈哈大笑。曲团长率团到大连演出，唐韵笙、黄云鹏等名角一点没有架子，也跟大家一起睡在后台。试行几个月，全团收入猛增，演出场次增加，演员个人"分益"也随之增多。大多数同志拥护此项改革，市文化局表扬了京剧团，省文化厅也肯定了他们的成绩。曲瑞琦更进一步提出创立流派剧团的主张，认为沈阳京剧要形成自己的独到特色，就应以自己的代表艺术家的艺术风格为标榜，即以唐派艺术为主，成立演员自由结合的剧团，也就是民间职业剧团。曲瑞琦建议任命唐韵笙为团长、黄云鹏为副团长、曲瑞琦为书记，把这一京剧团体制改革意见复写几份，呈报市文化局和市委宣传部。

1957 年春，整风运动开始，市文化局邀请唐韵笙出席座谈会征询意见。秉性刚直的唐韵笙本着帮助党整风改进工作的一腔热望，在会上直抒己见，他说："现在鸣得不够，放得不够，还得鸣，还得放。"与会的同志们都为他的襟怀坦白而倾服。不久，省委宣传部的一位干部采访唐韵笙，请他把自己的意见整理成文。经与沈阳京剧团团长曲瑞琦及黄云鹏诸同志协商，唐把由曲执笔、代表自己看法的意见书交给那位干事，干事认为此文甚好，请示宣传部后送《辽宁日报》6 月 8 日发表，题为《演员自由结合组织剧团》，署名"唐韵笙"。文内观点择其要者：一、演员自由结合，以唐派艺术为中心；二、实行死份活劈、基金分益的工资改革办法；三、民主选举艺委会、团长，精简行政人员；四、取消剧团名前的"国营"、"民营"字样，将国家所有与集体所有统一起来，一视同仁。其实，这些意见也并非独出心裁，而是受了上海文艺座谈会的影响，《文汇报》此前发表过题为《国家把剧团都包下来的做法行不通》的文章。这些观点今日视之，是积极且富有建设性的，颇多可取处，出发点无非是走改革之路，解决"管理制度与艺术本身要求的发展规律之间的矛盾"，打破惯性的"大锅饭"。里面包蕴着支持党领导的诚心，潜流着关心社会主义文艺事业的热情，然而在那个是非颠倒的年月，反倒成了罗织罪名的证据。

6 月 8 日，《人民日报》发表社论《这是为什么？》，全国反击右派斗争揭开序幕。市文化局揪出所谓王化南、鲁坎右派集团，市文联揪出郭墟、吴山右派集团。《沈阳日报》载文题为《鲁、王反党活动的两个阵地》,指责《芒种》是第一阵地,市京剧团是第二阵地,说沈阳市京剧团搞封建迷信、吹捧毒草云云。市京剧团当了炮轰火烧的靶子,唐韵笙、曲瑞琦成为众矢之的,那篇文章恰似引火烧身的导火索。幸好党组织中正直的党员深知唐是热爱党、热爱社会主义、表里如一、言行一致的艺术家,"反"字绝不能同他连在一起,故对他采取保护政策。曲瑞琦又很有代人受过、敢做敢当的义气,把责任全部承担下来。从而使唐韵笙这位毫无政治斗争经验、专心致志于业务的艺术家在这场险恶风浪中,虽不免受些颠簸,但毕竟没有被漩涡和湍流卷去。可曲瑞琦却在劫难逃,被定为右派分子、免职、降级、劳改。

　　唐韵笙倒不是怜惜艺术中的自己,而是挚爱着心中的艺术。在鸣放期间他没有放松对艺术的执着追求,克尽己任,连续地改编排演了《十二真人斗太子》、《三霄怒摆黄河阵》、《梁山好汉除奸记》、《尽忠报国》等剧目。唐韵笙在《十二真人斗

唐韵笙在家练功

太子》中饰殷郊,《三霄怒摆黄河阵》中饰赵公明,在《尽忠报国》中一赶二角:岳飞、宗泽。"渐晚渐于工律细",唐韵笙晚年演戏愈益精心构思角色总谱,深入角色。他的舞台形象不仅是美的,而且是有深度的;不仅有声有色,而且有力量,直指人心,能深深撼动人的心灵。在《尽忠报国》里演到"风波亭"一场,岳飞仰天长叹,一声"叫头"[1]:"苍天啊,苍天!"满腔悲愤化做一声浩叹,有如雷震霆击般地牵魂动魄,竟把边幕[2]坐在小板凳上看戏的五六岁的小女儿唐玉枝感动得"哇"地一声伤心地哭起来,后台工作人员赶紧把她抱走。台下观众鸦雀无声,很多人在暗暗拭着泪

---

[1] 叫头:戏曲锣经,多用于剧中人情绪激动而有所呼号、控诉时,有单、双之分,情绪特别高昂时,
　　重复一次,称"双叫头",此处即是。
[2] 边幕:也叫"侧幕",置于舞台的两侧遮挡非剧中人、物的幕。

水,观众和角色全然融为一体了。戏完了,叔叔责备小玉枝出声搅了戏,穿着竹管编的汗褂儿的唐韵笙在电扇前吹着风,笑着说:"她也入戏了,别怪她。"

唐韵笙对殷代历史剧感兴趣,是因为觉得《封神演义》故事里面有许多辩证法,有助于了解国史,开启人智。他同美工人员共同研制带有海派特点的机关布景,配以五彩变幻的灯光,加上腾空斗法的绝技表演,使观众感到既新奇,又好看,知识性、娱乐性相结合。这些戏在中街的沈阳剧场(今大舞台)上演,卖座不错。按当时规定,根据演出收入提取适当份额奖给编、导、演。唐韵笙是编、导、演兼于一身,稿酬、奖金应主要归他。可他分文不取,用这些钱把演员连同剧场职工一块请到"香雪饭店"会餐,全部花掉,他说:"成绩是大伙努力得来的。"

二九、回杭州

受屈不改心,然后知君子。

——李白:《赠韦侍御黄裳二首》

1958年,中央指示演现代戏是京剧改革的方向,基于对党的忠诚和革故鼎新的向志,唐韵笙旋即忘我地投身于编、导、演京剧现代戏及近代历史戏的活动中,主要搞的是现代戏。其中有《白毛女》,唐韵笙、杨逸民移植,唐韵笙担任导演并扮杨白劳。他自己化妆,别看他脸庞大,一上妆脸瘦了,眼壳也塌了,穿一件从话剧团借的破棉袄,活脱脱是那个小干巴老杨头。杨白劳出场设计十分新颖:在打击乐〔撞金钟〕的配合下,迈着有节奏又非传统的台步缓缓走上,佝偻着身子,双手抱肩,不时两手交替捂着被寒风冻僵的脸庞。随着锣经背转身去,躲着迎面吹来的寒风,活脱脱是一个饥寒交迫、心怀愁苦的老农民。被逼按完手印的杨白劳拖着两条僵直的腿回家,两眼无神,浑身颤栗,望着大门不敢进去。在此,唐先生用了一个双手抱头蹲在门外的动作,这是从农民的习惯动作中借鉴来的,极贴切地表现出杨白劳愧对女儿的内疚。听喜儿唤吃饺子,杨应声后打个冷战,似从凝神中猛然醒来,然后站起身。唐韵笙在这里设计变化了传统戏中的搓手动作,当他下意识低头发现手指上还残留着印泥的痕迹时,眼神盯住手指,禁不住又一哆嗦,随即把手伸进棉袄襟擦掉了印迹。这些细腻、深刻的表演受到观众的盛赞,辽宁人民艺术剧院著名话剧导演万籁天、洛汀、肖汀等艺术家也都赞不绝口,钦佩唐先生能把传统程式和现代人物结合得那么完美。

《白毛女》,唐韵笙饰杨白劳　　　　　《智擒惯匪座山雕》,唐韵笙饰座山雕

同年,唐韵笙与杨逸民根据影片《林海雪原》改编上演了又一出京剧现代戏《智擒惯匪座山雕》,唐韵笙任导演并扮演座山雕。"威虎厅"一场,他采用各种变化了的传统动作,编排出匪徒的舞蹈,在灯光和音乐的配合下,制造出阴森紧张的气氛,烘托了杨子荣出场。唐扮演的座山雕秃顶,鬓边垂着稀疏长发,留八字胡,戴绅士帽,身披皮大氅,扎腰带,足登高筒黑皮靴,浑身匪气。观众看了简直不敢相信,这就是不久前成功地扮演了善良软弱的杨白劳的唐韵笙。他用近似花脸的念白方法,时而炸音,时而闷音;并用大幅度、带棱角的动作,不同方式的笑声把座山雕的刁顽、粗鄙、阴险、狡诈活画出来。他还借鉴、发挥了传统京剧《通天犀》中青面虎在圈椅上的表演,这是在上海京剧院演《智取威虎山》之前创造的。他运用传统京剧的唱念做打表现现代人物真是得心应手,演什么像什么。

有生以来,唐韵笙从未像现在这样精神焕发,情绪高涨,孰料正在他发奋潜心于艺术创造的黄金时段,又一个政治运动风浪向他袭来——反右倾拔白旗运动揭幕。他和艺术上志同道合的左膀右臂黄云鹏、赵世璞、王玉海、李麟童被诬为右倾宗派集团,遭大字报围攻。在莫须有的罪名的夹击下,刚直的唐韵笙变得更沉默寡言了,他对那种以整人为目的的会议表示淡漠。反右斗争和拔白旗使他两度遭受到情绪上的刺伤,心灵蒙上拂不去的阴影。这年秋天(10月),沈阳艺术团体纷纷下农村参加"深翻"劳动锻炼,唐韵笙以身体原因向组织请了假,回杭州家中休养、避祸。

杭州建国中路皋庑里5号幽静的唐宅,是一座有五间房子的二层小楼,楼前有一片宽大的庭院,种满了花草树木。唐韵笙在此纾解一下多年积劳,松弛了绷得过紧的神经,早晨在院内围着花坛跑圆场,劈一根竹子当剑练舞剑。练完功提筐篮去买菜,还扎上围裙,和雪艳梅一起到院子里侍弄花草。为了让花儿长得茂盛,亲自买一口缸,埋在地下,把粪肥用缸积攒起来发酵,给花施肥。他试验给一棵小桃树嫁接,几乎天天守在桃树下观察,但几次都失败了。女儿玉薇问他:

"爸爸,您干嘛养花下这么大的力气啊?"

"你喜欢花吗?"唐韵笙反问道。

"喜欢。"

"喜欢它就要舍得下工夫啊!不付出心血,花儿怎么能长得好呢?"

"那为什么一定要给桃树接上一个枝子呢?"玉薇眨着圆亮的小眼睛接着问。

"这叫'嫁接',经过嫁接的桃树,才能长出个大好吃的蜜桃来。这就像人只有通过学习,才会有知识一样。"

"要吃桃不会到外面去买吗? 何苦费那么大劲儿?"

"自己劳动的果实吃起来别有滋味,买桃吃就体验不到这种乐趣。再说,做事怎么能半途而废呢?"

"是啊!是啊!"父亲话虽不多,却开启了女儿的智慧之窗。

后来,唐韵笙步行几里地到黄龙洞,把老花匠请来,协助他完成了桃树的嫁接。在他的精心培育下,唐家小园子里的玉兰、蔷薇、月季、山茶、梅、菊等一一绽开了鲜艳的花朵,枇杷、石榴、海棠、桃树也都竞相结出了丰硕果实。唐家的院落俨然是个小小花果园,邻里们说想不到一位名演员还能种出这么好的花木来。

孔子曰:"可食无肉,不可居无竹。"唐韵笙平生爱好养竹、画竹,因自号"竹友轩"。书斋案头上摆着《左传》、《封神演义》、《列国演义》、《太平御览》、《唐宫秘史》、《大百科全书》、《莎士比亚戏剧集》和斯坦尼斯拉夫斯基等戏剧理论家的著作。他还喜欢梅花,称夫人雪艳梅为"梅",亲手绘制一幅梅竹图,让雪艳梅绣在白缎子上。1954年夏在南昌演出时,自置茶具一套,每只都烧成绿竹图案,配以粉红梅花,并印着"竹梅邨唐"的字样。他对这套瓷器甚是珍爱,让次子登甲每周刷洗一遍。登甲年幼,总洗不干净,唐韵笙就教导他说:"人要做好一件事不容易。只有脚踏实地,持之以恒,才能把事情做好、完成。"

唐韵笙避风家居,晏息半年之久仍未返沈,组织两次发函敦促其归,不见回音。文化局、京剧团领导分析,可能是因为屡受运动冲击而情绪低落,无意来归。大家一致认为在以往的运动中某些做法欠妥,责任应由组织来负。唐韵笙政治上是忠于党、清白无辜的,业务上是兢兢业业、贡献卓著的,实乃不可多得的好同志,没有唐韵笙是辽沈文艺界的莫大缺憾,一定要把他请回来。于是市文化局局长张斐军派京剧团团长王君扬于1959年4月去杭州,迎请唐韵笙。王君扬抵杭,受到热情款待,住在唐家,同唐韵笙彻夜谈心。起初,唐韵笙对回沈与否持游移不定的态度,王君扬耐心细致的谈话温慰了他落寞的心,夫人也从旁劝说。"精诚所至,金石为开。"三天后,唐韵笙到底被说服,答应回沈。王君扬除了代表组织向唐韵笙致歉,还答应他三个条件:一、工资适当恢复。原一千零四十元,反右后降到六百元,拟恢复到九百元;二、解决住房问题;三、任命唐韵笙为即将合并省、市团而新建的沈阳京剧院副院长。

1959年,与辽宁省文化厅副厅长王丕一等领导合影
(前排左起)王美君、汪幼亭、王奎升、王丕一、唐韵笙、刘颖华、黄云鹏、常鸣贵

唐韵笙遂及时返回沈阳,领导的承诺很快一一兑现。唐举家由原来的大西城门团部简陋的两间小房迁入三经街二段 27 号新居。这是一栋带阳台的灰砖二层小洋楼,楼上楼下有十来个房间,院庭雅致,花木蔚然。原系张作霖时代一富商建造的宅邸,后改作沈阳市群众艺术馆办公楼。经文化部门研究,为了照顾唐先生的生活,将整幢楼全部腾出供唐家使用,房费每月四十八元。唐韵笙得此安舒宜人的寓所,深感慰藉,情绪振奋,灵感勃发,马上投入重新修改、排练近代历史剧《詹天佑》的创作中。

《詹天佑》(刘颖华编剧)是唐韵笙晚年的代表作,该剧描写中国铁路创始人、工程师詹天佑聚集爱国同学,团结工人,战胜中外保守落后势力的种种破坏和阻挠,建成了第一条中国自己设计修筑的京张铁路。唐韵笙担任导演,并饰詹天佑,在唱、做、念设计方面颇费匠心。他借鉴传统京剧程式,又提炼了现代生活的行为方式,成功地塑造了富有聪明才智和创造精神、为中华民族献身争气的近代著名铁路工程师詹天佑的光辉形象。此剧在表演上没有任何蓝本依据,全凭唐韵笙自己一招一式地苦心摸索。唐韵笙在筋节窍要处的独特创造,更是令人过目难忘。如詹天佑琢磨火车挂钩时,低着头,望着自己的双手,忽而,两手握在一起,一合拢,再一看手,若有所悟。随即两手错开,再一看,灵感顿然迸发,长期苦思冥索的问题瞬间豁然而解,他马上摊开图纸画图设计。学生给他送上一杯咖啡,他忙得顾不上喝:"哦……放在桌上!"及至画得口干舌燥,眼睛仍不离图纸,竟下意识地将手里

《詹天佑》,唐韵笙饰詹天佑

的烟斗插在杯子里搅和。对此,他没察觉,俄顷端杯一饮,禁不住惊叫道:"啊呀,又苦又辣,难下咽喉。"细看时,方才明白:"噢!原来……我怎么?……"不禁独自窃笑起来。8月,此剧参加了辽宁省文化局举办的戏剧汇演,省委宣传部部长、剧作家安波同志对此戏十分赞赏,唐韵笙以其精湛的演技获"优秀表演奖"。

当时,全国掀起学习近代史、进行爱国主义教育的热潮,为配合此项活动,唐韵笙又于1959年同刘颖华、杨逸民合作,改编了近代历史剧《鸦片战争》(一名《林则徐》)。剧中当英帝国军官义律以兵戈相胁、露出流氓强盗嘴脸时,唐韵笙扮演的林则徐有一段京白:"来人哪!洋人如果不把他们的鸦片运走,我们就绝他们的粮,断他们的水,我看他们有多大的本事!"传统京剧老生不念京白,唐先生的这段京白借用了话剧的念法,但又夸大了韵味和节奏,每一句后面都加以〔冷锤〕,抑扬顿挫的处理非常鲜明。"本事"二字念得语挟风雷,穿云裂石,林则徐那义薄云天、气壮山河的气概聚集在这一句道白里迸发出来。念完后紧接〔撤锣〕,用右手将大辫子往脖子上一甩,辫子迅速在脖子上缠绕一圈,左手猛地扯住长袍的衣襟,翻腕提起。在打击乐〔八大仓〕中,用力转身背手亮相,充分显示出这位民族英雄"苟利国家生死以,岂因祸福避趋之"的气概。

三〇、晋京巡回演出

有所作为是生活中的最高境界。

——(德)恩格斯

1959年11月11日,辽宁京剧团与沈阳京剧团合并,成立"沈阳京剧院",院长赵天林。唐韵笙被任命为副院长,兼艺委会主任。在16日举行的建院演出中,唐韵笙表演了代表作《古城会》。建院后唐排演了《林则徐》、《詹天佑》、《群英会》、《挡曹》。

西藏叛乱事件平息后,原沈阳市京剧团唐韵笙、王君扬、杨逸民共同编写了历史剧《文成公主》,颂扬文成公主对藏汉民族团结和文化交流的历史功绩。1960年初,京剧院组织力量重新修改《文成公主》,易名为《西海郡王》,由唐韵笙、诸世芬、赵世璞导演,秦友梅、吕香君饰A、B组文成公主,尹月樵饰松赞干布,唐韵笙、管韵华分饰唐太宗。在沈阳公演后,受到观众的欢迎。

为了向中央领导和首都观众汇报沈阳京剧院艺术成果,1960 年夏,赵天林、唐韵笙率剧院全班人马进京献艺。全体人员先到大连、烟台、青岛、淄博、张店,再到天津旅行演出。唐韵笙则单独直接从沈到津,在民主剧场,演出《古城会》《刀劈三关》,一个戏演一天,阔别已久的天津观众争欲重睹唐韵笙的丰采。中国戏曲学校校长晏甬特意从北京赶来,观看演出。在天津逗留五六天后,唐韵笙与全院同志于 7 月中旬一同赴京,前往车站欢迎的有文艺界领导及著名京剧表演艺术家马连良、张君秋等同志。京剧院带到京都的剧目《西海郡王》,经中央文化部齐燕铭副部长等领导观摩审查,提出了意见,未作公演。

首场在中南海怀仁堂为中央领导专场演出,前头是尹月樵、范成玉、李春元主演的《海瑞背纤》,大轴是唐韵笙、赵世璞的《古城会》。国务院副总理习仲勋等领导同志出席观看,并接见了全体演员。文化部艺术局局长马彦祥很赞扬《海瑞背纤》。当时正值批判投降主义、批判关羽的时候,所以《古城会》把"训弟"一场取消了。开演前,大夫先量血压,唐韵笙的血压不高,戏下来再量血压升到 180!

7 月 19 日晚,唐韵笙在人民剧场公演《古城会·斩蔡阳》。梅兰芳、马连良、谭富英、张君秋、裴盛戎、张云溪诸戏剧大师都到场观赏,厉慧良还专程从天津赶来观摩。演毕,梅、马、谭、张、裴等一一登台祝贺。马先生握着唐韵笙的手说:"贤弟,你演得太干净了。""干净"是指动作敏捷利落。关公手执青龙刀耍起刀花来,飘带、穗子、髯口一点都不挂不乱。马先生指着唐韵笙对随侍身旁的义子马长礼说:"这

1960 年,唐韵笙在北京演出后与梅兰芳等合影

是老前辈,你要好好向唐先生学习!"

　　数日后,马连良演《赵氏孤儿》,唐韵笙前往观摩,马先生一出台,唐韵笙就鼓掌给个碰头好,两位艺术家的互相尊重和诚挚友谊体现了梨园界的重情尚义优良传统。马、唐两位艺术家初互相心仪已久。马连良长唐韵笙两岁,早在1921年到上海搭班,与荀慧生、黄玉麟(绿牡丹)、小杨月楼、王瑶卿、尚小云合作演出时已成名家。唐韵笙观看马连良演出的《南天门》《珠帘寨》等戏,深深叹服。马连良观看唐派戏,也很钦佩,特别是《闹朝扑犬》留下的印象最深。有一次在天津,马、唐两位大师再次会晤,马先生在天津最大的回民饭店宴请唐先生。马先生特意点了一道稀见的菜肴——由含苞初绽的鲜茉莉花烧成的羹汤,以飨知己。

　　1958年,马连良率北京京剧团莅沈演出于新建中华剧场。一下火车,听说唐韵笙白天有戏,没去旅馆,当下即与谭富英、裘盛戎、张君秋三位直奔北市场的"辽宁京剧场",在西侧的灯光楼先观看《古城会》。马连良看戏时不说话,全神贯注于台上。散戏后,马、谭、裘、张同往后台向唐韵笙道辛苦。后来唐韵笙在红星剧场演《铡美案》,四位艺术家再次前往观摩。

　　十年大庆,北京京剧团排演《赵氏孤儿》,马连良在谭富英排赵盾的戏时,想到"关外唐"在《闹朝扑犬》中的精彩表演,表示由衷的敬意,并亲自为谭先生说唐韵笙的戏路子,请谭和导演郑亦秋作为借镜,取唐之长以化之。

　　此后,唐韵笙又在长安戏院演《刀劈三关》,他的雷万春左右甩白满[1]博得了全场热烈的彩声,尤其裘盛戎鼓掌次数多。最后一场是8月6日在音乐堂演出的《古城会》,共六场戏,场场爆满。首都观众无不为其高超技艺和倾力演出而折服,中央人民广播电台文艺部还录制了磁带。在京期间,唐韵笙生活俭朴,和演职员一块吃住在广渠门外北京演出公司招待所,没有流连京都美景,也没有拜访耆宿、大腕。他平素就不喜靠近上层人士,淡泊交际,"不汲汲于荣名",不愿争誉于人前。但也因此缺少知识分子朋友,特别是在文化界有影响的"笔杆子"朋友。不重视舆论宣传,他的艺术成绩与对他的宣传之间的落差太大。这大概是他处事的偏狭之处,唯其固执这一习性,缺失高端文化人专心为他积累、整理、收藏艺术资料,才留下许多无可弥补的憾事。

---

[1] 白满:成片形的将口部完全遮住的假须叫"满髯";年长者的"满髯"为白色,故称"白满"。

三一、收徒传艺

名师易求,佳徒难得。

——戏曲诀谚

唐韵笙大名在外,愿意投拜在他门下问艺求教的人多不胜数。唐韵笙知道自己身上的技艺不属于自己,而属于人民,应该把它全部奉献给人民,课徒授艺就是体现这一奉献的重要方式之一。旧社会艺人为了生存、保饭碗,不敢把艺术传给别人,故梨园界流传"宁送二亩地,不教一出戏"、"认可给你二吊钱,不把艺来传"、"教会徒弟,饿死师父"的说法。然而唐韵笙却胸襟开阔,不为这种保守风气所拘囿。解放前流动演出时,他就在各地接收了许多弟子,田子文(女)、李刚毅、曹艺斌、邱志良、张铁华、陈麒麟(女)、翟宏鑫、张海涛、李铁英都曾列入唐派门墙。解放后,1954 年在泰州时,他收常熟京剧团的邵林童为徒。他们曾合演过《群英会》,唐韵笙饰鲁肃,邵林童饰诸葛亮。邵林童崇敬唐韵笙,唐韵笙喜欢邵林童的才气。于是上海人民京剧团和常熟京剧团在舞台上举行拜师仪式。唐韵笙不讲老式梨园行规矩,摈弃繁文缛节,不让徒弟磕头,鞠个躬就行了,也不摆酒宴。简单的仪式完毕,马上就给邵林童说戏。当时天气很冷,剧场没有暖气,唐韵笙脚都冻了,一边用火盆烤火,一边向邵林童教授《绝龙岭》、《汉寿亭侯》。

为了继承和发展流派艺术,全国各地戏剧圈兴起拜师活动,李少春拜周信芳为师,尹月樵拜马连良为师。省、市文化部门领导非常重视唐派艺术的流布与承传,为了使唐派艺术后继有人,沈阳市市长焦若愚倡导唐韵笙收徒传艺,组织上经慎重考虑决定遴选两名市京剧院业务尖子——焦麟昆、汪玉林为徒。

1961 年 8 月,拜师仪式在沈阳市电影公司小影院举行,省委宣传部部长安波、省文化局局长王丕一、沈阳市市长焦若愚、副市长张霁中、市文化局局长张斐军,著名戏剧家金开芳、万籁天、韩少云,著名画家、市文联主席周铁衡等出席了拜师仪式,省委书记周桓也到会祝贺,并发表了热情洋溢的讲话。周铁衡先生特地画了一幅画,画面是两只喜鹊,一枝梅花,题款是"喜鹊登梅",国画馆的邢洞川画了一幅"深山取宝",当场赠送唐先生,以志祝贺。唐韵笙赠送焦麟昆一把扇子骨,赠汪玉林一张《唇亡齿寒》的剧照,焦麟昆回赠一个内雕的"鼻烟壶"。拜师会结束不久,

唐韵笙向子登年(左)、弟子汪玉林(右)传艺

唐韵笙即拨冗给焦、汪说了《古城会》、《斩貂蝉》等戏。

　　唐韵笙极为重视人才培养,主张除了文化部门专门办戏校而外,剧院应该发掘自己的潜力,自行担负起培养新生力量的职责。他认为沈阳市京剧院老艺人济济一堂,师资力量强,"以团带班"有利条件多,学员可随时向名演员学戏,院里排戏学员便于学习。市长焦若愚、邵凯同意唐韵笙的意见。这样,在唐韵笙、王君扬院长的倡导下,1960年7月,"沈阳京剧院少艺班"首批学员班正式成立。学员是从社会上招考的,应考者上千人,唐院长亲自主持考试,选拔八十人参加复试,最后录取四十二名。"大匠诲人,必以规矩。"唐院长强调按科班形式办班,从严治班,派秦友梅、李春元等艺术造诣较高的老艺人当班主任,并制定了一整套训练方法、教学计划。唐韵笙非常关心学员的进步成长,亲自指导学员排演几个折子戏,每年都进行一次成绩考核,邀请家长参加评议。唐院长坐在第一排观看评审,从中擢拔人才,制订下一年度的教学计划。以此为发端,"沈阳京剧院少艺班"赓续不断,以迄今日,作为创始人的唐韵笙是功不可没的。后来的"梅花奖"获得者、"武旦状元"李静文、朱强等一批批学员学满成才,由此走上红氍毹,一展英才,至今忆起老院长的培育之恩,莫不感激涕零。"文革"后脱颖而出、蜚声中外、被誉为"最具票房魅力的青年文武老生第一名"的于魁智,就是从该班走出,走遍全国,走向世界的。

唐韵笙给戏校学生讲课

1972年，于魁智不满10岁被选入"少艺班"，师从杨元咏、黄云鹏学艺六年。16岁进京深造，遂成栋梁之材。

唐先生课徒传艺可谓无私忘我，倾其所有。1962年他召苏州徒弟邵林童（唐先生给他改名"邵继笙"）到他家中学戏，把他当作自己家庭中的一员，同吃同住，不仅不收他的伙食费、学费，反而每月给零花钱。令邵林童更不安的是，半年后唐韵笙知道邵林童是自费学习，不拿工资了，竟往他苏州家中寄钱。当时东北的主食供应多是粗粮，除唐韵笙受政府特殊照顾吃大米外，全家人都在吃玉米面窝头，而邵林童却跟着师父天天吃大米。邵林童知道后，感动得泪流满面。唐先生安慰他说："你是南方人，习惯吃米，是团长又是主演，放弃了优越的生活条件来沈阳学习已很不容易了。现在每天要起早、喊嗓、练功、学戏，一天折腾下来够辛苦的，吃不饱怎么行？"邵林童再三请求师父不要特殊照顾他，但师父仍坚持让他吃细粮。

唐韵笙生活很有规律，早上7点起床稍活动一下，吃完早点就看报纸杂志。9点钟开始给邵林童和登年（唐的长子）说戏，对徒弟的每个字、每一腔都抠得很细。他说："四声要准确，尖团要分明，口齿要清楚，字正腔才能圆。同样一个角色在不同的戏中、不同的情节中，应有不同的演唱情绪，甚至随着剧中人物年龄的增长连音色、吐字的力度都要有变化。演唱的方法要千变万化。练唱时，要入戏，千万不能以为吊嗓就可稍有懈怠。这样长期坚持，习以为常，上台才能一丝不苟地进入角色。"唐韵笙对念白要求也极严格,他说:"要根据每个角色、每段戏的情节,使节奏、音韵、音量不断变化,不能一道汤,总是一个味,这是最忌讳的。"唐韵笙讲求表演要"入戏"、"走心",按他的解释:"'入戏'靠'心劲',心就是魂,心要是走动了,这一招一式就活了起来,戏也就来了;心要是走不动,再工整也没有戏。什么叫'走心'?就是演员要进到人物的心眼当中去,这样浑身就都有了戏,而那种身上只有一疙瘩戏的演员就不是好演员。可惜我所见到演苏三跪在大堂下的演员都只演一疙瘩戏,整个脊梁骨上没戏。"掌握程式只是手段,塑造人物才是目的,这是唐派表演艺术方法上的根本特征。

在辅导青年演员方面,唐韵笙是诲人不倦,不惜劳思费神。王玉海约王美君合演《坐楼杀惜》,他们知道唐先生演过此剧,便登门求教。唐先生从头至尾倾囊相授,还特意给王美君的阎惜姣设计了别具一格的出场:当阎婆见宋江来到,忙唤:"吾儿出来!"惜姣在幕后欢声念:"我来了!"随即轻快地一手执镜子,一手梳着头,背对观众,退着走出。满心以为来接的是意中人张文远,但上场后从镜子里窥见身后坐着的却是怨偶宋江,马上沉下脸来,唱道:"抬头只见对头人。"这个出场既新颖独特,又把阎惜姣对宋、张二人态度的迥异以及因之而由喜转怒的情绪变化透露出来。从这一个出场细节的创造亦可见唐先生的腹笥渊博。

唐韵笙的一生是勇于攀登、知难而上的一生,别人演不了的剧目他敢演,别人突不破的程式、"绝活"他敢突破;别人的代表剧目他也敢演,且能另辟蹊径,博得好评。辽宁省艺术研究所所长任光伟曾问他:为什么人们管他叫"唐老将"?他回答:"简而言之,就是说,我在万马人中,敢拼、敢杀、敢胜。"好一个名副其实的艺坛老将!

三二、不为困而改节

饥寒可忍,垢辱可忍,烦恼可忍,一切可摆脱,独有艺术不能摆脱。

——朱光潜

20世纪60年代以后,年近耄期的唐韵笙,由于长期积劳、高血压,健康状况不佳,除重要的晚会而外,很少现身演戏了。他终天价独个儿呆在书房里,从事案头工作,开始潜心系统地整理自己一生编撰的剧本。他书案上摆放着一本本厚厚的编剧参考资料：有关于京剧唱腔、字韵的，关于古代名言集萃、名家诗词掇英，包括《红楼梦》里的诗词……都是他经年读书学习点点滴滴钩辑积累下来的。他编剧时可以随手翻检，左右逢源，征引方便。他凭着那艺海索珠的探求者的热情，用那时还少见的带人造革皮的本子，一个剧本一个剧本地审阅、修改、润饰，一段一段地整理唱腔。夫人雪艳梅，弟弟唐斌贤，女儿紫菱、玉薇则帮他抄清。如是，积年累月，业已完成了几十本，充箧盈架，数量可观。

晚年唐韵笙

三年自然灾害时期，几致家家有缺米下锅之难，即令月工资降至三百三十元的唐韵笙也难免陷入窘境。农历十一月十日——唐韵笙过生日这天，不要说开寿宴，就连一碗寿面也没吃上，只能吃一碗糊糊粥。当时家里供应粮已吃光，只剩下米袋、面袋底子，把袋子翻过来抖掉残渣，就这样连米带面煮上一锅稀粥。时近隆冬，屋里没暖气，一家人围炉子坐着，弄些土豆在炉子上烤，就着烧土豆喝粥。唐韵笙默默无言地嚼着土豆，大家也都缄默不语，天真的小女儿玉薇忍不住冒出一句："爸爸，这样的日子怎么过呀？"胸次旷达的唐韵笙神情平静，只轻轻地吁一口气说："慢慢总会好的。"

困难时期，从哈尔滨来了一对梨园行的老夫妻，与唐韵笙本素不相识，是慕名打听剧院前来登门拜访的。夫妻俩说要投山东亲戚，但没路费，素闻唐先生仗义疏财，乐善好施，特来求周济救助。唐慨然应允，先把他们安排住下，从工会现借三十五元钱给他们做路费，让家人蒸一锅混合面馒头给他们带上，老两口千恩万谢告辞上路。

唐韵笙向来生活俭朴，自奉菲薄，吃穿不挑拣，很随便。40年代在纸醉金迷的大上海他曾红极一时，收入很可观，可是平时仍老端着他那一杆带荷包的小烟袋锅，抽"老旱"，不吸名牌烟，穿的是土"布衣"，从不走秀耍酷。

关照同业，提携后进，是唐韵笙的美德。无论在什么地方他都能和周围人和睦相处，遇事同人商量，从不摆名角、团长的架子，不轻视、怠慢旁人。沈阳京剧院有个跑了一辈子龙套的老演员叫俞亮，整天嘻嘻哈哈地爱开玩笑。唐韵笙和他相处

《关公月下赞貂蝉》,唐韵笙饰关羽

得也很亲密,经常在一起聊天说笑。

对于舞台,唐韵笙是寝馈难忘的。政治气候和生活环境不能不影响他的创作心态,但无论什么时候,不管物资生活多么匮乏,不管文艺界形势怎样变化,其奋力推进艺术发展之志从未少杀。正是"毁誉不干其守,饥寒不累其心"(欧阳修语)。1961年,唐先生重新修订了自己晚年十分喜爱的剧目《关公月下赞貂蝉》。此剧系根据王鸿寿本《斩貂蝉》改编的,改关羽斩貂蝉为盛赞貂蝉的舍身救国行为,但并不为其姿色所动,最后貂蝉惭愧无颜,自刎而死,从正面重塑了关、貂的形象。该剧首演于1948年的上海,备受观众青睐。全剧共两场,艺术处理上很有新意:唐韵笙创造了关羽戴"黑三"、穿斜蟒、挎宝剑的扮相,一出场是侧身背向观众,退步而出。迈着沉重缓慢的台步,款款移动的身躯、微微扬起

的脖颈,从整个形体动作的节奏上让观众感到关羽那忧郁沉闷的心绪,似乎从背影看到他在凝望长空,思虑国事,怀念亲人。又设计了马舞(马趟子),特别是青龙刀舞,一方面表现关羽娴熟的刀技,一方面表示借此来排遣"身在曹营心在汉"的郁闷。唐又通过眼神的准确运用:仿佛眼前已见到兄弟前来欢聚,但定神一看却是幻觉,又转惆怅,尽显寻兄访弟的急切心情。关羽和貂蝉的大段对唱又把各自的心理和品格表达得可感可触,全剧将唱、做、舞熔于一炉。1962年,唐韵笙又将自己的拿手戏、代表作《二子乘舟》《闹朝扑犬》作了重新整理、修订,后者改名为《闹朝击犬》。

同年,唐韵笙重排了《鸦片战争》,整理、新排了又一出也是最后一出自己专擅的列国故事剧——《摘缨会》,任艺术指导,并饰楚庄王,演出效果甚佳。1964年,他与秦友梅合作排演了《卧薪尝胆》,饰勾践,秦友梅饰妃子。他与王少卿的弟子

王实贵合作创腔。王实贵每天到唐宅共同研究,勾践的唱段由唐自己唱,王实贵给记谱,勾践与妃子的合唱由王实贵编创。全剧有三处重点唱段:一是尝胆一场勾践的大段〔反二黄〕;二是在吴国勾践与妃子的对唱〔二黄〕;三是回国归越勾践的〔西皮导板〕转〔原板〕,均腔圆韵醇,传情隽永。该剧在北市场的辽宁京剧场演出二十多场,观客如云。

后来提倡京剧现代戏,唐韵笙难免一度陷入困惑,再搞属于他优势的传统老戏难乎其难了。应该说,革故鼎新、立意创新是他的一贯风格。他从不拒斥新鲜事物,由衷地赞成京剧演现代戏,愿意顺乎潮流加入现代戏创作行列。可是马上改变着力方位,搞陌生的东西,一时还把握不了。但他毕竟是正视现实的,能够根据人们审美心理需求的变化和时代发展的要求来调整自己的创作方向。

唐韵笙很关注艺术发展的时代新潮,借助观摩电影、话剧及昆曲、川剧等地方戏曲来体察艺术发展新态势。他每每忙里偷闲去欣赏这些艺术创作,不单是为消遣、调剂,更主要是为了吸啜营养,为我所用。他时时把童年在上海有"活曹操"之称的架子花脸演员黄润甫赠给他的一副对联"采群花之精蕊,酿自家之甘蜜"作为自己的座右铭。他看电影大都是在晚上,白天埋头文案没有时间,还要会客,就用深夜的时间去银海漫游,他很爱看《上尉的女儿》、《章西女皇》、《生的权利》等外国电影。看了上海来沈演出的著名莎剧《无事生非》后,他赞扬祝希娟演得好。他看完苏联影片《奥赛罗》,深深被它那悲壮崇高的人物形象和婉曲动人的情节所打动。在谈起现代戏时,唐韵笙对秦友梅说:"我看《奥赛罗》震撼人心,适合改成京剧,咱俩试试合搞,你看怎样?"秦兴奋地回答:"好啊!我看可以。"然而,同领导一谈,领导说:"中国现代戏还没搞好,哪能搞外国的玩意儿?"就这样,一个美好的构想付诸东流。二十多年后,这个梦想终于成为现实,莎士比亚四大悲剧之一的《奥赛罗》幸赖勇敢艺术家的创作,像一朵散发异香的奇葩,以京剧形式盛开在20世纪80年代中国首都的舞台上。

对待艺术,唐韵笙始终是怀抱唯精唯一、献身殉道的精神,奉献着自己的一切的。大势所趋,京剧要反映现代生活,要演现代戏,他就审时度势,演起现代戏来。1963年,王立夫编写了工业题材的现代戏《大钻子》,内容是歌颂我国工人阶级自力更生、发奋图强,冲破国际反华势力的封锁,研制成功大钻子。唐韵笙与丁震春合作演出,唐塑造一个老工人的形象。1964年,剧院学习全国京剧现代戏汇演的获奖剧目,排演了《奇袭白虎团》。唐韵笙春秋已高,体力不济,但依然倾注了热情,甘当配角,尽其所能。他说:"我演不了角儿,跑龙套还可以吧。"在《奇袭白虎团》里,唐韵笙扮演被美军洗劫过的村庄里一位姓崔的朝鲜老大爷,他愤怒痛斥美军暴行。在〔急急风〕中他被匪兵架着快步出场,他奋力甩开匪兵,随着一个翘趄,退步、冲步,亮相后紧接着唱出一大段节奏铿锵、声情并茂的〔垛板〕,最后用了"嘎调",把全场的紧张气氛一下子推向高潮。匪徒开枪后他来个"硬僵尸"倒地,每演至此观众都报以满堂彩声。这样一个小角色,唐先生作为艺术大家不但主动要求扮演,而且演得依然光彩动人,毫不含糊。

1965 年,热衷于文艺事业的省委书记周桓亲自执导排练现代小武戏《插旗》。此剧参加了东北大区现代戏汇演,并曾去长春电影制片厂拍片,后因"文化大革命"而停拍。唐韵笙也应邀参与其间,为提高演出质量、提携青年,他亲自扮演一个送情报的渔民张老汉,与丁震春扮演的解放军侦察排长洪海蛟同台炫彩。戏虽不多,但出场后满台风生,〔散板〕、大段〔垛板〕唱得声韵醇醇,做派像生活一样质朴自然,而动作节奏又在锣鼓经里,既保有京剧特点,又非常生活化。唐韵笙演来,一如既往那么严肃认真,尽管这点小活没"份儿",似乎不值一书。殊不料,这个籍籍无名的老渔民的小角色,竟是唐韵笙近半个世纪舞台生涯创造的最后一个角色,这次登台成了他艺术活动的谢幕之作。

三三、千磨万击还坚劲

> 雪虐风饕愈凛然,花中气节最高坚。过时自合飘零去,耻向东君更乞怜。
>
> ——陆游:《落梅》

当"文化大革命"的空前浩劫席卷中国大地的时候,身罹祸殃的是无可计数的善良无辜的好人,演艺圈更是重灾区。举凡资望高的艺术家多被打成"反动艺术权威",少有幸免者,唐韵笙自不例外。

1966 年春,院部鉴于唐韵笙年事已高,提出请他从院长位置上退休。唐韵笙正在考虑办手续回杭州,心绞痛突发,马上送往沈阳南湖医院,经一夜抢救脱险,住在高干病房。没到两个月,"横扫一切牛鬼蛇神"的风暴猛然袭来。一夜之间,他家屋里屋外,院墙走廊糊满大字报,"打倒三名三高"、"反动艺术权威"、"大业主"、"戏霸"、"牛鬼蛇神"之类的标语赫然在目。唐韵笙也因此被逐出南湖医院高干病房。不久,七八个中学生组成的造反派小将打上门来抄家,扫"四旧"。这群"红卫兵"小将们把唐先生及其家属都赶到楼上东侧的一间小屋里,禁闭起来,他们就开始了"横扫"的"革命"行动。过一阵子,又上来十多个戴袖标的红卫兵,从上午9点,直抄到下午三四点钟,把十来间房子翻个底朝上。墨做的金人、瓷制的坛子式的圆凳子、旧木椅、珍贵的舞台道具、象牙板……都砸得稀巴烂。金戒指、手镯没影儿了,古董、古玩、字画被抄走。尚小云先生等的赠画、吉林北山悟澈主持赠送的明代画家王节所绘"春、夏、秋、冬"四联条屏也不翼而飞。装钱的小钱包也不知被谁偷走。一本本书、一张张唱片、一册册照相簿、一幅幅剧照,连同中式旗袍服装、手摇式唱机、行头箱都被抬出来,扔到院子当中,当作"四旧"点火焚烧。烈焰腾腾,整整烧了三个多钟头。最令唐韵笙撕心裂肺的是,三个大柳条包里装得满满的是他亲手编写、整理的剧本、提纲、唱腔设计、艺术资料全被扔进火舌里,几十年刳心呕血的艺术结晶,转眼间统统付之一炬,再没有比最珍爱的东西横遭毁灭更惨痛的打击了。唐韵笙的心如刀绞,从床上爬起来,怔怔望着窗外腾空的烈焰浓烟,气得浑身颤抖,说不出话来,几乎昏厥过去……

在大烧大抄的同时,红卫兵狂叫着让唐韵笙出来,他被迫由夫人搀扶下楼,红卫兵逼他念批判自己的大字报。唐夫人心疼地说:"他刚出院,说话还不行,我来代读。"过后,唐韵笙悲愤得除了骂声:"可恶! 可恶! 烧了我一腔心血! 简直是禽兽不如!"以外,再也无话可说。

抄家之后,灾难未已,紧接着是一场场没完没了的批斗。又一伙红卫兵疯狂地冲进唐家,把唐先生从病床上拽起来,和唐夫人一起挂上黑牌子,由九个人架到二楼圆形的阳台上批斗。这群造反狂鼓噪着,喧嚣着,胡闹了一阵,又呼啦散去。唐韵笙咬紧牙关对夫人说:"无法无天,天下乱到如此程度,怎么收场? 什么话也不要讲,看他们横行能几时? 只要留得青山在……"

继而,造反派对唐宅实行轮番攻袭,今天这个组织来通知要批斗降薪,明天那个组织下通牒勒令检查交待。幸而唐韵笙没入党,算不上"党内走资本主义道路的当权派",所以够不上批斗重点。虽非重点,但陪斗却是不可或免的。一次在北市人民剧场批斗省委副书记周桓,陪斗的有唐韵笙、蔡少武、王殿礼、花淑兰、筱俊亭等辽宁省文艺界知名人士二十多人。因为唐韵笙血压高,开头还跟那些陪斗的人一起站着,到批判发言开始,便给座允许坐下,他也是陪斗人员中唯一坐着的人。在批斗进行中,唐韵笙还到休息室吃了一片心脏病急救药。批斗结束,他的两个儿子登年、登甲怕他支持不住,雇了一辆三轮车把他送回家。唯其年高德劭,好多次陪斗,都有人暗中维护着他。没等斗完,就把他扶到后面,让他坐下喝水休息,但没人阻拦他这个"黑帮"搞"特殊化"。其实,此时他连半点特殊也没有了。三百三十元工资已扣下多半,只发一百元,全家十几口人每人每月仅剩九元生活费。

1968 年 8 月,辽宁省、沈阳市文艺系统办"毛泽东思想学习班",进行"斗、批、改"。唐院长和京剧院领导吴德泰、赵平、王君扬,主要演员秦友梅、管韵华等被"群众专政队"施行专政。在省团校进了一个与一般群众的"学习班"截然不同的"专政班",除个别星期天或节假日外,必须集中食宿,不得擅自行动。这些被关进"牛棚""专政"的牛鬼蛇神,几十个人密密层层挤在一间大屋里,没有床,在水泥地上铺一层草垫子席地而卧,每个人所占的位置不到一个草垫子那么大。随着被专政对象的不断增加,空间越来越小,到最后每人所占之地仅剩下一个沙发扶手间隔那么大。时值酷暑,唐韵笙晚年身体发胖,右肩长个很大的脂肪瘤,翻身活动需占较大的地方,然而在尺方之地的"牛棚"里,人被压缩到最小空间,谁要占大点的地方就会挤压别人。唐韵笙努力克制自己,从不发火,一声不吭,用沉默反抗暴力。他挺着胳膊肘支着头斜卧着,累乏了再换另一只胳膊,不提任何要求,不屑于向那班凶神恶煞似的专政队求告什么。

一个周末,唐韵笙问一个专政队队长:"明天休不休息?"专政队长瞪了他一眼,伸手就打他一个嘴巴,骂道:"你不配说休息,你们这群黑帮还有什么休息?"唐韵笙刚想举手回敬他一掌,被旁边的同伴拉走了。有一天,唐韵笙的饭盒里装点饺子,被一个专政队员发现了,队员问:"你饭盒里装的什么?"他答:"家里给送的饺子。""他妈的!"队员抬腿就踹他一脚,把饭盒踢翻在地,"你他妈的反动权威,还吃饺子?"唐韵笙怒目相向,强压心头怒火一声没吱。

对毁誉不动心,对横逆之行为能忍受,是唐韵笙一贯的秉性。"黑帮们"每天必得像教徒诵经一样背诵毛主席语录。唐韵笙本来心情沮丧,再加上大脑反应迟钝,戴着老花镜,不免在念诵中打个磕巴,被专政队员听见了。专政队队员走过来,不由分说上去就是一嘴巴子。只见唐韵笙抬头直面打人的家伙双眼圆睁,又一瞪,这是舞台经常用的表现惊怒的眼神。不过以前全是做戏,而今却是发自内心的震惊、愤慨,目光咄咄逼人,吓得那家伙不由得向后倒退两步。随后,唐韵笙眼睛一闭,把骤然燃起的怒火按捺下去。关大有等人在旁边目睹这情景都非常气愤不平,如果唐韵笙当下还击打他的人,在场的同伴定会上手"助战"。

面对专政队的肆虐和淫威，唐韵笙从不轻弹一滴泪，有泪往肚子里咽，在给家属的信中从不提谁打过他一下。关在一个牛棚里的著名杂技艺术家蔡少武被打得很厉害，唐韵笙靠近他身边，一面掏出自己的手帕给他揩拭伤痕，一面低声说："兄弟，你得咬住牙、挺住啊！"蔡少武咬着牙，点点头说："老哥哥，不要紧！你还有窝头吧？"唐韵笙答道："我有！我吃，你也吃！"这简单的对话里交流的潜台词是：我们要活下去，我们心里有底，什么也不怕。"留得青山在，不怕没柴烧"，这是唐先生的精神支柱。

唐韵笙强撑带病之躯，早晨和大家一起跑步，在烈日下和别人一样劳动，回到牛棚和大家一样嚼着半生不熟的高粱米饭。对体力劳动，他素来是热爱的，而且是自觉、愉快参加的，有画为证。唐韵笙家属至今保留着著名画家刘子祯为他所绘的写真国画：淡黄色的薄绢上左侧画着泪川补竹和乱石，右侧画一棵松树，戴京式蓝帽、穿白衬衫蓝裤子的唐韵笙站在中间，左手揎腰，右手拿一把长锹，脚下是一堆黄土。此画题款是"一九六三年冬月为韵笙先生造像"。观画想人，可知唐韵笙的劳动态度。然而，在非人岁月里劳改式的劳动与正常劳动绝不可同日而语，它带给被强制者的是一种肉体摧残和精神压抑的双重痛楚。

本来沉默寡言的唐韵笙此时益发沉默了。人们在他的沉默中感受到深蕴的反抗和对未来的希望，钦敬他不畏强暴的精神，私下议论说："唐先生是肚子里有牙呀！"是啊！凭着肚里的硬牙，拖着羸弱病体的铮铮铁汉唐韵笙，在"牛棚"非人的残害和恐怖里坚强地活下来。有的人自杀了，有的人被逼迫险些自杀。管韵华说得对："唐先生为人不骄不傲，但是心里横，在伪满共益舞台演剧时期，他就对我说过：'君子斗智不斗气。'"看来，这种"斗智不斗气"的器宇和度量，贯穿他一生，直至"人妖颠倒是非淆"的荒唐年月。

在泥菩萨过江——自身难保的日子里，唐韵笙犹念念不忘京剧界同行中的挚友、旧雨。1969 年，他的女婿、唐紫菱的爱人石希伟回西安市探亲。行前，唐韵笙特嘱咐石希伟代他去拜望"四大名旦"之一的尚小云先生。尚小云与唐韵笙早在 20 世纪 20 年代于天津等地就建立了合作友谊，后来互赠过字画，尚先生还收了唐介绍的徒弟。解放后，尚先生任陕西省京剧院院长，和唐韵笙久未谋面。石希伟抵西安后，在一间狭小的破房子里拜会了尚先生和夫人。二位老人苍老、憔悴、疲惫，尚老的一只眼睛在批斗中被打伤，体形瘦削，头发全白了，抽的是一两角钱最贱的烟卷。

尚小云客气地弯腰向石希伟略一拱手说："你岳父是名角，是能人、剧作家，他玩艺儿地道,我们过去在一起演过戏……我很想念他……"

"唐老将的戏我看过,是一绝呀!"尚老的老伴插嘴说。

"老将现在怎么样?"

"唉!别提了……"

石希伟向尚老先生讲述了唐先生的遭遇,尚先生和老伴叹息不已。次年,石希伟二次赴西安重访尚先生,景况好多了。尚先生搬进碑林区一处新建住宅的套间,尚先生再三叮嘱石希伟回去捎口信给唐韵笙,多多转达他的问候。不料,石希伟返沈时,唐韵笙竟驾鹤西游了。

三四、业未竟身先逝

人生有限艺无限,长把光芒照后贤。

——田汉:《梅兰芳纪事诗》

省团校的群众专政班持续了三个月,"斗、批、改"结束。唐韵笙从牛棚里被放出来,恢复了人身自由,又被送入沈阳市郊辉山"五七干校",是时 1969 年 10 月。在干校,非人的待遇和凌辱没有了,但劳作的紧张和强度、伙食的粗劣难咽与牛棚相差无几。

唐韵笙白天拎暖壶给大家送水,在伙房劈劈柴帮厨,或到外边放羊,晚上和二十来个人睡在一间大屋的木板坑上。打饭一人一个窝头,一碗盐水煮白菜汤。次子登甲买些肉做了菜,藏在大酱底下给他送去,他说:"下次不要这样,同吃同住同劳动,我不能搞特殊化。"他只让家人给他送韭菜花、咸黄瓜和电池。

每天大清早起来在公路上列队跑步,人们见唐老跟在队伍最后面,跑起来趔趔趄趄,气喘吁吁,禁不住一阵心酸,都劝他说:"您不要跟着跑,何必撑能呢?"

"大家都跑,我能闲着吗?"唐先生揉着腿说,"我跑不了,慢慢蹭,也得跟在后头。凭我的能力,跑得慢不是不跑,是力量不够,我拉多远,他们不说,不管我,我心到了。"

到了年底,全国又推广江西等地关于干部插队落户的经验,于是干校解散,干部被分批派往辽宁省内铁岭、北镇、盘锦等地农村插队落户。唐韵笙因病情渐重,得以幸免,提前回沈。到家一看,四下寂然,重门紧闭,人去楼空。夫人雪艳梅为照料女儿玉茉回杭州去了，儿子登年在苏州京剧团，登甲到辽宁开原县青年点插队落户，女儿碧莲下乡到江苏高邮，玉茉下乡到浙江富阳，玉薇随辽宁戏校同学长征去了，只剩紫菱一人和疯妻赵蕙珍在家，冷冷清清。这时，搁置了数年的退休问题，重新提到日程上来，但前提条件必须把户口落到农村，可以自选下乡点，何处是归程？饱受煎熬的唐韵笙，怀着一种解放了的欣慰感，写信给由南京下放到高邮的女儿碧莲，联系迁户口投亲。正在等候回音时，病情恶化。本应住院治疗，然而医院是不能成为"黑帮"庇护所的。哪个医院敢收被打入黑名册的人住院呢？

已从戏校卒业、就职抚顺艺术研究所的女儿唐玉薇从工作地赶来，扶父亲到市第三医院看病。当时医院还没恢复正常工作秩序，一半时间看病，一半时间闹革命。两个医生翻了翻厚厚的一叠病志，说："做个心电图吧！"唐韵笙做完心电图，把结果拿给医生看，医生皱了皱眉头，寻思一下说："拿点药，回去吃点好的吧！"唐玉薇还没理解这句话的严重性，把病志一卷，挽扶腰有点弯的父亲走出了医院门。父女在医院对面的小饭馆吃了一顿饭，临别时唐韵笙拉住女儿的手说："我自己感觉到不怎么好，我想过些天还得再来检查一下，我给你打长途电话，你能来吗？"玉薇眼角含着泪花答道："您只要打电话，我就请假回来。"

动乱多舛的生活把唐家十多口人拆得七零八落，各自东西。这会儿，唐韵笙身边只剩下三人：女儿唐紫菱、弟弟唐斌贤及其女儿唐继红。国事、家事，无可告慰，疾病和孤独同时来缠绕他破损的心，他在落寞悲凉中茫茫然消度余生。本来酒戒了，可心里憋闷得慌，又反常地喝起酒来，借以浇愁。时值隆冬，唐韵笙白天一个人在楼上，看看报纸、学习材料，想写点什么，又实在写不下去。有时上班报到，有时到楼下弟弟唐斌贤的屋里，半身躺在沙发上，伸出双脚烤烤炉子。他长长地叹着气说："这样的日子何时了结呢？我一身罪，该教徒弟们的东西没教完，想整理的东西全完了，剩下一片空白……"

有一回，唐韵笙提起精神，对斌贤说："咱们上外头溜达溜达，我好些日子没出门了。"于是兄弟俩到太原街沁园春食品店，买一些橄榄、蜜果之类的南货，然后漫步到园路餐厅西餐部。厨师们有的认出唐院长，都热情地围拢来问长问短，很快端来了酒菜，唐韵笙乘兴喝了两盅白兰地，不胜酒力，就感到疲乏，起身告退了。

1970 年的春节，在平静、寂寥、淡微中度过了。3 月 13 日晨，斌贤走进哥哥的二楼卧室，发现他的脸胖肿了。

"是吗？"唐韵笙用手摸摸自己的脸，"不要紧，八成是我头老低着控的。"唐斌

119

贤想联系送他住院,但家里的电话在"文革"中被拆除了,急得唐斌贤团团转。

"不要找医院,医院不会收我这样的人,你去买一只肥母鸡炖了,你们吃肉,我喝汤。"唐斌贤拗不过他,马上出去买鸡。可是那个舛错艰窘的年代上哪儿买鸡去?商店、市场见不到鸡的影子,私人养鸡的又不肯匀(卖),唐斌贤跑得满头大汗,空手而归。

"那么,你就买猪肘子吧!"唐韵笙望着丧气的弟弟苦笑着说。

唐斌贤又去买回两个大肘子炖上了。唐韵笙喝点肘子汤,吃了半小碗饭,在床上躺下了。

下午3时许,唐韵笙起床解手,从厕所出来,一进屋门突然感到一阵眩晕,天旋地转他赶紧用一只手捂着脑门,并用另一手指着正坐在外屋沙发上休息的唐斌贤,斌贤立即上前扶住他,问道:"二哥,怎么啦?"

"我头有点发晕。"韵笙用勉强听得到的微弱声音答道。

"我扶你赶快上里屋吧!"唐斌贤扶抱着哥哥到东侧的里屋,把他轻轻往床上放,没等撒手,只见他脸色倏然变白了,随即眼睑慢慢闭合。

他太累了,一生大部分时光都处在高负荷运转状态,此刻终于困乏到极致,悄然安息了。他没说一句话,但他有多少话要说呀!一代才人未尽才,他自己没有死神降临的预感,却满怀重返舞台、大干一番的憧憬,万料不到经年积劳和"文革"的折腾已驱使他走到生命的尽头,他68岁匆匆离开这个自己钟爱苦恋的人世,该是怎样心有不甘哪!

唐斌贤忙唤自己女儿继红把唐紫菱从学校找回来,在邻居的帮助下,用一辆拉货的三轮车把唐韵笙送到军区二○二医院。经医生检查已经没有生命迹象,无法抢救了。诊断为急性心肌梗塞,心脏四分之三的肌肉早已坏死,只靠剩下的那一点肌肉活动维持跳动。

一周后,唐夫人雪艳梅等家属都从外地赶来,恸哭失声,悲不可抑。未设灵堂,没有送葬的队列、仪式,没有花圈、挽联,没有哀乐,葬礼极简单,就像先生溘逝一样默无声息。京剧院革委会讨论很长时间,定不下来要按哪一级待遇处理善后,临末派两个人,出一台小货车拉灵柩连同家属,到文官屯火化,骨灰盒由长子登年带到南方。悲哉!一代艺术家、伟人,死得太寂寞了。几乎没有谁知道戏剧世界的一颗明星陨落了。在成千上万崇仰他的观众中,满天下承受其恩沐的门生中,没有几个知道自己永远失去了敬爱的大艺术家、挚友、良师、前辈。

家属打开唐韵笙的箱子，发现七百元现金，还有几件劫后仅存的蟒、靠、斗篷——这就是他唯一的遗产。他的确没有给子孙留下什么，但又给世人留下了无比宝贵的东西，那便是他创立的精湛高超、独树一帜的唐派艺术，他爱国敬业、诚信尚义的懿德和他光明磊落、不屈不挠的品格。

三五、复　旦

太阳我们看去好像是沉下去了，实在却绝不是沉下，而是不住地辉耀着。

——（德国）歌德

人民是不会忘记自己的好儿子的。献身于人民、有功于国的人，人民将永远铭记他，怀念他。唐韵笙逝世后八年，玉宇澄清，春回大地，被颠倒了的历史重新颠倒过来，伟大的人民艺术家唐韵笙恢复了崇高的荣誉。1978 年 10 月 19 日，党和人民为了哀悼和纪念这位艺精品高的艺术家，在沈阳市回龙岗革命公墓举行了隆重的唐韵笙骨灰安放仪式。

庄严肃穆的公祭大厅正中高悬着唐韵笙巨幅遗容照片，上面覆盖着黑纱，下面安放着骨灰盒，四周环绕着鲜花和青松翠柏。大厅前方和两侧摆满了花圈，悬挂着挽联、挽幛。政协全国委员会副主席宋任穷，《辽宁日报》总编辑赵阜，文艺界著名人士俞振飞、关肃霜、高盛麟、童芷苓、张云溪、梅兰芳夫人福芝芳，以及辽宁省、沈阳市文艺界知名人士送了花圈，家属敬献的花圈摆放在中间。省市各界人士，从京、津、沪等地赶来的唐先生生前友好共三百多人出席了追悼会。沈阳市文化局局长赵天林在悼词中说："唐韵笙先生是一位造诣很深的京剧艺术家……几十年来，他在艺术实践上坚持革新创造，精益求精。在改革和发展京剧艺术上有显著的成就，形成了具有独特风格的'唐派'表演艺术，在国内享有盛誉。……唐先生热爱祖国，热爱党，热爱毛主席，拥护社会主义，他遵循毛主席的革命文艺路线，响应党的号召，到工厂、农村、部队，热情为工农兵服务，努力改造世界观，把毕生精力献给京剧艺术事业。我们深切悼念唐先生，学习他在艺术上勇于革新、善于创造，把毕生精力献给社会主义文艺事业的精神。"

全体同志向唐韵笙遗像三鞠躬，在哀乐声中人们缓缓走过大厅中央，向唐先生灵骨敬礼告别，人群中发出一片唏嘘声，唐先生的挚友有的泣不成声，师弟周少楼甚至悲痛得昏厥过去……

　　如许一代名优死得这般寂寞，怎能不令人痛彻肝肺。历史是最公正的法官，它早晚能给一切历史人物作出公正的评价，唐韵笙终于恢复了荣誉，尽管他和他所创造的唐派艺术的真价值尚未被世人全然理解。正像许多伟人一样，当他活着，被人视同等闲，甚至默默无闻，潦倒终生，其伟大和价值只是在身后若干年后才被人认识和重视。唐韵笙才华卓越，品格正直高洁，对艺术忠诚，对人民无私地奉献一切。他把自己的艺术根基深植于北方广袤的黑土地中，师法众长，兼纳百川，创立了以地域特征为标志的东北地区唯一的京剧流派。影响遍及关外，辐射华东、华北、西南，奠定了在中国京剧鼎盛时期生行三星鼎立的显著地位，功标京剧史册。他的一生，是以献身殉道精神倾注艺业、孜孜以求、奋斗不息的一生，是随着时代前进不断地适时地进行艺术创新和改革的一生，是保持高尚民族气节、爱国忧民、追求光明、正直耿介的一生。从这些方面衡量，唐韵笙不愧为伟大的德艺双馨的艺术家。历史这样说，人民这样说，东北的山河大地这样说。艺术中有遗憾的艺术，艺术家中也有遗憾的艺术家。惜乎他留下的艺术资料太少了，失去好多拍电影、灌唱片的机会，今天能收集到的音像、文字不足以反映其全部艺术成就之万一。他培育的有影响的弟子传人在世的也寥寥无几，其艺术的研究者也甚少。以致唐派艺术传承颇难，倘不及时抢救，这笔珍贵艺术遗产就难保赓续无虞了。他一生自甘淡泊，不慕荣利，不让人捧他，没人（乏人）捧他。"内行都说唐老先生的戏好，麒派创始人周信芳曾经说过：'唐韵笙是一代大家，可惜遭际不佳。'"[1]诚如著名戏剧评论家曲六乙先生所说：唐韵笙"地处东北一隅，评论报道一向稀疏，难免被人淡忘"，故唐派是"一个被冷落的京剧流派"。[2]从这一点上说，他又是一位遗憾的艺术家。

三六、余　音

　　人生短促，艺术长存。

　　　　　　　　　　　　　　——（德国）歌德引用过的拉丁诗

---

［1］祁吴萍：《唐韵笙的绝响戏》，载《中国京剧》2004 年第 6 期。

［2］曲六乙：《一个被冷落的京剧流派》，载《中国京剧》1992 年第 4 期。

1978 年,唐韵笙骨灰安放仪式结束。在此后的几年内,唐韵笙的名字及其艺术成就几乎湮没无闻,即便在辽宁、在沈阳也少人提及。1990 年 11 月,中国戏剧出版社出版发行马少波主编,北京市艺术研究所、上海艺术研究所编著的《中国京剧史》,把唐韵笙列为重要生行演员传记词条,对唐韵笙在中国京剧史上的贡献、地位给予了公正的评价和定位,恢复了唐韵笙应有的荣誉。

同年 12 月,宁殿弼著《唐韵笙评传》[1](以下简称《评传》)由辽宁大学出版社出版发行。以此二书问世为肇始,唐韵笙的名字在人们忆念里被重拾,唐派热渐次在辽沈、京都展开,尔后嗣响不绝。

《评传》出版之日正值全国隆重纪念徽班进京暨京剧诞生 200 周年之时,故社会反响强烈。辽宁大学出版社于 1991 年 2 月 7 日召开了"振兴京剧,《唐韵笙评传》出版座谈会",副省长朱川、谈立人,省政府秘书长罗定枫,省文化厅副厅长刘效炎,省文联副主席牟心海,省新闻出版局副局长李晋等领导和中国戏剧家协会副主席李默然,剧作家崔德志,京剧表演艺术家秦友梅、周仲博、李麟童等近百人出席。李默然首先发言,他说:"唐先生的表演艺术我是钦佩的,宁殿弼同志写的这本书为京剧流派艺术的继承和发展做了一件很有意义的好事,书的出版是我省戏剧界的一件大事。读了这本书,唤起了我对唐先生光彩夺目的舞台艺术形象的回忆。书中描写的先生对艺术的执着追求,唐先生的人品、戏德都很值得今天的青年演员学习。"中国民主同盟辽宁省委主任委员、辽宁大学中文系高擎洲教授说:"这本书对唐派艺术的形成、发展风格、特点的阐释很有理论深度,同时生动地表现了唐先生的政治气节、高尚人格,读来令人十分感动。对唐派艺术的唱、做、念、打也分别作了精到细微的剖析。"与会同志一致赞扬这部书既有很强的通俗性、趣味性、可读性,又有较高的学术价值、史料价值、文献价值。填补了东北京剧史研究的空白,开了唐派艺术研究的先河,为抢救京剧艺术遗产,为京剧艺术的普及、提高、为丰富京剧艺术文库作出了贡献,它的面世是对唐先生的极好纪念。唐先生的女儿唐玉薇代表家属向作者宁殿弼表示谢意,介绍了家属与作者合作过程以及写作的艰辛。原省委宣传部长刘异云因故未能到会,给会议发来了贺信,并赋诗一首以志贺:

---

[1] 先在《沈阳晚报》以《关外唐》为题于 1988 年 4 月 9 日至 5 月 19 日连载四十期。

求索创新先天下，关东旗帜早高扬。

"后羿射日"思伏虎，而今犹忆关外唐。[1]

　　《评传》得到全国许多德高望重的戏剧理论专家的支持和赞许：马少波先生为之作序，郭汉城先生题签，翁偶虹、文中俊先生题诗，曲六乙先生写书评。《辽宁日报》、《辽宁政协报》、《沈阳日报》、《沈阳晚报》、《沈阳工人报》、《职工报》、《电视与戏剧》和辽、沈电视台、广播电台等十多家地方媒体发表书讯或书评。首都《中国戏剧》、《中国京剧》、《中国图书评论》、《戏剧电影报》也刊载书评或书讯，《光明日报》主办的《文摘报》除发书讯外还刊登了书摘。书在出版后不久，即告售罄。可见唐韵笙先生在国人心中的影响力。

　　继其后，1991 年 12 月沈阳出版社出版发行唐韵笙先生女儿唐玉薇编著的《唐韵笙舞台艺术集》，该书收集了关于唐韵笙和唐派艺术的评论与回忆文章 22 篇，记录了唐派十一个剧目之剧本、唱腔，还简介主要角色的穿戴扮相、重点片段的表演、动作，附有唐先生的多幅剧照，大抵可看出唐先生表演艺术的风貌、编剧的才华和革新精神，为传承唐派艺术提供了可资遵依的学习教材和演出蓝本。此书由著名戏曲理论家张庚先生题写书名，马少波先生作序，翁偶虹先生题诗，出版得到辽宁省委宣传部林岩副部长、省文化厅厅长祁茗田、省文联副主席项冶、《电视与戏剧》总编辑李树开等领导的大力支持，也很快销售一空。

　　1996 年 6 月，春风文艺出版社出版发行《不落的帷幕——辽宁著名戏剧家纪念文集》一书，这是辽宁戏剧家协会为纪念辽宁戏剧家协会成立四十年而编辑的一本纪念文集，唐韵笙作为剧协副主席、已故老艺术家，其艺事功勋当然名列其中。

　　2002 年 10 月，人民音乐出版社出版发行又一部唐派艺术研究专著《关东奇伶唐韵笙》（宁殿弼著），该书以章回体形式、夹叙夹议的笔法记述了唐韵笙专事舞台艺术的传奇一生，是唐派艺术研究的新成果。

　　在唐派艺术研究史上最有收藏价值的珍贵文献当属 2006 年 8 月学苑出版社出版发行的《中国京剧流派剧目集成》第七集。这本书主编黄克，唐玉薇整理，李忠凡记谱，系"十一五"国家重点图书出版规划项目。黄克在《序言》中写道："下列

---

[1] 以上引文均见挚文：《弘扬民族文化，抢救京剧遗产——记〈唐韵笙评传〉出版座谈会》，载辽宁省文联主办《辽宁文艺界》1991 年第 3 期总第 37 期。

剧目……都是难得一见的流派剧目之珍品。而以'关外唐'名世的唐(韵笙)派名剧经其家人和传人的努力,竟整理出其代表作《驱车战将》、《闹朝击犬》、《好鹤失政》、《绝龙岭》、《未央宫斩韩信》、《刀劈三关》、《古城会》七出之多,堪称流派剧目建设的新收获。"由唐韵笙之女唐玉薇记录整理的这七个剧目,从舞台装置到服装道具,从人物的扮相穿戴、唱腔表演到身段武打,都翔实完整地记录了唐韵笙先生当年舞台演出的全貌,为后人继承唐派艺术、学演唐派剧目提供了珍贵、完整的第一手资料。

与唐派艺术研究书籍问世同步,唐派艺术音像资料的收集制作工作也开始启动。辽宁北国音像出版社于 20 世纪 90 年代初首推绝版唱段盒式磁带录音——《京剧表演艺术家唐韵笙唱腔之一·刀劈三关、古城会》;20 年后经李瑞环同志创意策划,天津市中华民族文化促进会录制、天津市文化艺术音像出版社出版《中国京剧音配像精粹·刀劈三关》,录音主演唐韵笙,配像赵乃义;继而该社又推出《中国京剧音配像精粹·华容道、灞桥挑袍》,录音主演唐韵笙、范成玉,配像汪庆元、刘永贵。这珍希声像的面世令人回想起当年唐先生溢光流彩的舞台形象。

随着唐派艺术研究书籍和文献的挖掘出版,较大规模的唐韵笙纪念活动和唐派剧目恢复演出逐步开展。20 世纪 90 年代初,唐先生入室弟子张铁华传授大连新锐杨赤,露演了唐派力作《绝龙岭》。观众企盼已久的唐派名剧终于在 2000 年秋的沈阳中华剧场与大家见面了,戏码是唐派代表作《驱车战将》,由沈阳京剧院 79 岁高龄的武生名家黄云鹏指导、该院青年武生常东主演。虽是全剧 11 至 41 场半出戏,却热了全沈城。2002 年 5 月,为纪念毛泽东同志《在延安文艺座谈会上的讲话》发表 60 周年,已然退休、但仍竭力继承唐派艺术的得力传人汪庆元再次披挂上阵,演出了难得一见的唐派全部《千里走单骑》和《走麦城》。

最隆重的纪念活动是 2003 年 9 月举办的"纪念唐韵笙先生诞辰 100 周年"系列活动,主要活动包括四方面。一、举办唐韵笙塑像揭幕仪式暨唐韵笙艺术生涯研讨会。一尊唐韵笙半身塑像在梨园剧场前厅矗立,供世人瞻仰。沈阳市文化局副局长在唐韵笙塑像揭幕仪式上讲话。中国剧协主席李默然,省委老领导沈显惠,市委副书记刘迎初,著名专家学者和艺术家曲六乙、崔凯、黄云鹏、周仲博、李麟童等 60 余人参加了研讨,追怀唐韵笙先生对中国京剧事业的卓著贡献和高尚品格。二、沈阳京剧院布置唐韵笙艺术生涯图片展览,常年陈列,省市领导和来宾数百人莅临参观指导。三、沈阳京剧院在大舞台剧场举办唐派经典剧目专场展演,特邀唐韵笙先生之子唐晓笙演出了唐派红生戏《华容道》;顾景荣主演了《未央宫》;李刚毅学生汪庆元领衔主演《灞桥挑袍》、《古城会》、《闹朝击犬》;常东主演《驱车战将》。四、《中国京剧》杂志社在 2003 年第 9 期特辟"京剧沙龙"专栏,邀请唐韵笙先生生前友好、合作者和传人、研究者张筱贤、蓉丽娟、尹月樵、周仲博、李麟童、何长青、汪庆元、刘新阳座谈,纪念唐韵笙先生 100 周年诞辰。

2004 年,中央电视台戏曲频道《空中剧院》栏目莅沈录制"东北行"系列节目,组织了"唐派专场",汪庆元主演并录制了《古城会》和《华容道》,向全国播出后,引起强烈反响。

2005 年 2 月 4 日,唐韵笙艺术研究会成立暨揭匾仪式在沈阳梨园剧场举行,市委副书记刘迎初为唐韵笙艺术研究会揭匾并讲话,他说:"唐派艺术研究会的成立,反映了社会各界的强烈呼声,适应了东北老工业基地繁荣和发展文化事业的形势需要,有助于进一步挖掘、整理、继承唐派艺术宝贵艺术遗产,使之在京剧事业的发展中不断体现其珍贵价值,闪放新的光华。"翌年,经市民政局批准,"唐韵笙艺术研究会"正式成立。顾问周仲博、李麟童,会长倪秋志,副会长闫成波、郭来兴,秘书长戚志建,副秘书长马秀森。嗣后,唐研会召开唐韵笙艺术研讨会,着手对唐派艺术进行系统地挖掘与研究,编辑了《会讯》。沈阳京剧院建立了唐韵笙艺术档案及陈列室;组织与唐韵笙合作过的前辈艺术家进一步挖掘久未上演的唐派剧目,对唐派艺术的剧本、曲谱、表演形式进行加工整理。同年,在大型晚会《梨园唐韵》策划和制作过程中反复召开专门会议,市委副书记刘迎初、省市文化部门有关负责人、晚会主创人员崔凯、陈莉萍、王新心、张宝德、倪秋志、闫成波、李季明、戚志建、郭来兴,唐韵笙子女亲属唐晓笙、唐紫菱、唐玉芝、赵乃义等参与论证和研讨。2006年在沈阳艺术节唐派专场演出后召开研讨会,市文化局副局长佟辑云、中国剧协的专家崔伟和本会成员闫成波、周仲博、李麟童、汪庆元、顾景荣等与会发言。"唐研会"每半年召开一次理事会,分析研究唐派艺术挖掘整理和传承所面临的问题,寻找解决的办法。"唐研会"充分发挥老艺术家周仲博的作用,重新整理了《二子乘舟》,在保持原作戏剧精华和风格特色的前提下,将 14 场戏压缩为 8 场,并将该剧的唱腔、道白、音乐和调度传授给主要演职员。

2005 年 5 月,《中国京剧》杂志社公布了诚邀全国观众投票推选京剧有史以来资望最高、最具代表性和影响力的 100 位大家,号称"中国京剧百美图"。唐韵笙高票荣列其中,正是实至名归,是全国包括海外观众对唐韵笙在中国京剧史上的崇高地位的肯定,见证了关外唐与南麒、北马比肩并称的历史定论是任何人也否认不了的。

在省、市文化部门领导高度重视和热情指导下,2005年下半年,"唐韵笙派京剧艺术"申报第一批国家级非物质文化遗产代表作。翌年初,喜讯传来,获国家有关部门审批,京剧唐派艺术被列入第一批"国家级非物质文化遗产名录",定名为"辽宁京剧",周仲博、汪庆元被批准为国家级非物质文化遗产代表作传承人。辽沈业界愈益看重唐派京剧艺术的高价值,认识到继承唐派艺术是挽救文化遗产的需要,也是传承民族艺术的需要,唐派京剧艺术应该成为沈阳的骄傲。研究唐派艺术的发展轨迹,对于发展有东北特色的京剧艺术品牌、提升辽宁文化大省内涵具有深远的意义。沈阳京剧院目前付出了极大的努力,正着手培养唐派京剧艺术传人,倾力打造唐派艺术品牌。近十年来,向沈阳京剧院一级演员顾景荣向一级演员常东传授了《未央宫》、《二子乘舟》,并为其在新编历史剧《将军道》的角色创造进行指导,注入了唐派技艺风范;还为二级演员赵向军传授了《闹朝击犬》、《未央宫》、《二子乘舟》。一级演员张宏伟近几年来先后求教于唐派传人张海涛、邵继笙和唐韵笙之子唐晓笙,学习了《未央宫》、《刀劈三关》、《千里走单骑》、《夜走麦城》等戏。常东、张宏伟以唐派剧目多次参加中央电视台"空中剧院"等重要演出,他们在《将军道》中借鉴和融汇了唐派艺术的风格特色,成功塑造了一、二号人物王翦和嬴政,该剧获中国京剧节金奖。从2006年起,至2010年,计划复排10出唐派剧目,使古老的传统艺术焕发出新的活力与魅力。

历史将证明:唐派艺术是高超、卓越的艺术,这样的艺术不会被遗忘,不会成广陵散绝,它将薪火相传,韵声永存。

唐派艺术论

第一章　唐派京剧剧目

　　唐韵笙多才多艺,戏路宽广。他一生演出过的剧目总数近两百出,经常贴演的剧目约有五十多出。这些剧目主要集中于四大类:殷代故事戏、列国戏、三国戏、近现代戏。

　　唐韵笙的列国戏在中国京剧史上独占鳌头,素有"唐列国"的美誉。京剧形成之初,并没有多少文人参与创作京剧脚本,往往由艺人自己动笔写脚本,如卢胜奎、汪笑侬等就是亲自握管打本子。京剧繁荣起来以后,从事专业创作的文人渐次多起来,譬如"四大名旦"除自己编剧外,还借重一些文人为他们编剧。而多数演员主要靠相沿现成的本子演戏,但仍有些艺人保持自己写本的传统,如杨小楼、周信芳、郝寿臣等。唐韵笙也是勤于笔耕的,他博览群书,爱好思考,从青年时代起就对写戏感兴趣,逐渐形成濡笔挥毫的习惯。他的干女儿赵晓岚回忆说:"唐老将经常自己编戏。有一次,我到他房里去,他正在编唱词,边想边念,连个草稿都不打,一口气编了二百多句,由别人记录下来。可见他是很有才气的。"[1] 他编剧往往都在夜间,散戏后,先吃夜餐,有时和合作的演员、乐队同行们在一起边吃边聊,进行艺术得失的探讨。客人走了,通常已到后半夜,这时,他开始写戏,写到天亮,方才睡去。白天睡觉,晚上演戏,后半夜写戏是他的生活常规。因为晚上万籁俱寂,而白

---

[1] 赵晓岚:《跟唐韵笙合作演戏》,载《戏剧报》1984 年第 5 期。

天总有人找他,并且还要练功和领演员排戏。他编戏时先写提纲,用毛边纸写,提纲完成后,挂在墙上,然后闭上眼睛,像睡觉似的入静琢磨。一场一场地按提纲框架充实血肉——人物道白、唱词、动作。写念白、唱词时,时不时查翻放在案头的用毛笔字抄写的依十三辙排列的京剧字汇,以便审音辨韵,撰词选字。他的十三道辙抄本按大字眼、小字眼、上口字……排列好,查找起来非常方便。他还按字韵把同一字组成的许多同义词、近义词组合,积累起来。如"灰堆辙"的"泪"字,就有伤心落泪、痛哭流泪、珠泪双行、热泪盈眶、潸然泪下、老泪纵横、眼泪汪汪、泪洒胸怀、含泪滢滢、忍泪含悲、涕泪涟涟、挥泪不止、血泪斑斑、垂泪两行等,这样选词征字就可以左右逢源。全剧写完,找人誊清,还按出场人物分出单篇,谁演哪部分就留哪个单篇。排戏时,把提纲挂出去,用红纸写出角色及其扮演者。有戏的演员围在一起研究修改脚本,唐韵笙坐在当中主持。唐韵笙文思敏捷,灵感勃发,写起来很快,有时就在人们不知不觉之中,几天之内赶出一出戏来,使同行大为惊讶、叹服。张云溪在回忆录中写道:"我们每天一起演戏,一起生活,竟不知道他在什么时候怎么就写出一个新戏,名叫《十二真人斗太子》。这个戏他演殷郊,我演殷洪,上演后又是连续客满。他这出戏取材于《封神榜演义》,运用艺术手段把殷郊、殷洪两段情节合而为一,使两个主角如齿轮交错,互相轮番登场,发挥各自所长。一环扣紧一环,一浪高于一浪,全剧精彩可观。这'关东唐'的编导才能和思想敏捷实不平凡。我后来很喜爱编编写写,不能不说是受了唐韵笙的影响。"[1]唐韵笙写戏总共有三十多出,多系改编、加工、整理,主要有:《绝龙岭》、《陈十策》、《十二真人斗太子》、《十二真人战玄坛》、《三霄怒摆黄河阵》(以上为殷代故事戏)、《驱车战将》、《好鹤失政》、《闹朝扑犬》、《二子乘舟》、《郑伯克段》、《唇亡齿寒》、《摘缨会》(以上为列国戏),全部《汉寿亭侯》、全部《千里走单骑》、《华容道》、《夜走麦城》(以上为三国戏)、《鸦片战争》、《智擒惯匪座山雕》(以上为近、现代戏)。此外还有《刀劈三关》、《未央宫斩韩信》、《关公月下赞貂蝉》、《包公怒铡陈世美》、《天波杨府》、《宗泽》以及连台本戏《逼上梁山》、《狸猫换太子》、《怪侠锄奸记》(后二者系与人合作)等。

在思想内容上,唐派剧具有如下鲜明特点:

---

[1] 张云溪:《谈艺录·关东唐》(手稿)。

（一）重大历史政治斗争、军事斗争的题材多，日常生活、市民生活题材甚少；帝王将相较多，才子佳人极少；以正面人物为主角的多，以反面人物为主角的少。

　　唐派剧的人物充满浓厚的忧患意识和参与意识，忧患意识和参与意识指归的是爱国主义。一个国家、一个民族遭逢灾难困厄之时面临存亡危机之秋，必然激起她的忠诚子民感时伤世、救亡图存的忧患意识。忧患意识源于自我与现实的不完善和人类追求至善的矛盾，它是理想和现实对立冲突中否定意识的情感表现形式。唐韵笙从事艺术活动的 20 世纪 20 年代至 40 年代，正是中国内忧外患、动荡沉沦、国破民穷的黑暗时期。特别是他置身于沦陷的腥风血雨的东北大地，饱尝着亡国的苦难。惨痛的现实悲剧时时牵系着他的心，使他不能不思考国家和民族前途命运问题，积淀了浓郁的忧患意识，更驱使他把创作的注意力，瞄准那些以国家兴亡历史教训为题材的作品上，旨在从中探寻救国救民的真理。他自编的代表作《闹朝扑犬》中，晋国君主灵公不理朝政，信宠奸佞屠岸贾，终日在绛霄楼宴游作乐，甚至以弹打百姓取乐，致使民不聊生，怨声载道。在这样的艰难时势下，忠良之臣赵盾为国为民"昼夜忧思睡不成眠"，甘冒生命危险一再上殿谏诤，"秉公为国除奸"的忧国忧民意识占据了他的整个心灵。在《刀劈三关》里，唐天子荒废国政，久不临朝，宠信奸臣郭章。郭章里通外邦，引狼入室，使黎民苦于战祸，国家不得安定。面对这一现实，老元戎雷万春以带病之身出征杀敌保国，平定边疆，深蕴在雷万春胸中的正是爱国赤子的忧患意识。唐派另一自编的代表作《好鹤失政》，其中的卫国君主卫懿公玩鹤丧志，把成群的仙鹤养在宫廷里，并给以大夫的优遇。为了充实鹤粮，就多向人民勒索。忠直贤臣弘演、宁速眼看"我主最好仙鹤，劳民伤财，国库空虚，倘若外邦趁此入寇，干戈一起，祸不远矣"！他们心怀国事，舍身谏奏，而卫王却昏愚不纳。

　　同样，在《天波杨府》、《陆登尽忠》、《尽忠报国》、《宗泽》等戏里，历史大背景都是大难当头，国事纷乱，生灵涂炭，民不堪命。在这种情势下，杨六郎、寇准、陆登、宗泽、岳飞莫不为国运民瘼而切腑积虑，忧思百结，并挺身而出，把忧国之念化为报国之行，或匡国济时，或以身殉国，或请缨安边。

　　民族的忧患意识是民族前进和发展的动因，它往往会迫使人们反思自身的行为，激起奋发图强的精神，进行有利于社会发展的价值观念的再选择。与忧患意识俱生的是参与意识，面对国运艰危的形势，正义爱国臣民不能袖手旁观，坐待国破家亡。他们拍案而起，以天下为己任，用实际行动，甚至以抛头颅、洒热血为代价，挽狂澜于既倒,救生民于水火。他们奋起抗争的内驱力是"天下兴亡,匹夫有责"的参与意识,这参与意识充分表现出强烈的爱国主义热情。唐派剧的主人公赵盾、弘演、闻仲、雷万春、寇准、陆登、宗泽等,个个都怀抱强烈的爱国情感和参与意识,倾身献国,生死以之。赵盾、闻仲的爱国表现是冒死直谏,矢志铲除祸国殃民的奸佞,劝谏昏君使之知错能改,重振朝纲;弘演的爱国表现是犯颜直谏,保护有功于国的良将,视死如归,与国家共存亡;雷万春的爱国表现是"舍性命保国家平定边疆",揭发陷害忠良、里通外邦的奸贼;寇准的爱国表现是举贤任能,调动国家栋梁之材的潜能;陆登的表现则是效死沙场;宗泽则表现为培养接班人,继承帅印以扫荡金酋,恢复大宋江山,保国安民。当然这些人的爱国多是与忠君勤王的封建正统观念连接在一起的,不可避免地带有历史局限性和阶级局限性。但是正是这些人负荷着推动社会走向进步的重担,代表了历史前进的方向,剧作家在他们身上寄托了反抗黑暗、呼唤光明、争取解放的希望和理想。总而言之,唐派剧作形象系列的思想精魂是忧患意识、参与意识,以及由此锻铸的强烈爱国主义精神。可以说高昂的爱国主义音调是响彻唐派剧的主旋律,这足以表明生于忧患、死于乱世的唐韵笙先生始终不渝地怀抱着一颗拳拳爱国之心。

(二) 倾向性鲜明,惩恶扬善,褒美贬丑,表达了强烈的爱憎之情。

唐派剧大多有这样一个情节模式:君王无道,奢靡淫逸,权奸掌柄,国难无已,民不聊生,忠良受害,义士尽忠。在这样的情节框架里每每贯穿着正与邪、忠与奸、贤与愚、善与恶、美与丑两极的尖锐对立与斗争。唐韵笙自编的代表作《驱车战将》里的宋闵公赏罚不明,无端怀疑其部将南宫长万有谋反之心,随意戏弄侮辱,终致被南宫怀忿杀死;《好鹤失政》里的卫懿公因好玩仙鹤而劳民伤财,摒弃人才,招致北狄入侵,军心变乱,不肯御敌,卫懿公落个尸横荒野的下场;《闹朝扑犬》里的晋灵公不仅整日游乐宴饮,拿百姓性命当儿戏,还同奸臣屠岸贾合谋,虐杀忠臣赵盾,甚而用恶犬伤人害命,残暴昏聩之至;《二子乘舟》里的卫宣公在做公子时就和父王的妾夷姜私通乱伦,继位后见儿媳宣姜貌美,便把儿子急子打发走,强纳宣姜为妃。违背伦理对父妃、子媳"上烝下淫",后又赐死夷姜,参与杀害急子的阴谋,真可谓荒淫可恶之极。其他剧如《陈十策》、《鹿台恨》中的纣王,《刀劈三关》中的唐天子,《天波杨府》中的宋王等皆是残民以逞的无道昏君,这些君王都是剧作家切齿痛恨、猛烈挞伐的对象。

与昏王暴君沆瀣一气、上下其手的是奸臣昏官。《闹朝扑犬》中的屠岸贾、《刀劈三关》中的郭章、《宗泽》中的张邦昌、《天波杨府》中的潘洪等权奸依仗昏君的信宠，翻云覆雨，虐民祸世。狗官苛政与皇权专制相结合是造成政治黑暗、国难不已的基本根源。剧作家对这批上自帝王下至公卿的民族罪魁，投以最大的憎恨和鄙视，施以毫不容情的揭露和鞭笞。其实，在这般群魔身上作者投注了对现实生活中的大大小小妖魔鬼魅的憎恨。晋灵公、屠岸贾放獒犬咬噬赵盾和剧作家生活于其中的"伪满洲国"日本强盗用狼狗残害东北同胞的暴行有什么两样？显然，剧作家是在借古讽今，借历史人物宣泄自己胸中的勃郁不平之气。

反之，剧作家以满腔热情揄扬、讴歌那些不畏强暴、与恶势力血战到底、为国为民鞠躬尽瘁、死而后已的功臣义士。《驱车战将》的南官长万不单骁勇善战，而且性格刚直，具有崇高的人格尊严，可杀不可辱。当他受到昏王一再辱骂后，忍无可忍，竟敢手刃昏君。作家的同情是站在这位悲剧性的英雄一面的，对弑君犯上的叛逆行为给予肯定和赞许。而在同一题材的一些传统戏曲中，弑君情节多被演作乱臣贼子所犯下的弥天大罪。但唐韵笙的剧作则突出了南宫被逼无奈奋起反抗暴政的思想内涵。在《闹朝扑犬》中唐韵笙精心塑造了一个为国除奸、为民请命、为正义赴汤蹈火、不惜冒死谏诤、置个人生死于不顾的贤臣廉史赵盾的形象，其浩然正气真可感天动地。使奉命前来暗杀的刺客钮麑也为之感动，愧悔无脸面立于人世，触槐自尽。义士提弥明也为保护他而殒身不恤。用刺客、武士之死有力地衬托了赵盾的正义、崇高品格。面对黑暗、丑恶的现实，唐韵笙借讴歌赵盾来呼唤敢于抗暴、不惮前驱的真的猛士，用心之良苦显而易见。剧作家钟爱的另一英雄形象是《刀劈三关》的雷万春，他是"领兵作战舍死忘生、建立功勋的老将"，忠心耿耿，以身许国。为了边关安宁、黎庶免遭战乱之苦，为国家他付出了巨大的代价和牺牲。献出了两个儿子的生命和一个儿子的自由，他自己则也险些被奸臣郭章设计毒死。郭章阴谋被揭穿后，他不顾年迈和重病缠身，率部出征，完成了保家卫国功业。其他唐派剧，如《好鹤失政》中的弘演、宁速，《天波杨府》的寇准、杨延昭，《包公怒铡陈世美》中的包公、韩琪，以及陆登、宗泽、岳飞等艺术形象，都从不同特点、不同角度、不同侧面反映了中华民族的传统美德和文化心理结构，对他们的热爱和礼赞适足说明了创作主体的文化品格和人生价值观：国家统一、稳定、昌盛，才有百姓个人幸福，国泰民安，国富民强。国民应有社会责任感、良知使命感，应该弘扬中华传统文化中的瑰宝——为国为民肝脑涂地、在所不辞的民族大义大爱精神。

（三）古为今用，为现实斗争服务。顺应时代发展的潮流，具有审时度势的应变性和即时性。

不同的历史时期，有不同的社会政治经济背景、文化氛围、社会文化心理和审美需求。唐韵笙编导的剧目总是随着斗转星移、社会背景的更迭、文化氛围的变化、人们审美需求的递嬗而同步变换着，他确是个"识时务"的功利主义者。当日本帝国主义加紧侵华战争的步伐、东三省危机形势日益加剧时，唐韵笙根据中国古代神话"后羿射日"的故事，编写了代表作《扫除日害》，于 1929 年 9 月 12 日在天津首演。此剧运用借古喻今的手法，指控日害为祸，灾难深重，并假人物之口直呼"不除日害，国无宁日"。把批判的锋芒直指日本军国主义，发出了正义爱国的中国民众的心声。

东北沦陷时期，他及时根据《左传》和《列国演义》创作了力作《闹朝扑犬》（1962 年重新整理后改名《闹朝击犬》），用以古喻今的手法挞伐日本强盗及其汉奸走狗，声讨他们在东北沦陷区所犯下的血腥罪行，热情地赞扬了不畏强暴英勇奋战的仁人志士。剧中奸佞当道、宵小横行、恶犬伤人的情节自然令人联想到日寇铁蹄下的"伪满洲国"社会现状，激起观众的强烈民族义愤。赵盾及其子、力士提弥明等宁死抗暴的浩然正气，又给正在从事抗日战争的东北同胞以战斗的感召与鼓舞。所以，《闹朝扑犬》在当时演出不仅票房飘红，获得轰动效应，而且取得相当好的宣传抗日救亡的政治效果。同样，在日伪统治时期，唐韵笙等排演的《欧阳德游地狱》一剧中，写欧阳德游阴曹地府时，看见头发吊在秤钩上的死鬼，问知这是大秤买、小秤卖的投机倒把的人，借此抨击日伪统治下的伪满洲国社会的痼疾。1943年，唐韵笙等在吉林市根据传统目莲戏改编上演了《目莲僧救母》，使神话传说产生了积极的现实意义。他还特意在"游地狱"一场加进了一些联系时下生活实际的关目。把现实生活的种种弊害巧妙地折射到剧中鬼魅世界，状绘了大烟鬼、吗啡鬼、酒鬼、摩登鬼（交际花）、小偷鬼等鬼蜮形象，针砭日伪专制暴政下人生世相的黑暗，替东北父老出了气。

如果说唐派剧目这种配合形势，为现实斗争服务的特点，在旧社会是出于一种艺术家的良知和朴素的阶级感情，是自发性的，那么，建国后在党的文艺方针的指引下，这一特点便从不自觉走向自觉，因而表现得更为明显易见。抗美援朝时期，唐韵笙新编的列国戏《假途灭虢》（一名《唇亡齿寒》）应运而生。此剧针对性很强，通过虞公不听大臣宫之奇的劝说，借道给晋国伐虢，晋灭虢后再灭虞国的历史教训，阐发了唇亡齿寒的道理，从而证明抗美援朝的必要性、正确性，生动地发挥了借古鉴今、宣传抗美援朝伟大意义的作用,产生了很好的社会效益。当全国开展肃反运动并积极进行戏改工作时,唐韵笙响应号召,把昆曲《十五贯》移植成京剧;当各地纷纷学习近代史、进行爱国主义教育时,他便与人合编了近代史剧《鸦片战争》(一名《林则徐》)、《还我台湾》、《詹天佑》等戏;当党中央提出要培养革命事业接班人的战略主张时,他改编了京剧《宗泽》;听中央领导讲要团结、要顾全大局,他就编演了《将相和》、《古城释疑》;党中央提倡演京剧现代戏,他又投入现代戏的编、导、演工作,与杨逸民合作移植了《白毛女》、《智擒惯匪座山雕》,帮助汤小梅排演京剧现代戏《游乡》,参与了全面加工指点舞台艺术片《节振国》的制作,还参加了《奇袭白虎团》、《插旗》、《大钻子》等剧目的演出。这一切在表明唐派剧目具有与时代同步的敏感性和应变性。"文章当随时代",从功利目的上看,这是应予肯定的,说明唐派艺术响应党的号召,不脱离时代,不脱离现实生活,不脱离人民。但从一位大艺术家独创一个流派艺术的利弊上权衡,就值得进一步反思了。因为剧目总是跟着政治气候转,过于紧密配合形势、中心任务,就不能不产生违背艺术规律的弊端,不能不妨碍对艺术形象的深加工,不能不削弱对美学品位较高、自成家数的有利于发挥自己艺术专长的独创性作品的磨砺研精。应该说,1956 年夏,沈阳市举办"久不上演剧目展览周",重新排演了他多年来未演的看家戏《好鹤失政》、《二子乘舟》、《郑伯克段》,这对于保留流派剧目精华、弘扬流派传统无疑是一次功德无量的盛举,但毕竟涉及面过小,研磨时间太短,从为造就一代宗师的流派艺术创造条件上来说是远远不够的。而唐韵笙的大部分时间,不得不用来搞自己不熟悉、不专擅的剧目创作。唐韵笙晚年的艺业未能在艺术造诣上、美学价值上突破和超越自己,未能在自家流派独步剧目建构上再创佳绩,显然是与此有关的。

值得注意的是,唐派剧目里多处反映了民本思想,这很切合"以人为本"的时代精神,难能可贵。《闹朝扑犬》中的赵盾时刻惦念的是"民不聊生,度日艰难",他直言上谏"当念民为邦本,如今百姓怨声载道,国家危亡就在旦夕",他痛斥"轻视人命如草菅"的乱臣贼子,唱道:"民为邦本本固邦宁。"在《好鹤失政》里则通过卫懿公好鹤而疏远危害百姓,一旦战事爆发人心皆悖、众叛亲离、终致国破身亡的苦果,证明民为本,失民心而国必亡。正如弘演所言:"千乘之国不以军民为重,为好鹤而失军民之心。"《驱车战将》中鲁庄公上场念道:"可恨齐邦屡犯境,恃强欺弱害众生,多行仁义民心顺,举国一致扫烟尘。"南宫长万在〔西皮原板〕中唱道:"叹周室任奸臣民心失散,论强弱动刀兵黎民倒悬。"《刀劈三关》中的雷万春发布进军令时强调"莫要骚扰黎民",他奋斗的理想是"但愿得平边疆国富民丰"。由此可见,民本思想贯穿唐派剧目,这种思想倾向同剧作家固有的同情人民、热爱人民、与人民血肉相连、息息相通的特质是分不开的。另外,唐派剧还在一定程度上表现了重视培养接班人的战略思想。如《刀劈三关》中雷万春的〔流水板〕唱道:"如今年迈身得病,好一似瓦上之霜、风前灯,儿等要听父的教训,保国家全仗你们青年的人。"建国后,为了适应选拔和培养革命事业接班人的时代潮流,唐韵笙改编了一出新戏《宗泽》,它是传统戏《枪挑小梁王》的情节延伸。《宗泽》的主旨和着眼点都侧重在怎样看待年轻人和选拔什么样的接班人问题上。围绕着这一问题,宗泽和张邦昌展开了尖锐激烈的斗争。元帅宗泽老年力衰,求贤若渴,任人唯贤,抱病亲临武科场挑选天下奇才。发现岳飞"素怀大志,智勇双全,定能恢复失地,保国安民",竟像当年萧何追韩信那样,去追赶挽留回乡的岳家兄弟,收为门生;奸相张邦昌任人唯亲,为了攀附巴结梁王而嫌弃迫害岳飞。两方较量结果,正义战胜邪恶,为"保国家后继无人"而怀抱"忧国心"的宗泽,决计把帅印交与有为的学生——岳飞。虽然岳飞一再推让,请恩师宗泽把帅印传给自己的儿子,可宗泽秉公为国,表示"我怎敢徇私情传与亲生",终于还是交印赠甲给真正的帅才岳飞,并告诫他:"近刚正,远柔邪,纳谏诤,拒谗佞,尚恭俭,抑骄侈,体忧勤,忘逸乐。"岳飞果不负恩师所望,挥师"过河东抵抗金兵",大展宏图。宗泽重才、爱才、不重血统、任人唯贤的人才观,在《宗泽》这出戏中表现得淋漓尽致,感人至深,有着深远的历史意义和现实意义。此外,唐派剧还表达了"人定胜天"的唯物辩证法思想。

唐派剧目体现了艺术革新精神,大凡唐韵笙演过的传统剧目都要经过他亲手加工、整理和再创造。他整理过的剧本透出创作主体的精神特征,烙印着剧作家的主体意识。有如玉石磨砺生光,经他动手润色的剧作,或更显简洁明朗,或更觉合情合理,或更加丰富细腻。如《刀劈三关》原是汪笑侬根据徽剧传统戏(载王大错编《戏考》)移植的汪派名剧,汪先生以行腔委婉、大刀花漂亮著称。但情节较简单,不注重人物刻画。别人演此剧,情节有不少欠妥之处。例如,郭章在为雷万春出征饯行时,以毒酒加害,雷中计,饮酒后猝然晕倒。唐韵笙认为雷轻易中计有损其文韬武略的形象,而雷饮鸩不死又有失真实感,故而改动了这一情节;有人在演到雷万春三子雷鸣被俘后,始而铮铮铁骨,可是一听要招为驸马,立刻卑躬屈节地诺诺连声:"归降来迟,死罪啊死罪!"遂成了西辽国乘龙快婿。雷门之后如此窝囊没骨气,显然给雷大将军脸上抹黑。为此,唐韵笙把雷鸣改写成宁死不降的硬汉子,辽主只好将他囚进牢房。这一改,使爱国的雷家将形象更加高尚完整。与此相关,雷万春擒拿羌王认"亲家"、握手言欢的情节也作相应修改,改为雷以动杀法逼迫羌王写降书顺表。这就把"和"放在"战"的军事斗争胜利的基础之上,更符合历史逻辑。别人演郭章假传圣旨赐药酒令雷万春自裁,正当雷万春将服药酒时,忽报擒获辽方奸细,方识破郭章的陷害阴谋。这样就把雷万春写成了处处被动、懵懂粗豪之人。而唐韵笙则把这段改成:雷万春眼睛看着药酒,身子往后退,脑子里琢磨为什么?思忖中对郭产生怀疑,于是把酒撤了,派家将去郭府外暗地巡查可疑之人以弄清真相。这就表现出雷万春精明审慎、多谋善断、契合屡建功勋的沙场老帅的英雄本色。旧本戏从雷鸣在外招为驸马、郭章矫旨赐死雷万春写起,没有交待清前情往事,唐韵笙加了两场开头:郭章与西辽国勾结谋夺唐室江山,辽主羌洪趁元帅雷万春身染沉疴时机发兵入寇,争夺三关。第二场是雷万春与两个儿子的对话,慨叹天子失政,国乱民忧,教育儿子保卫国家任重道远。接着郭章奉旨前来,命雷氏父子统兵镇守三关,战退辽兵。增加了这些内容剧情,使剧情首尾完整地连贯下来,来龙去脉清楚了,人物形象也血肉丰腴了。在戏剧语言上,改编本取消了西辽王的张冠李戴的辽东少数民族满语"巴图鲁",把辽兵向百花公主通报辽主战败时说的"老元戎被擒"改为"老王被擒",把城楼上雷万春唱的"贤公主临城下"改为"看一看女将姣娃",把"我与你男女交谈免愧煞"的迂腐荒唐之说,改为充满谐谑的喜剧情味的"我与你交锋免嗑牙"。这样在语言的运用上就取得了净化提纯的效果。

又如唐韵笙根据传统戏《秦香莲》改编的《包公怒铡陈世美》也有自己的独到处。区别于马派《秦香莲》的是此剧不上王延龄,也没有秦香莲唱"琵琶词"的情节。秦香莲不是拿王丞相的一把扇子去告状,而是拿韩琪自杀的刀告状。为此,后面包公审案一场增加了"告刀"的关目,唐韵笙在刀上做文章。公堂上刀对鞘,陈世美杀妻灭嗣证据确凿,无可狡辩。这样既能保证断案顺理成章地进行,又可腾出篇幅来集中笔力刻画包拯大义凛然、铁面无私的"青天"形象。

再如《古城会》是唐韵笙晚年经常露演的代表作。唐韵笙受了中央一位领导讲话精神的启迪,在改编时将全剧旨趣侧重在冰释疑团、增强团结上,故有时剧名曰:《古城释疑》。那位领导讲话大意是:关、张二人那么大的误会,闹得那样紧张,差点出人命,最终还是和好了。诚然"义"是有阶级性的,抛开古人的"义"的阶级内涵,我们难道不可以效法关、张,消除隔膜,加强团结吗?有鉴于此,唐韵笙把着眼点放在关、张二人从见疑到胁迫、走险、怨怼,终至和解的双边关系变奏的"三

《古城会》,唐韵笙饰关羽,李春元饰张飞

部曲"上。老的演法为张扬"桃园三结义",结尾让刘备登场与二弟团聚,这是违背史实和《三国演义》原著的。遍查史籍也找不到刘备在古城的记载,而当时刘备正在河北袁绍处。唐韵笙的处理是让二皇嫂出面从中调停,使兄弟二人言归于好,不上刘备。这种处理是还历史以本来面目,忠于原著,说明唐韵笙改编整理剧目谨严的作风和历史唯物主义的态度。

另一出关羽戏《关公月下赞貂蝉》是体现唐韵笙编剧创造性的力作。前人王鸿寿、李洪春等演出的《月下斩貂蝉》,关公念及历来英雄豪杰多有迷恋女色而身败名裂的教训,决定杀死貂蝉以全其志节。这样处理关羽形象,虽然符合传统观念的"正",然而未免显得太残苛自私,又违反了传统"仁"的道义,同作为歌颂对象、仁义化身的关羽形象错位。而貂蝉则只不过是一个政治斗争的殉葬品、地道的可怜虫,没有自己的思想主见,徒有美丽的空躯壳而已。貂蝉为重兴汉室甘心牺牲,总是有功于汉室,关羽斩她是不合情理的。唐韵笙一反"斩貂蝉"、"盘貂"而改为"赞貂",把关羽描绘成通情达理、对貂蝉的自我牺牲精神高度赞誉、对她不幸遭遇和处境深表同情的仁义君子。关羽称赞道:"好一个貂蝉女颇有志略","除董卓,灭吕布,国贼授首,你有舍身救国之志、除奸定乱之功,使人钦佩"。又称其为"女中巾帼","名表凌烟阁"。认为貂蝉忠孝义兼备,甚至也有"节",是"白圭之玷尚可琢磨","虽失身非是你把事做错"。饱受三纲五常封建伦理道德观念浸渍的关夫子,居然能如此旷达开通地看待一个屡屡失身于国贼、名节已丧的女子,可谓仁至义尽。最后他让貂蝉自行"去罢",这才与被歌颂的以"义绝"著称的关羽形象相吻合。唐韵笙笔下的貂蝉不是一个"祸水"概念的象征符号,而是一个内心充满矛盾、个性鲜明、有血有肉、感人至深的悲剧人物。她不慕荣华,颇有自知之明,不想"再换红罗裳,重弹琴瑟好",不愿以色相做交易、充当胭粉计的工具,用她自己的话讲:"非是薄性女少老无纲。"她也深知"关羽不寻常",无奈曹操以生死相逼,只好勉力应承一试。结果不出她所料,关羽虽钦敬有加,却坚不再蘸。她自知挽留不住关羽,亦不见容于曹操,遂趁关不备拔剑自刎。于此唐韵笙不仅写出一个古代红颜的个人悲剧,也写出了封建社会妇女的时代悲剧,开掘出貂蝉深层意识中的精神创伤和悲慨,揭示了她要保持人格自尊但又不得不违心去觍颜事人的矛盾,以及生与死的搏斗。剧作昭示了这样一个哲理:在统治集团内部权力再分配的斗争与人性的撞击中,不可避免地导致人性被击碎。关羽、貂蝉都得为之付出代价而毁弃爱与美。关羽在貂蝉自尽后发出苍凉的浩叹:"惜乎哇,惜乎!……"不正是这种爱与美遭到毁灭时的失落感的呼号吗? 此剧与林树森演出的《关公月下赞貂蝉》称颂貂蝉为"女中丈夫"、"英豪"的思想倾向是一致的。

唐派剧在刻画人物方面有其匠心独到之处。传统京剧在人物描写上易犯流于类型化的毛病,不够典型,个性不鲜明,简单化,缺少复杂性;平面化,缺乏立体感。而唐派剧注意克服这些缺点,向着描摹人物的丰富性、复杂性、个性方面迈出了可喜的一步。例如《刀劈三关》塑造的雷万春这位命运充满悲剧色彩的老元戎形象,于紧锣密鼓中略展闲云,除重点突出其爱国、忠正、刚强、无畏、机敏性格之外,还不忘点出其充满风趣、幽默感的一面。末场城楼上,在两军对垒、剑拔弩张的肃杀气氛中,他竟能从容不迫,有雅兴欣赏爱慕他儿子的番邦女子的风采。当百花公主提出走马换将时,他明察英断,予以拒绝。当百花公主无可奈何执鞭打他三子雷鸣时,他来个"一报还一报",也"如法炮制"鞭打公主的爹爹羌洪。公主激愤"升级"了,手持宝剑,扬言要将雷鸣杀死。他不但不害怕,反而佯装毫不在意,打趣地说:"你要杀就杀吧,何必唠唠叨叨。"雷老将军的诙谐性格使你死我活的军事对峙在舞台上化为一场轻松的喜剧,终于导致双方合好,化干戈为玉帛。如此看来,雷万春性格调色板上就不止有义、刚、勇这样一些道德伦理范畴的单一色,而且带上了独特个性的立体化的多色彩。可以说,有了这些细腻的描述,雷力春形象就不单纯是某些抽象道德观念的化身,而是一个活生生的血肉之躯,这在京剧人物肖像画廊

唐派艺术论

里已经从类型走向典型,堪称一个突破。

又如《天波杨府》中寇准的形象也写得生动,入骨三分。"探地穴"两折,寇准向杨六郎灵牌祭拜时,故意用胳膊肘推一下在一旁跪着的柴郡主,想让她来个趔趄,看看有什么破绽。柴郡主身子一歪,但没露马脚。寇准磕第三个头时,郡主准备撩裙子起来。寇未起身,再磕第四个头,这当儿,柴正在起身。寇一抬头正瞧见她的红鞋,又见她在窃笑,笑寇老头出格:人家磕三个头,你磕四个。寇略施这一小计,打开了她的缺口,证实了对杨六郎之死的猜疑。把寇准既智谋又风趣的性格写得活灵活现。下面八贤王、寇准君臣坐在灵堂左右两个椅子上,面面相觑,寇准说:"贤爷,不要着急,等到半夜三更我们就有戏看了。"八贤王说:"有什么戏看?是文戏,还是武戏?"寇准俏皮地回答:"我保你有好戏可看。"八贤王睡着了,寇准开始摘帽脱靴。一些剧种的演员演到这里较草率,动作无因由,唐韵笙在处理上则颇费心思。寇准自言自语:"这几日为了国家大事,累得我腰酸腿疼。偌大年纪,经受不住这样的颠簸。今日在此守灵,不免将帽儿摘了下来,松快松快。"在音乐过门里寇准把帽子摘下来,场面起〔四平调〕,寇准唱:"年迈人说什么老当益壮。"行弦时,寇准先揉腿磕膝盖,再脱下左脚的靴子,揉揉腿肚子,把靴子拿在手里,冲着灵牌一望,念道:"郡马,今日我君臣来得慌疏,未带祭礼,这一只靴儿权当祭礼吧!"顺手把靴子往灵牌前一扔,口里唱道:"这鸭儿供奉在桌案灵堂……"一边唱,一边左腿跟两只手同时舞动,在空中画圆圈。这是把折子戏《打棍出箱》里范仲禹出箱的动作拿来,巧妙地搁在这儿了,显得既滑稽可笑,又合情合理。接着乐队起鼓经"咕隆咚咚",寇准抻抻懒腰,把靴子放在桌子犄角,用胳膊肘垫着靴子睡觉。及至发现柴郡主提饭篮潜行,寇准马上去跟踪,转身去摸帽子,拿过来匆忙中倒戴,再抓过来那只靴子要穿。这时柴郡主已走远,他来不及穿只好背上靴子,跟着旦角走"如意"。唐韵笙运用喜剧手法把位列三台的堂堂寇天官塑造成一个充满幽默、笑料迭出的喜剧性格人物,把寇准探地穴的一系列行为处理成令人捧腹的喜剧表演,从中可以窥见唐韵笙编剧才华的另一面——善写喜剧的本领。

唐派剧的情节艺术也值得一提。悬念丛生,大开大阖,峰回路转,戏剧冲突尖锐激烈,主要人物总处在矛盾冲突的当口,人物的命运紧紧抓住观众的心。这是许多唐派剧情节结构的特点。如唐韵笙自编的代表作《二子乘舟》,开头卫宣公派人去齐国为太子急子聘宣姜为妻,结果情况逆转,宣公见色起意,欲纳宣姜为妃。酝酿阴谋,祸起萧墙,急子的喜事骤然罩上阴影,牵动着观众的心。宣公以带兵伐宋名义把急子打发走,于是舞台上展开了极富戏剧性的悲剧场景:一边是卫国出征打仗;一边是齐国送亲应聘。部队和仪仗队迎面相遇,急子与未婚妻宣姜洒泪话别,宣姜表示不负急子,等待早还结缡。看来急子的婚事似乎来日有望,观众绷紧的心弦为之稍松。殊不料情势急转直下,宣公以酒灌醉宣姜,强占为妃。急子的悲剧已然铸成,观众的心又紧缩了,引颈在望,必欲看看急子下一步究竟怎样行动。十六年后急子方奉命还朝,委曲求全,跪拜宣姜口称"母后"。但是命运并没有因他的仁义宽怀而给他带来安生,宣姜生的小儿子朔出于权欲时时想加害于他。朔与变质的宣姜合谋在宣公面前谗毁急子,宣公责备急子母夷姜教子不严,逼死夷姜,第一个大悲剧生成了。随之更大的悲剧接踵而至,朔、宣公定下杀害急子的密谋,公子寿为救急子而替兄先死,第二个大悲剧降临。紧接着到来最后一幕惨剧,急子追踪寿至预谋杀人之地从容就死。这部被称为"中国的莎士比亚式的大悲剧",情节一波未平,一波又起,一个打击接一个打击,就这样连波迭浪,一浪高一浪,把悲剧有力地推向总高潮,观众情绪被一步步引领进心魂战栗的哀感极境。

唐韵笙剧作有自己的美学追求,他不满足于原原本本地把历史生活平实地再现于舞台,而能驰骋艺术想象,调动各种艺术手段,运用象征、隐喻、讽刺、夸张、幽默等多种艺术手法,将历史生活生动地展现在舞台上。仅举一例,《关公月下赞貂蝉》里貂蝉之死的细节描写很不一般,既充盈诗意又奇诡撼人。关羽拒绝了貂蝉,让她离去,貂蝉下场时无意中把鬓花碰落,她拾起鬓花,借花抒怀:"花儿啊!芙蓉,今日你是何等荣幸!竟然落在君侯面前,岂非偶然?……正是芬香浓艳散,蜂蝶逾墙垣。"这段独白托物寄意、含蓄婉转地流露了貂蝉对关羽的爱慕留恋,也抒发了遭到关羽回绝后的幽怨。接着采用中国古代有关好剑能鸣的传说写关羽的"青虹剑啸",貂蝉问:"何能制止?"羽白:"试过锋芒,方能制止。"关羽遂斩断花头试剑,貂蝉见此心惊,唱出:"剑斩芙蓉花头落,不由暗自泪如梭,青虹削尽忧和怨,也免凄凉春梦多。"白:"也罢。"接唱:"倒不如花断人也断,玉殒香消免遭风波。"因向羽"借剑一观",借还剑、关羽接剑鞘之时拔剑自刎。她最后一句悲怆的独白:"花落月也残。"这里,作者一方面以花喻人,令人联想到"花落人亡两不知",把红颜之死升华到撼魂动魄的诗境;一方面又用铮铮作响的剑鸣象征行将杀人试刃,暗示貂蝉死期已到。编剧把花落的偶然与女主人公以身试剑而结束自己的生命的必然结合起来,点明貂蝉之死乃是不可摆脱的必然性悲剧,从而深化了全剧的哲理意蕴。由于花、剑的烘托渲染,美人长逝自会给观众留下深刻难忘的印象。

唐派艺术论

第二章 唐派表演艺术

一、唱

俗话说:"拉马看膀子,唱戏看嗓子。"唐韵笙之所以卓然成家,重要的一个原因在于他有一副得天独厚、人所难及的好嗓子:音质纯正,音色明亮、洁净,五音俱佳,脑后音共鸣强,音域宽阔,要高有高,要低有低。低音浑厚沉实,若深山幽泉;高音挺拔脆亮,响若裂帛,有极大的弹性。对于他的嗓音,业内人士无不叹服。与他合作过的叶盛长先生说,他的岳父谭小培("谭派"创始人谭鑫培之子、谭富英之父)看过唐先生的戏后对他说:"唐韵笙的嗓子以往很少见到,他高亮宽厚都有,他的这种嗓子就叫'音膛相聚',功夫确实很好。""音膛相聚",也叫"音膛相会"。音,指一般称为亮音的立音、假音;膛,即膛音,指或厚重、或沉郁、或爽朗的宽音。前者明亮,穿透力强;后者富于厚度。"音膛相聚"就是使不同类型的音色互相调剂、衔接、融会而发出的一种宽亮响润的声音。这种嗓子在京剧伶人中是罕见的、可贵的,这不仅是天赋条件,也是功夫精深的结果。唐韵笙的琴师、剧作家刘颖华写道:"唐老的嗓音激越、刚劲、雄伟,高、中、低音都好,可以说是:高可遏云,中如松涛,低似洪钟。"[1]他的嗓子度过变声期,经过刻苦锻炼变得又宽又亮又厚,简直

---

[1] 刘颖华:《谈谈"关外唐"》,载《辽宁戏剧》1981年第1期。

144

越唱越清亮,从不曾嘶哑过,且到老不衰,故人称"铁嗓钢喉"。解放前有一位书法家赠送他一张横幅,上书"黄钟大吕",同行说他的调门之高可比高庆奎。他的弟子、大连张铁华对笔者说:"唐先生一起调门就是笛子最高的眼调'一个眼','乙字调',我们听了都害怕。比如'众将官一个个','个'唱'够'和高庆奎的调门一样高。"他的合作者吕香君向笔者讲述:"我和唐先生合演《包公怒铡陈世美》,'告刀'一场,他的包公一段〔西皮〕唱两个眼,我的旦角后头有'哭头'翻不上去,很费劲。"在《包公怒铡陈世美》中包公唱〔散板〕拖腔"王朝马汉忙开道","道"字由低音变高音还拉长,拉长时又突然挑上去一块。一般嗓子拉长就完了,加宽也能达到,但是调门却提高不了,唐韵笙了不起的地方就在于:他能在别人唱不上去的地方翻高拔起。他的〔高拨子〕唱得好,原因也正在这里。

唐派唱腔特色是什么呢?缩而言之,大致可概括为以下几点:

(一) 风格直朴自然,重在感情表达,重在人物刻画,以声带情,声为情役。

传声与传情结合,不追求九曲三弯的"俏头",不尚花巧。在唐韵笙自编自演的《斩韩信》中第六场,萧何诳韩信进宫,韩信走在路上唱一大段〔西皮流水〕"尊一声相国听端的,楚平王无道行不义……"有三十七句之多,大意是追述伍子胥三谏吴王阖闾反被阖闾所杀的故事。唐韵笙边走、边唱(类似《南天门》,即《走雪山》)、边做。先表伍子胥的遭遇和功勋,唱到"可叹他(指阖闾)杀了伍子胥"这句时,为了表达替伍子胥鸣不平,同时也为自己宣泄勃郁不平之气,"杀"字从高音下滑到中音,再用低音唱出"伍子胥"三字。这里行腔的起伏跌宕是服从于刻画人物内心世界的需要,而不是为技巧而技巧。在第七场中,韩信自知杀身大祸临头,悲愤中把吕后掷给他的宝剑用右手拿起,单腿跪在台上,用慑人心魂的声音念道:"事到如今,我千恨万恨,恨的是那"接唱〔二黄碰板〕"萧何丞相,你为何三番两次……""萧何"二字走的是低腔,借以表现自己的悔和对萧何的恨,"丞"字用个上、下滑音而又加以延长的高腔。这个一波数折的高腔,有如钱塘怒潮,汹涌澎湃,把惨遭杀戮的功臣的怒、怨、悔、恨的复杂心态揭示得淋漓尽致。在同一唱段中"为国家我也曾东杀西挡","我"字加重而且上扬很高,唱成一个阳平音的拖腔,强调自己功高盖世,万不该诛。这儿也体现了唐派唱腔的一个特点——高亢、激昂。接着"这才是故国破,谋臣亡,狡兔死,走狗烹,飞鸟尽矣良弓藏。恨萧何,你不该袖手旁望,恨萧何,他为何装哑作腔……可怜我运筹帷幄,决胜千里为谁忙","忙"字尾音唱成"昂"。唱到第三个"昂",打鼓佬起"丝鞭""嘟"打掉。一般人唱到这儿起个高八度的过门,拉个长腔结束,以图观众叫好。唐韵笙不然,在这个不蕴藏丰富感情内涵的非关键字眼上,不故意拉腔,不要观众叫好。他不搞无目的的耍腔卖味,仅仅使个小腔唱"忙啊",很"圆",第三个"昂"用鼓键子一击代替了。既紧凑简洁,又合乎人物感情节奏。同时说明唐韵笙演唱除了字正腔圆外,跟乐队配得也很协调。这大段唱是手里拿着宝剑跪着唱的,跪唱用丹田气比站着唱困难,更见功力之深。

《逍遥津》中"逼官",唐韵笙饰汉献帝,先在台后起〔二黄导板〕"父子们在宫院伤心落泪"。一句唱词足唱了三分钟,一唱三叹,回肠百转,听来令人牵魂动魄。出场后唱〔回龙〕"思想起叫孤王好不伤悲",唱"伤"字之前,把腹中余气全部呼出,然后足足地吸一口新气,再唱那稍弱而又带颤音的"伤"字,表达落魄帝王的心灵哭泣。待"伤"字归韵后,稍停,便把腑中全部余气和"悲"字一齐用力喷出。"悲"字是重唇音,发音本来就重,再加余气着力吐出,恰似"银瓶乍破"一般,竟把那髯口当中一缕冲击得飘然而起,每次唱到这儿观众都赞叹不绝。唐腔虽不以花哨取胜,而以清淡朴实为本色,但也不是全然不讲究润腔饰音。只不过他美化腔调遵循一条原则:必从剧情剧理出发,为外化人物内在心理活动服务,而不是单纯为了悦耳,为了博取观众掌声而卖俏。

(二)唐腔高亢浏亮,挺拔激昂,以气势取胜,具有鲜明的粗犷、刚毅、豪放的东北风味。

由于唐韵笙本嗓高亮,得汪、刘黄钟大吕之真传,又多饰悲剧主人公,故唐腔每多发慷慨激昂之音,善于抒悲怆哀楚之情。在行腔技巧运用上表现为高腔多,拖腔长。汪桂芬在《文昭关》中能把〔二黄慢板〕"一轮明月照窗前"的"一"字,一口气唱十三个"噫";唐韵笙在《夜走麦城》中"耳听得麦城外吴兵魏将大小儿郎闹喧哗"的"哗"字也唱十三拍的长拖腔。没有持久的嗓音和充沛的底气是办不到的。这同汪派、刘派、麒派、黄派颇为相近,也反映了唐腔受汪笑侬、刘鸿升、周信芳、黄月山影响较大。唐腔固然得上述名家清芬,可又自有其不同于别家的独特处。即以同麒派比较而论,从音域上看,唐比周高三四度,唐的音域稍高一点。唐腔的〔二黄〕、〔拨子〕比周腔的更高亮醇厚,而周腔比唐腔更苍劲沉实。唐韵笙借鉴周信芳的〔二黄〕、〔拨子〕音调时采用了两点措施:一是提高调门;二是旋律变为多走高腔,以发挥自己嗓音宏亮的优势,如《斩韩信》中的〔二黄碰板〕:"萧何丞相你为何三番两次……"第一句三小节唱腔中第一小节与周信芳的《追韩信》相同;但第二小节的旋律则高扬上行,显得高亢激昂,运用嘹亮的大滑音,加上定调有所提高,使唱腔更加气势磅礴。这种唱法在《斩韩信》的整个唱段中几度出现。还有"弃官他往"这个上句的第三乐节也是另一类型的高腔,并且几度再现。这就使得〔二黄慢板〕上句挺拔、激昂,与周信芳的风格差异明显,富有推动力;下句则刚毅、深沉,具有稳健气度,旋律跌宕起伏,慷慨激越。

唐韵笙的〔反二黄〕也是腔高调高,逢高无挡的。如《刀劈三关》"看药酒"唱腔"这才是瓦罐不离井口破",这段〔反二黄〕的头四小节旋律吸收了〔高拨子〕的音调,感情悲壮、愤慨。唐韵笙的嗓音条件和汪笑侬相近,但唱腔风格却不尽相同。在这个唱段的〔导板〕、〔慢板〕中汪笑侬只唱了一句〔慢板〕便转〔原板〕,而唐腔却唱了三句〔慢板〕,抒情性显然有所加强,更突出了老将军久历戎行、忠而被谤的悲剧性格。后面城楼上唱〔西皮导板〕:"耳边厢,又听得……"唐韵笙的处理较之汪笑侬也有所发挥。如"扶垛口"加以紧缩,比汪派短唱一小节,显得活跃、矫健一些;"看一看","女将姣娃"的两个休止符的使用,也含有风趣、诙谐的意味。

为了发挥自己嗓亮调高的优势,唐韵笙往往在需要抒发人物激情的唱词上运用嘎调、虎音、炸音,使唱腔愈见挺拔激越,实大声宏。如《好鹤失政》中弘演唱〔散板〕"我把马带好","马"字就用嘎调喷出,以表现弘演的刚烈性格;《二子乘舟》中急子从边远沙场返回宫中,见到被父王霸占的"未婚妻",万感丛集,强压怒火,不得不违心地称呼她为"母后"。他自我宽慰,唱〔慢流水〕"大丈夫作事度量大","度量大"使一个炸音的滑腔,把他的刚毅坚忍的气度立体地显现出来。再如前边提到的《斩韩信》中的〔二黄碰板〕"萧何丞相","丞相"二字又有炸音,又有立音,韩信的满腔愤恨随着这裂帛穿云的声音一块迸发出来。唐韵笙擅长的关羽戏中,虎音、炸音用得很多,如《灞桥挑袍》中的〔散板〕尾句"灞陵桥刀挑大红袍","桥"字嘎调非常强烈,"大"字用滑音,大有"铜山西崩,洛钟东应"之势。一般人灌不了那么足、那么满,关羽作为五虎上将之首其威真毕现无遗了。《华容道》里,当关平报"曹操到",关羽先在飞虎旗后唱〔西皮导板〕,然后登上象征高山的叠起高桌。等飞虎旗列开后,转唱〔回龙〕"睁开了"三字轻轻带过,接着"丹凤眼"三字则陡然翻高,如异峰突起,令人惊魂骇魄。这种欲扬先抑的唱法,突出"丹凤眼"三字。从出场时起就一直微闭双眼的关羽,这时才圆睁凤目,格外炯炯有神,观众心情也为之一振。接唱"仔细观瞧","观瞧"二字猛放长拖,在一气呵成的延长音中,关羽目光四射,直逼曹操残兵败将。唐派的关羽形象使观众直觉得一位有万夫不当之勇的大将屹立隘口,声势凌人。唐腔比一般腔高四度,唐韵笙的〔西皮导板〕起点高,落音高。"瞧"字拖长十二拍,恰如滚滚长江,一泻千里。只这一句唱,就把传说中的神勇关夫子再现得如闻其声,如见其人。

唐韵笙蕴含的龙虎之音,一方面切合他所塑造的悲剧英雄人物气质;一方面适应喜欢看火爆、热烈、感情充沛的表演的广大东北地区观众欣赏习惯,接近东北人民的粗犷、豪放、直来直去的爽快性格,体现了京剧关外流派特有的地方风味。

(三) 善于旁搜博采,具有兼容性、集纳性。

唐派的老生腔,不独是纯正的老生腔,有时还化入武生、花脸的唱腔,使唐腔有所丰富、创新。如《驱车战将》第九场"杀宫",南宫长万和宋闵公在宫中饮酒对弈,宋王贬责长万是"累败不胜的囚徒",并手持棋盘将他打。醉酒的长万被激怒抓住宋王泄愤,叫道:"吓吓吓,嘿!"接唱"无道君你竟敢在这虎口扳牙",竟把花脸常用的"哇呀"糅进老生的唱腔里,使人听来感到很合乎南宫长万这员骁将勇猛、鲁莽的个性特征。这种老生、花脸"两合水"的唱法丰富了唱腔的表现力,并有助于人物形象的呈现。唐韵笙的关羽戏唱腔,又是红净,又是老生,又有武生,又有花脸,将老生、武生、红生、花脸熔于一炉而冶之。试看《古城会》唱段"挂印封金辞汉相……饥餐渴饮路途忙",是花脸、红生、武生、老生的巧妙结合体。从旋法上看,旋律平直进行多,偶有翻叠〔导板〕、〔回龙〕中的武音(变徵)运用非常突出,是花脸的基本特征。有的乐句,如:"灞里挑袍"高亢、矫健,具有鲜明的武生性格特征。"一路……"这个乐句棱角分明,粗犷、苍劲,花脸、武生都常唱。只有"黄河"这个感叹、抒情的乐汇具有老生腔的特征。唐派这种旋法特点的唱腔除关羽戏之外,并不到处滥用。唐韵笙演《刀劈三关》中的雷万春虽然也扮红生,但唱法上更多保有老生的特点,偶或也吸收一些武生的音调。"灞桥挑袍马蹄忙"用甩腔的唱法也是独出心裁,许多关戏演员于此均无甩腔。

《华容道》的〔西皮导板〕"耳边厢又听得曹操来到"也是老生、花脸、武生杂糅的唱法。〔原板〕"麾盖下原来是冤家来到,只烧得众将官少甲无袍","少甲无袍"听来就不完全是红生腔,而是花脸、老生两夹劲儿。关羽的唱腔比老生声音宽一些、粗一些,与《好鹤失政》的弘演、《闹朝扑犬》的赵盾有所不同。这种融不同行当声腔浑成一体的唱法不仅标识着唐腔的一个艺术特色,而且从中可以见出唐韵笙不拘格套、大胆革新的精神。

唐腔是在东北地区形成的,长期受东北地区方言文化濡染的唐韵笙,在行腔吐字上自然会带有东北地方语言的某些特点。关于唐腔语言特点兹略掇其要如下:

(一) 语音上的普通话比重较大。

在京剧发展过程中,逐渐形成以"湖广音"为基础读"中州韵"的比较统一的京剧声韵。所谓"字正腔圆"的字音依据是湖北语音。唐韵笙在咬字、归韵上尊重程式规范,继承京剧字音传统,同时也参酌东北地区语言加以适当变化,向普通话语音靠拢。从他的许多唱段中可以发现,对字音的处理按普通话的调值行事的情况不少。如《刀劈三关》中的〔流水板〕:"刀劈三关威名大……城楼会会女姣娃。"这段用于叙述(语言朗诵)的〔流水板〕,唱来要求字音清楚,流畅明快。唐韵笙把其中许多阳平字:名、麻、齐、旗、城、楼、娃等都按普通话唱成高升调,而不是按中州韵唱成降升调;其中许多上声字:女、把、整、马(女、马字出现两三次)也按普通话唱作降升调,而不按中州韵唱作高升调,只有去声字是按中州韵走低曲折的处理多。如队、杀、会(两次出现)等,按普通话唱作高降调的少,如大、跨、战。整个说来,普通话的比重很大,这样使东北观众容易听清词意。东北口音和普通话对少数字音读法有别:如"国"字,唐韵笙常按东北口音唱做上声调值:

当然唐韵笙首先是"入乎规矩之中",然后才"出乎规矩之外",所以并非排斥作为京剧声韵基础的中州韵,只要符合语气需要,他总是照用不误。如《斩韩信》中第七场韩信唱:

这个"好"字就是典型的中州韵唱法:逢上必滑。

（二）语调语气简单明了，善用干板夺字。

唐腔表现语调、语气讲究逼真，也是趋向口语化的，富有地方剧种的清乐表现风格。他唱大段慢板的时候不多，运腔也求精炼简洁。抒情时他较多使用〔快三眼〕、〔原板〕的速度节奏，当戏剧冲突激化时，他往往喜欢运用字多腔少的〔流水〕、〔快板〕、〔垛板〕等节奏性强的激情板式。他最爱唱的是〔流水〕，何以如此呢？因为〔流水板〕叙述性较强，吐字清楚，更适合他发挥自己嗓音清亮的特长。他唱〔拨子〕的〔回龙〕、〔垛板〕相当突出。如《陈十策》："闻言不由我雷轰头顶……怎不叫人老泪双淋。"

1 5	6 6 5	5 3 3 5	6	1 5	6 6	6 5 3 5	3	3 6 5
赤诚	肝胆	保乾	坤	商汤	江山	气数将	尽	锦绣

6 6	6 1 2 3	1	1 3 5	5 3 5	²⁄₄ 5 3 1	3	3 3	2 3 1
江山	化灰	尘	怎不	叫人	老	泪	双	

1.5	6 5 6	0 1	0 5 6 1	5 0	6 5 6 1	5 6 1	6 5 3
淋	（哪）						

5.6	2	2 7	6 —	仓 0	6·7	6 7	6 5

5	5 — ‖

这段〔拨子〕铿锵有力，干板夺字，字繁音促，唱来椎心泣血。尤其是"这些个臣子一个一个俱丧命"的处理，语气愤慨，充满切肤之痛，字字入耳感怀。它的〔回龙〕不仅仅是垛句，且已形成上下结构的〔垛板〕。如"乱宫廷"、"发似银"等下句停顿在主音"宫"上，是对传统唱法的一个发展。再如《闹朝扑犬》第三场，唐韵笙饰的赵盾唱〔原板〕"秉圭当胸幞头冠整，启园门，谏我主拚死捐生……"不要腔，不拖腔，干板垛字，吐字清脆，把贤相忠义耿直的品德历历如见地展现出来。杨小楼以武戏文唱成为后学者宗法的典范，唐韵笙反其道而行之，以文戏武唱显示出唐派表演风格体现在唱腔上的独特性。文戏武唱就是冷戏热唱，将文戏唱得清刚舒展，高昂激越，饱满响堂，情酣意畅。唐韵笙字字如珠、声声贯耳的唱腔风格，恰是适应东北观众喜欢看鲜明、热烈、直爽、大悲大喜戏剧情节的审美习惯的产物。

（三）坚持以字行腔、以字带腔的优秀传统，在唱词结尾以板代腔，使行腔显得干脆斩截，而不拖泥带水。

如《驱车战将》中第三场，南宫长万唱〔垛板〕："驱车争战要立功劳，对对儿郎，你们抖擞威风把阵讨！"唱到"阵"字唐韵笙突然收住，然后接唱"谁胜谁败论英豪"。一般演员唱〔垛板〕没有这样收的，大都带一个拉腔。再如《好鹤失政》第三场"卫懿公斩宁速"中，弘演唱〔流水板〕"宁将军暂在这银安殿角站"，罢！"那顾得生和死，大胆向前，假意儿哈哈笑上银安"。"站"字也是急收，没有后边拉一块，他的〔垛板〕经常是这么落的。在《天波杨府》里，唐韵笙扮寇准同八贤王赵德芳对唱，寇准唱"呜呼哀哉祭奠上香"，"香"后面的"昂"，一般人唱乐队开始起"哭皇天"，伴随一个长拖腔。唐韵笙则不然，他在"香"后面不唱"昂"，而是用一板收刹，接过门用板来代替"昂"。这种处理方法很圆，很高明，时间上压缩了，无拖沓之感，显得既紧凑、简洁，又合乎假祭灵并不真悲伤的剧情。唐韵笙创造的斩尾紧收、以板代腔的演唱方法，从另一个侧面反映了唐腔直朴、不尚雕饰的风格特点。

二、念

戏曲界流行"千斤话白四两唱"、"念是骨头唱是肉"等谚诀。清代戏曲理论家李渔认为："欲观者悉其颠末，洞其幽微，单靠宾白一着。"足见念白是戏曲重要的表演艺术手段之一。唐韵笙向来注重念白的独特表现力，把它作为与同属声音艺术的唱并列的表现手段加以综合运用。《取汝南》中陈震来下书（刘备的书），一般人演关羽见信后，在唢呐的"三枪"伴奏下，大笔一挥写完回信就派人送出。但唐韵笙不一样，为了发挥念白的艺术表现力，特意在写完回信后，将信念出："羽自幼读书，粗知礼义，善我羊角哀、左伯桃之故，舍生死之交，敝投兄，不死必去，不去必死。"念得音清韵美，声声带情，每演到这里观众都报以热烈的彩声。

唐派念白认真，白口清朗，喷口有力，声能送远。为了让观众听清他咬字较重较实，字真意透，每一个字和词都不偷懒，都能送"到位"。没有半路上就失踪了的，没有一个含糊不清的字、词。唐韵笙的琴师刘颖华说："同行们都说唐老念白像'小梆子'（打击乐器）似的，又脆又亮，能把每一个字都清楚的送入观众耳朵里去。"[1]这是知人的论。唐韵笙兼擅的行当多,而不同行当脚色的道白有不同的念法,搞不好容易混淆、串调。唐韵笙则驾驭自如,老生就是老生念法,武生就是武生念法,各得其宜,各臻其妙,没有深厚的功底是断乎做不到的。据唐派弟子回忆,唐韵笙授徒时,把手纸摆在徒弟嘴巴前边,让徒弟对着纸大声练习念白发声、吐字,直至纸上不沾一点唾沫星才算合格。如果有唾沫喷出来,说明嘴皮子没劲儿,绷不住,功夫不到家。由此可见,唐韵笙念功的技巧修养之高。唐韵笙念白在四声阴阳、上口字、尖团字的掌握和运用方面十分准确,严格辨析,毫不含糊。如"外甥",唐念成"外森",系尖字;"某若不胜","胜"本是上口字,应念"慎",唐为了通俗易懂,念"胜";而"圣驾"的"圣",唐则念"慎",上口字;"黑旋风"的"旋"一般念成团字,唐则念成尖字;"过五关斩六将","六"字一般演员念"陆",音调死板而又暗,唐为了贴切关羽是山西人的乡音念"楼"的上声,既圆且亮。《郑伯克段》唐韵笙扮演的郑瘪生打引子,念"压诸侯,震动干戈","压"字念去声"雅"。逢上必滑,平声念去声,去声念平声,平声念入声,入声念平声。这是完全符合"湖广音"、"中州韵"的。遵守规则而又不拘泥于规则,根据具体情况灵活变通是唐韵笙处理音韵的原则。《空城计》中"我面前缺少个知音的人","知"字是上口字,但念上口字不好听,唐就不上口。周信芳念尖字较重,唐韵笙念尖字有齿音,但不很重,较含蓄。对每一个字都细心推敲,避免讹误,是唐韵笙处理道白的态度。《法门寺》中一句道白有人念"死尸一口",他听后说:"'一口'应念'一具'。"排演《十二真人斗太子》时有一句道白写成"图谋不轨",唐先生对李麟童说:"'轨'字在古书(《左传·成公十七年》)上写作'宄',是内乱的意思,改成'宄'更确切。"可见他古书读得多么认真,记忆多么好。

有时为了加强念白的节奏感与韵律美,还要在念白中加上衬字。如"哪里走",唐在"哪"后面加个"啊"的拉腔;在"那边厢"的"那"后面加个"啊"的拉腔,使念白富于高低、缓急、顿挫的变化,增强音乐美感。

唐派念白有这样几个值得注意的特点:

(一)白口脆爽,灌注激情,念以气胜,念得声势夺人,惊魂骇魄。

《郑伯克段》第十二场,郑庄公问母亲姜氏:"拿住叛国之人……该问他何罪?"

---

[1] 刘颖华:《谈谈"关外唐"》,载《辽宁戏剧》1981年第1期第15页。

姜答:"论律当斩。"庄公命人将其弟段绑上殿来,用手一指,念道:"就是他!""他"字高挑长延,有虎啸山巅之势,把勾结叛乱的姜氏、段的气焰打掉半截。在《包公怒铡陈世美》中,包公把秦香莲唤出来与陈世美对质,对陈世美说:"你可相认?"陈世美非但不认妻,反而拔剑便刺,包公勃然大怒,厉声喝道:"既不相认,你为何仗剑杀她?""杀她"用一个炸音突然翻高拉长,如狮吼虎啸,声震屋瓦,听之令人毛骨悚然,真能吓出一身冷汗,把包公铁面无私、嫉恶如仇的凛然正气表现得情沛意足。在近代史戏《林则徐》里,唐韵笙扮演的林则徐面对洋人的嚣张气焰,盛怒之下念出一句道白:"我倒要看看这些洋鬼子有多大的本事!""本事"二字念得语挟风雷,穿云裂石。林则徐义薄云天、气壮山河的气概聚集在这一句道白里迸发出来,对观众产生了极大的感情冲击力。

(二)平中见奇,用炸音使念白异峰突起,一鸣惊人,给观众以强烈印象。

如《刀劈三关》中第三场,唐韵笙饰的雷万春开帐后传达军令:"众军兵:一要军规严厉;二不要骚扰黎民;三要奋勇杀敌。行军之道,高防围困,低防水淹,深林防埋伏,芦林防火攻。朝中天子诏,阃外将军令,令至山摇动,严法鬼神惊。"一路念来先是平铺直叙,到末后渐次加快。念至"严法鬼神惊"时,"法"字突然翻高拔起拉长,恰如林间小溪一路潺潺流淌,突然流到断崖绝壁,遂成飞流千尺,浪花四溅。令观者心神俱旺,拍案惊奇。这一嗓炸音足以表现三军统帅横扫六合的威慑力量。20世纪40年代初,到奉天共益舞台首日演《好鹤失政》,唐韵笙按他的习惯重后轻前,观众见前面平淡无奇,逐渐离席散去。正在这当儿,开始第九场,唐韵笙扮演的主人公弘演奉旨陈邦结盟回朝,闻卫懿公国破逃亡,当即问路追赶,出场前先在后台喊一声:"马来!"(接唱"东门斩贼夺令号")两字念得那么高亢、激越,真是"一嗓震乾坤",音波直达场外。仅此一嗓,便把观众惊住了,吸引回来纷纷就座。在《夜走麦城》中关羽兵败被困麦城,率军夜间突围,心情凄怆但还不甘认输。闻赵累死讯自知大势已去,但困兽犹斗,仍督励关平说:"关平不要害怕,放大胆,随为父,杀!杀!杀!杀!杀!杀呀——!"开始念小声,由低音到中音,念至"大胆"处到高音。接下来"随为父"又急遽降落变为小声,紧接着第一个"杀"字竟小到有气无声,只见口形动,手比划,脸孔抽搐,却不闻语声。第二个"杀"才出一点点声音,继而在"崩登仓"锣鼓声中,冲着马童,又冲着关平接连迸出五六个"杀",一个比一个重、响,像连珠炮似的。最后一杀加"呀",用炸音喷出,极高特

153

长,只听一声巨吼,像黄河决口似的,响彻剧场内外。观众听了都感到瘆人,又激昂又悲怆,有的观众落泪了。这个高挑腔表现关羽被困于冰天雪地之下,险象环生,气数已尽,这位一世之雄作最后一逞,从内心爆发出一种宁死不屈的悲情。这种以炸音异峰突起、一鸣惊人的念白处理方法,给观众以强大的感情冲击波,同唐派慷慨激越的整体艺术风格是一致的。

(三)欲动先静,欲扬先抑,起伏跌宕,徐疾有致。

如《古城会》里当关羽听到关于张飞对他误会、拒开城门的报信后,百感交集,决定去见张飞。别人演这个地方抬刀只用一句台词"带马",就平平而过了。唐韵笙则在此着意渲染,来个欲动先静,先念:"马童,与爷抬刀。"声音不大,速度一般,似心情平静。这里有个间隙、顿歇,随后陡然声调高扬:"带——马——"用假声搭桥、真假声结合的炸音冒高拉腔,是"小梆子"声,气沛声宏,穿云裂石,震耳欲聋,把关羽急欲见张飞、又气又恼的焦灼心情活现出来,关老爷的神威也透过这句念白尽显出来。在别人不能要菜(叫好)的地方,唐韵笙却独能突然激起观众掌声雷动,这就是唐派与众不同处。再如《包公怒铡陈世美》中陈世美坚持不认秦香莲的死硬态度,逼得包公不得不冒死处以典刑,命令左右剥掉衣冠绑了陈世美。陈世美心虚害怕,嘴上还装硬汉:"我乃当朝驸马、天子骄客,谁敢无礼?"王朝、马汉站在一旁不敢近前,包公正气凛然,念道:"绑!绑!绑!——"三个字,前两个"绑"声音不太重、不太长,最后一个"绑"起炸音,加重拉长,有如霹雳一声,把舞台上天井的灰尘都震落了。不仅为王朝、马汉壮胆,陈世美的魂儿丢到九霄云外,也把台下观众吓了一跳,这包青天真乃威震四海,气吞宇内。唐韵笙念得前轻后重,前短后长,是为了使念白富于节奏变化,语气更能传神动听。俗话说:"文似看山不喜平。"唐韵笙是深谙文法戏理的共通性的。这是别人演《铡美案》所少见的。

(四)不拘程式,灵活善变,向生活真实靠拢,生活气息浓郁。

仍以《包公怒铡陈世美》为例,陈世美死到临头还以为包公奈何他不得,"只怕你斩我不得",包公斜睨他一眼,嘴里喷出一个:"呸!"有的演员把"呸"字吐得又重又长,以为越是夸张,越能表达对陈的蔑视。唐韵笙则相反,在这儿反而有所收敛。他的"呸"不很重,也不长,倒是很轻松地呼出,意思是你陈世美别逗了,走着瞧吧!颇有幽默感,这样生活气息自然流溢出来了。《斩韩信》第六场韩信对众官员说:

"想俺韩信,兴汉灭楚,功高盖世,漫说无有什么差错,纵有差错,娘娘她其奈我何!"最后一句"何"字唐韵笙念得特别短促,就像念半截没念完似的。尾字收音如此之速打破了京剧念白的常规。这种突破是根据生活口语实际创造的,因为一个骄矜自负的人,表示满不在乎的时候讲话就是这样一种不屑一顾的语气,不可能像一般韵白那样拉长音或歌唱式的说出来。可见,唐韵笙的韵白既是程式化的,又是生活化的。

三、做

做工就是做派,泛指表演技巧,包括身段、形体动作和表情。京剧演员有谚语:"先看一步走,再看一张口。""演员一上台,一动值千金。"足见做工决定一个演员的表演艺术水平。许多生行京剧艺术大师,如谭鑫培、马连良、周信芳等都是以做派讲究而闻名。唐韵笙的做工也很突出。

首先应该提到的是台风。唐韵笙以演名公巨卿、大将英雄等正面人物为主,这些人物一上场必须立刻给人以英伟盖世、气贯长虹的印象,才能一下子把观众吸引住。这是成功的第一步。戏曲俗谚说得好:"架子架子,必须式子,出头出头,必须派头。"唐韵笙的台风之美真是令人称奇,举几个例子。在《古城会》里唐韵笙饰关羽,饰蔡阳的是一个身材高大的演员,头戴大额子,身扎大靠,唐韵笙的关羽个头不及蔡阳高,又没扎大靠。但奇怪的是,两人同在台上亮相时,人们并不觉得蔡阳高大,反而是关羽显得浩气凛凛,威风惊人,竟是高大无比。只因唐韵笙浑身流贯的精、气、神特别旺盛,自有其独异的台威在。在《包公怒铡陈世美》中,唐韵笙饰的包公在"快长锤"锣鼓声中迈八字步出场,到台口一站,台下辄掌声如雷。气象森严,肃穆端凝,好一个威严可畏的包大人,与他扮演神威武勇的关夫子相比,又是一种别样威仪。《枪挑小梁王》里唐韵笙的宗泽,戴白髯口,在一锤锣"达达达,台,仓仓"声中出场,他一步一步走,马鞭一点一点地动,既表现了老年人的老迈特点,又不失大元帅的非凡风神仪态。他上场后,一句台词没有,一个马趟子就使喧闹的戏园子顿时变得鸦雀无声,那真人活现的风度可真带劲。

从一出场开始就气贯满台,把观众紧紧抓住,这是唐韵笙的一贯做派。演《梅柏炮烙》(一名《鹿台恨》)时,管韵华饰杜元铣,唐韵笙饰梅柏。"法场"一场,杜元铣先上,唐韵笙对管韵华说:"韵华,你卯上啊,后边我好唱。""卯上"就是用力加油,唱得做得神完气足。管韵华果然使出浑身解数,台底下彩声阵阵,给梅柏上场铺好了路子。时辰一到,杜被问斩,监斩官喊一声:"开刀!"梅柏在后台搭架子,一声巨响爆发出来:"刀下(巴达庆仓)留——人!"台帘撩开,只见梅柏一手提官衣,一手拿牙笏,巍然上场,目光炯炯,大气磅礴。随着〔快纽丝〕"拍——嘟嘟"牙笏在手里一转,吓!台底下就炸锅了。在江苏泰州演出的第一天是《困土山》,扮关羽的唐韵笙先在后台内唱〔导板〕"疆场沙尘透云汉",马童翻上,翻到台口又向上场门翻回。这时关羽手执青龙偃月刀上场,把手中刀杆横着向上一举,很巧妙地推在马童的腰间,马童借这一推的巧劲,又向上来个云里翻,关羽趁势耍一个刀花,稳重地推髯口亮相,由动而静,传神入画。然后接唱:"逞勇领兵破曹瞒,小校与爷摧前战,青龙偃月放光寒。"他这一推刀杆的时间掌握得那样准确和巧妙,与马童的翻跌动作配合默契,真是"行家伸伸手,便知有没有"。合作者老旦郭玉蓉说:"别人演关公亮相时都是用脑袋抖动盔头,让观众叫好,而唐先生的亮相不抖动盔头,就这么一亮,观众的叫好声就像开了锅似的,爆满全场。"

善于"放范儿"是唐派做工的另一个优点。"放范儿",就是说演员在台上每个动作都从容不迫,举止自如。放范儿不是故作姿态,装腔作势,只有具备扎实的功底、娴熟的技艺、规范的"戏路子",胸有成竹,肚囊宽绰,方能在台上应付裕如。再加上艺术的渲染和夸张,范儿就成功地"放"出来了。例如唐韵笙演《走麦城》关羽"升帐"那场,大帐两旁分列龙套、飞虎旗、上下手、偏将、大将,又有关平、周仓等,总共不下数十人。关羽念引子"赤面长须显威武"归坐正中,神色自若,旁若无人,大有"泰山崩于前而色不变、麋鹿兴于左而目不瞬"的气概。那"范儿"放得真足。无论场上有多少角色,只要唐韵笙一出场,就能把观众的目光都吸引到他身上去,其他演员就像众星似的捧他那个月。麋方、傅士仁二将误事后,关羽喊一声:"众将官!克日兴兵。"一个眼神扫遍全场,两只眼睛光芒四射,刹那间观众都被他的眼神抓住了。"眼为心之苗",从光彩逼人而又隐含着不安的眼睛中,人们似乎看见了当年过五关斩六将、不可匹敌的虎将的神威和刚毅,也看见了时下即将败走麦城、英雄落难、困兽犹斗的苦恼和挣扎。

身上圆,身段款式,功架优美,足以见出唐韵笙做工的精湛。圆就是保持动作的对称和协调,譬如拉山膀,他能达到横平竖直,每个动作都符合基本要领。丁字步,并腿收裆,收腹挺胸,梗颈,目平视,这才好看。一举拳,对准人中,砸鼻,扣腕,翻腕;右手枕腕,抚肘,齐胸,揉胸,撕开,云手,左抱膝,右抱膝……让人一看哪儿都圆,就像巧匠雕刻出来似的。他的指法从哪个角度看都好,"你来看"左手一指右手小翻,不似一般马马虎虎一指完了,而是手翻过来别有一功。唐韵笙的髯口功相当好。他理髯很随便一掏,从上到下,自然而洒脱。每当捋髯时总是先用食指摸按一下挂钩,然后往下捋,这样就保证不出漏洞。唐韵笙的关羽戴的髯口特长,与飘带、穗子一边长,几近膝盖,而一般演员只有及腹那么长。他推、捋、挑、托、弹、抖、撩、吹、掏、甩、扔髯口都不乱不挂,无论是较硬的马尾做的,还是较软的人发做的,他都能随意赋形,得心应手。特别是运用变化多样的髯口功,把关羽"美髯公"的形象展现得栩栩如生。《扫松下书》中唐韵笙扮演张广才,跪步甩髯的表演非常漂亮:当唱到"烦劳小哥把信带,我这一个拜",张广才斜着走,一面抖髯口,抖条帚;一抬腿,把大襟撩起来一跪,一甩髯口冲里,白满蒙到脸上唱"我这一个拜";再往前跪着走,又冲外一甩髯口,白满再蒙到脸上,"我这一个拜";又是一跪,往里甩髯,白满又蒙到脸上。他用跪步前趋,连甩三下髯口,喘喘气,接唱"你叫他早早的回来"。甩髯动作与跪步和唱配合得那样协调,天衣无缝。解放后在沈阳唐韵笙演《插翅虎雷横》中的雷横,身披大木枷,头戴大甩发,在地下来回滚,先左后右,而甩发纹丝不乱。

唐韵笙的马上动作逼真细腻。拿上马来说,先是纫上一个马镫,跨上去,另一条腿往上抬,画腿,眼睛看着脚。这是表示腿在找马镫,看看纫上没有。纫上了,身子往上一提,在马鞍上坐稳,手一勒缰绳,一抖搋,表示马走了。这个上马动作是生活化的,又是艺术化的,看来既真且美。他勒马动作也有自己特点,有人勒马是手攥拳头,唐韵笙则总是先伸出两个手指头,把缰绳一边一根,夹过来,归拢到当间,搓成一串,然后再勒过来。这种勒马方法是有生活根据的。唐先生的趟马也非常漂亮。他在《萧何月下追韩信》里,特地为萧何设计了精彩的趟马表演:手执马鞭跑起圆场来,相貌上两个帽翅上下摆动均匀,髯口迎风飘逸而不乱,恰似水上漂浮,云中飞舞,步子稳健而轻快。

唐韵笙厚底功是京剧界所共认的。他的靴底甚厚,在三寸五到三寸七之间。穿上如此厚底的靴子,不要说演戏,就是在台上行走恐怕也要跌跤。而唐韵笙穿着它却像穿便鞋那么随便,即便演武戏,开打,也不换薄点的靴子。这种卓特的厚底功,是他青年时代刻苦练就的。20世纪20年代在天津日租界,唐韵笙每天早晚两次到寓所外行人很少的僻静马路上挨着墙耗腿,一耗就是一两个小时。倒仓时期,他坚持在吉林北山穿厚底登陡山,走峭壁。

唐韵笙的腿功和步法可以从他主演的《徐策跑城》里看出来。众所周知，周信芳的《徐策跑城》是冠绝天下的，富于竞争意识的唐韵笙并未在麒派的高度成就面前望而却步。在上海他曾有意和周信芳在同一时间、两个戏园子（天蟾舞台和黄金大戏院）各演各的《徐策跑城》。两边后台的工作人员，双向对流观摩，结果同行们认为"麒老牌"固属高超，"唐老将"亦非跬步于其后。周信芳戴缀有珠球的花相貂，白三，身上穿蟒；唐韵笙戴没有珠子的黑色相貂，穿古铜色官衣；周的髯口一尺多长，跑起来横甩髯口，髯口四散飘飞；唐的髯口二尺许，是撅起来甩，有个抖劲，髯口随风走井然不乱；周跑城时右脚踢袍，相貂上的翅子颤动、珠子飒飒作响；唐跑城时手提衣前襟，后襟甩起来，相貂两侧的"展"（帽翅）平稳不动；周足登薄底的朝方，唐足登厚底靴；周跑起来掏着腿走斜步，利用垂在右边的小襟作舞步的烘托，每一节拍跑三步和两步相交织。一方面显得摇曳生姿；一方面表现了老迈人的步履蹒跚。唐跑起来不论节奏快慢总是和鼓板、过门结合，无论他用上步、跨步、蹉步，无论步伐怎样加快，脑袋总是在点，髯口也总是在抖动，始终不失为一个奔皇城里去、步履维艰的老头形象。跑到末了，周来一个前栽，单腿后退，最后一个"屁股坐子"。唐到后来有一个屁股蹲，一条腿抬起来，一条腿颠、颠、颠，打鼓佬以鼓点配合。临末屁股跌落地下的当儿，一记锣"当"，全场爆发满堂好。此外，还有些别的不同，例如周信芳唱低腔、唐韵笙唱高腔等。总之，周信芳的表演风格奔放、活泼、自由，注重形式美感，走的是歌舞化的路子，观众看了神往；而唐韵笙的风格规矩、严整，注重艺术真实感，走的是生活化的路子，给人以亲切、自然之感。虽不及麒派精工，亦不乏自己的创造。

据演员徐戎明说，唐韵笙领人练功，让练功者两手左右平伸，一手端一只碗跑圆场，他以手拍击节奏，由慢到快，不许碗掉地。他说上台满脸花儿（汗）不行，故让人夏天穿棉袄练功而不至大汗淋漓。

唐韵笙的做功就总体而言，有如下特点：

（一）准确漂亮，干净利索。

就拿抖袖来说，有的演员抖半天，可唐韵笙一下子就搭到上头来，长长的水袖一带就像自动似的过来了。在《斩韩信》中，唐韵笙扮演的韩信来到未央宫，吕后出示圣旨欲治罪韩信，让韩信自己去读圣旨。韩信跪在地上，面向吕后、背对观众，接过圣旨，在〔丝鞭〕锣鼓点中原地以膝盖为轴，身子向左一拧，面向观众念圣旨。

在跪地转身时,前腿带动前蟒襟,后腿带动后蟒襟,用身形带动了红蟒飘然而起。前后蟒襟一丝不乱,这硬功夫是唐韵笙年轻时膝盖磨出血才历练出来的。韩信见势不妙,欲借去问萧何"凭证"之机拔脚溜走,吕后喝道:"回来!"韩信双手撩袍,一个急转身,袍前襟扬起,后襟同时甩开,蓦然跪倒在地,应声:"臣在。"飞舞的袍的前后两大襟都随双膝同时落地,平平展展盖在地上,真像用手铺出来似的。这个撩袍甩袍的下跪动作,又利落又漂亮,没有高深的腰功是断乎做不出来的。《刀劈三关》"报信"一场,报子上场禀报大公子战死、二公子身亡、三公子被擒的消息后,汪笑侬演雷万春昏倒过去。而唐韵笙饰演的雷万春则戴盔头,挂髯口,身穿软甲,披斗篷,腰中挎宝剑,剑柄上系长缨,震惊悲痛之下,单手一按桌面,由桌里翻身跃到桌外。动作敏捷英爽,身上干干净净。这手功夫实不多见,把英雄内心的强烈反应赋之以形。

(二)稳而不板,刚而不火,旺而不暴。

唐韵笙以演权势显要的王公重臣和关羽戏为主。关羽在人们心中已神化了,演出中要求肃穆端凝,所以他的做派比较稳当,动作快也力求快而不冲,在火炽中不暴不过。唯其稳,分量就显得重,具有稳定感、雕塑感。《古城会》"训弟"一场,关羽斩蔡阳后被迎进古城,兄弟见面后,关羽道:"多年不见的兄弟,指望弟兄见面,叙叙为兄的苦衷,谁想你一言不发提枪就刺!"张飞反问道:"二哥,这一枪刺得可好?"这句话更伤了关羽的心,便道:"你这一枪刺得愚兄又惊又忙,珠泪两行,弟兄们险些不能——见——面——了——"接着便难过地哭了起来。有人演哭是号啕大哭,唐韵笙只在"见——面"后轻轻用了几个"噫"字,表现唏嘘,接着便掩面而泣。这样有节制地表现伤悲,唐韵笙自有其对关羽此刻的心理剖析为依据:关羽本知张飞性情憨直鲁莽,而自己在曹营十二年,受曹操的隆重优待,怎能使张飞不疑。只不过是嗔怪张飞这样对待自己,心里感到委屈,故而这哭是嗔怪的哭、委屈的哭。倘使演成号啕大哭,不但不适合关羽在规定情境中的心绪,也有失这个在传说中神化的大将的庄重。由此一例,可以略窥,稳练熨帖,是唐韵笙做派的一个特点。

(三)细针密缕,丝丝入扣,重视细节的真实。

一些老生演员为了使观众叫好,采取大幅度夸张的形体动作,"洒狗血",甚至拼命式的做工。唐韵笙不求讨好观众,宁可让人家说他戏瘟,也要做到细腻,于细微处见精神。他上得台来,就全然入戏,浑身都是戏,连背上都有戏。《夜走麦城》中的"三报"一般人演并无好戏可看,唐韵笙却利用舞台调度和内心戏表演,把观众带入紧张焦灼的戏剧氛围中。他背对观众,从他的背身,可以看出他对形势的忧虑。突然发觉有人前来,一个急转身,向前迈步,报子报"烽火台失守",关羽木立不动,这里用一个"停顿"静场表现关羽情急之下的震惊和思索。唐韵笙能不用唱,不用念,只用"做",便让观众知晓剧中人想什么,怎么想。如《闹朝扑犬》中"修本"一场,刺客黁夜潜入赵府刺杀相国赵盾,隐身在槐树后偷听赵盾与子赵朔的对话,赵盾唱:"……为父的保国心青天可鉴。"赵盾修本毕,着朝衣朝冠,端然正坐,只待四更上殿谏君。刺客悟解赵盾是忠臣,自己错了,心中犹豫,这时被赵发觉。赵盾毫不畏惧,正气凛然地走向刺客。既不念,也不唱,只用手先指刺客,又指刺客的利刃,后指自己,再作杀状。旋即双手向后一背,昂首前行一步,把颈项伸向刺客。几个哑剧表演的动作,便把为国为民、不计生死、无所畏惧的忠良形象表现出来。这才是"此时无声胜有声"的妙境。唐韵笙演《寇准背靴》以文静细微、身段与脚下的功夫见长。寇准跟随柴郡主身后探穴的身段是那样清楚、特出,右手在肩上拎靴子,左手提蟒襟,一只脚穿靴,一只脚赤足。这双脚高低不平的步法,过花庭、曲栏、小桥后的圆场,都令人叫绝。饰柴郡主的李玉茹的圆场,简直草上飞一样快,寇准也越跑越快,而头上歪戴的相貌双翅竟始终平稳不动,激起台下彩声大作,观众直呼:"真功夫!真功夫!"跑三圈圆场后,快到地穴门口时,柴郡主突然往后一退,紧迫的寇准把没穿靴的一只脚抬起来,也随之用单腿、小蹉步往后退,那动作漂亮极了。

在《群英会》里,唐韵笙扮演的鲁肃在周瑜宴请诸葛亮时,特意站在诸葛亮身后,偷偷用手拽诸葛亮,暗示他不要喝酒太多,周瑜要杀他。正是在这样的小节骨眼上,唐韵笙细致入微地刻画了鲁肃的忠厚善良以及对诸葛亮诚挚的友谊。这往往是别的演员容易忽略的地方,一般人演鲁肃多是站在诸葛亮的前面。再如,《古城会》里马童从古城返回向关羽报信,唐演关羽见了马童不是马上急问他探得的消息怎样,而是先马上回身远望,举目一看、二看、三看,观察有没有张飞出迎的队伍踪影。这个"眺"的眼神配合动作的细腻表演,给观众留下了思考的空间,让观众想象人物此时此刻所思所虑,从而获得欣赏、再创造的快感。

《夜走麦城》里,麦城北门中埋伏一场,是全剧高潮。天降大雪,马在雪地奔跑极艰难，而关羽右手箭疮又发作，到处是徐晃、吕蒙预先设置的陷马坑，他在马上一次次掉进坑里，一次次拔上来。武场起三擂鼓，舞台上出现极为紧张、勾魂摄魄的激战场面：马童三次翻上，关羽须发蓬乱，双袖从镶色靠里褪下露出箭衣，出场时一边跑圆场，一边蹦起落地又起，冲到台口。圆场加蹦的上场，形象地再现了马在坑洼不平的山道上奔驰俯仰颠簸的情景。这是唐派关羽的独到处，博得了观众的喝彩。接着是左冲右突的压马，唐韵笙的压马表演非常细腻、逼真、感人。马童把马拉起，二人圆场走到台正中，关羽左转身，青龙刀交左手往后退勒马亮相，右转身刀交右手退步向前走亮相。接着起"四击头"，右手耍青龙刀四个正缠腕，青龙刀像飞机螺旋桨似的在右臂上旋转，观众掌声雷动，这是罕见的唐派绝技。后刀交左手左脚踢靠肚，右手抓靠跪倒，向前跪蹉步到下场门台口。然后拉马起身向后倒退到九龙口，再左手勒马，右手皮球抢刀，一边抢刀向前倒身子，回到下场门台口。又拉起马勒马后退，右手刀上膀子左转身，双手横握刀杆摔叉。接着前勒马后打马，落入陷坑的马仍站不起来，关羽把刀杆竖起挂地往上撑，这才连人带马出坑。关羽把手放在嘴边用热气呵手，揉揉带箭伤的右臂，身子微晃，表示寒冷、疲惫、伤痛业已把他推向绝境。场面起"滚头子"，关羽、马童拉马走到上场门台口往里一看、二看，左手指点马童往前走。二人同勒缰绳往前走三步摔叉，又把马拉起退出陷坑，走到下场门台口，又一看、二看，示意马童往另一方向走，二人同时又向前走三步，又一番摔叉仰马。第三番在下场门九龙口往外一看、二看，马童、关羽又走三步到上场门台口，摔叉拔起后退回下场门九龙口。关羽示意马童继续突围，走到上场门九龙口。只听关平在远方呼叫："父王慢走！"打击乐长调，加剧了紧张激烈气氛，关羽虽精疲力竭，仍决心做最后挣扎突围。关平上，三人成丁字形连跑三个快圆场，关羽出刀耍大刀花，转身归里至下场门。关平下马报："启父王，赵累死在万马军中。"关羽在马上"啊"的惊叫一声，突然勒住缰绳，猛回身左脚踢关平小翻踝子，关平跌屁股坐子，关羽刀上膀子左转身刀交左手，右手勒马，右脚单立向前趋步，右手推髯瞪眼亮相。亮相时双眼只现白眼球，不见黑眼珠，有顷，眼珠方渐复原定神，此刻台上台下鸦雀无声。稍停，关羽道："怎么？赵累，他、他、他，死了！"随即哭了，这哭只用暗哑的"嚘"表达，没有"啊"的声音，表现关羽此刻已经出离悲痛了，欲哭无泪，泣不成声。此处大幅度的形体动作、有眼无珠的夸张亮相，无声的哭泣把关羽闻赵死讯后的内心狂澜展示得洞若观火。

上述一系列身段、做表把人物与环境、技巧与人物内心动作紧密结合在一起，使关羽人生的最后一幕显得格外悲壮撼人。联想到其一生的赫赫战功、盖世英名，而今竟落到这步田地，实在令人扼腕浩叹。最后，关羽之死，有各种演法。唐派演法有两种。唐韵笙晚年的演法是：在"儿呀，不要害怕，放大胆，随为父，杀！杀！杀！……"的惊天呼吼之后，关羽、关平、马童三人圆场，关平、马童又翻，关羽左勒马右勒马，手起大刀花，右膀背刀，左手勒马身体前倾摔叉。此刻徐晃、吕蒙率兵两边上，只听四面喊声："归降！归降！"关羽用力拉马，马刚要仰起复又倒下，关羽做身子下沉的半跪亮相造型，起尾声大幕合拢。壮年的唐韵笙是这样演的：关羽起大刀花，青龙刀上右膀，髯口甩到前面，左手勒马，右手把青龙刀横在脖颈下挺身兀立，亮相定格（表示自刎），俨如一尊雕像巍然屹立。后一种演法显示关老爷之威死而不倒，让观众想见关圣帝君精神不死、浩气长存；前一种演法切合戏剧规定情境，给人以真实合理之感，因为关羽确乎是掉入陷坑而殁的。为忠于历史本来面目，唐韵笙晚年改为前一种演法。

剧评界认为，常在关外演《走麦城》的程永龙以威武著称，白玉昆以脆快扬名；唐韵笙则以气势取胜，看来确系深中肯綮之论。须知，一些演员演到关羽压马时便换穿薄底靴，换用小刀，因为这场戏太吃重。可是唐韵笙照样穿三寸半的厚底靴，使用三程的特大青龙偃月刀，演来仍游刃有余，足见其功力过人处。

（四）生动逼真，富有生活气息，既生活化，又艺术化。

唐韵笙作戏演人不演行，"守成法而不拘于成法"（程砚秋创腔名言）。不是刻板地套用固定的程式，恪守前人现成的范本，而总是从生活实际出发，从人物性格出发，根据对人物此时此地的思想感情律动的体验，设计相应的身段、动作、表情，把遵守程式规范同灵活地变通和创造性有机地结合起来。例如《夜走麦城》关羽观阵后回到帐中与众将商议行动计划，决定夜间突围，众将虑及天寒更兼道路崎岖苦苦劝阻，关羽不听。关羽出帐场面起"阴锣"，他吸一口气，旋将双手交叉抱持在胸前。这个动作没有程式依据，很自然，源于生活实际，却把台下观众都带进戏里去，只觉得自己身上仿佛也有寒风扑体之感，好像也跟关羽一起来到了凉气袭人的雪地里一样。后来关羽败阵后用几个倒蹉步，倒退着出场，观众从他的"背后戏"里看到了这位义冠千古、勇冠天下的英雄末路的悲哀。再如《汉寿亭侯·约三事》当关羽向张辽无可奈何地提出三个降汉的条件时，他的心理活动通过眉目传递，让观众清清楚楚看出关羽当时威严中夹带内在失落感的意绪；见二皇嫂禀告约三事时,关羽那种又悔又愧、内心疚痛的声调、表情、动作,竟使观者泪下。

《包公怒铡陈世美》中包公升堂时,陈世美大摇大摆走向大堂正中,挺胸一站,以为包公不敢审他,企图阻止包公审案。无所畏惧的包公用藐视的眼神瞧一眼陈世美,用左手向后侧一推,把陈推到一边,然后整冠撕髯,猛一转身昂然入座。这一细节设计充分表现了包公不为权势所屈,以正压邪的气概,也强化了正反两方面人物的性格张力。这在京剧程式里是找不到的,却很符合生活真实。

在《白逼宫》里唐韵笙饰汉献帝,出场念完引子陡见曹操直立面前,顿时惊惧之神态现于面部。当曹操凶残地拔剑行刺时,汉献帝浑身觳觫之状令人悲悯,演得生动逼肖,恰如其人。这些生动的表演把观众带入似真非真、身临其间的艺术意境,都不是援据程式来的,而是源自人物的个性、气质,源自特定的情境,是艺术主体(演员)创造性发挥同艺术客体(角色)本质真实相偶合的产物。

唐韵笙这种不拘于程式、灵活变通的创造性表演才能,在近代戏和现代戏中发挥得更为突出。例如在近代戏《詹天佑》中,为了表现爱国工程师发明火车挂钩的刻苦钻研精神,他设计了这样一场戏:詹天佑埋首伏案工作,学生端一杯咖啡送上,他忙得顾不上喝:"啊……放在桌上!"等他画图画得口干舌燥,眼睛还是不离图纸,竟下意识地用手拿烟斗插到杯子里一搅和。对此,他也没察觉。俄顷,端起杯饮一口,禁不住惊叫道:"啊呀!又苦又辣,难下咽喉。"细看方才明白:"啊!原来……我怎么?……"又独自窃笑起来。然后他低头望着自己的双手,随意将两手握在一起,手指相对钩住手指。再一看手,忽而若有所悟,旋即两手错开,再一合拢,灵感顿然迸发,长期苦思冥索的问题瞬间豁然而解。他马上兴奋地把学生喊过来,让学生伸出手,和他的手相握再反向抻拉试验,终于琢磨出火车挂钩原理。这些做工表演并无现成的程式可依,全凭艺术家根据生活实际,发挥自己的艺术想象力加以创造,它来自生活,又上升为艺术,散发着浓郁的生活气息,让观众觉得真实、亲切、可信。在现代戏《白毛女》中,唐韵笙饰演杨白劳,既融汇了传统京剧艺术程式技巧,又大量借鉴了话剧、歌剧的表演方法。如杨白劳在大雪飘飘中的亮相、服毒自尽时的浑身哆嗦等就脱胎于关羽戏的形体动作。其他如给喜儿扎红头绳等都是参照了话剧、歌舞剧的演法,可谓将中国传统的戏曲同西方舶来品的话剧、歌剧融为一体。

唐派做工最为人称道激赏的是一些"绝活",是只此一家独具的硬功夫、真本事。唐韵笙能自成一家,必有其独到的绝活。兹举数端:《斩韩信》末尾,韩信自知在劫难逃,临刑前念了四句诗:"韩信胸中智略多……"吕后叫声:"与我拿下了!"只见韩信把脖颈向后一仰,"嗖"地一声,盔头(改良侯帽)便由头上直飞到下场门边,不偏不倚,正好落在场内接盔人的手里,显出韩信至死也不减大将气度,壮心不泯。这一甩盔动作的力度和准确性,若让外宾看了,说不定会以为是无线电遥控的呢,殊不知是颈部猛挺的硬功夫,不知要花费多少汗水才练成的。

《包公怒铡陈世美》公堂上对刀一场,秦香莲拿着韩琪自杀的刀拦轿喊冤,为证实陈世美杀妻灭嗣之罪,包公令王朝、马汉到土地祠内掘出刀鞘,呈示公堂。在大堂上,包公左手接过刀鞘,右手拿刀,把刀往鞘里横向一插,刀全部入鞘,再把刀抽出一段,右手撩黑满,在空中一绕,黑满搭在左手上。与此同时左手把连着刀的鞘倏然纵向立起,"刷"地刀又全部下到鞘里,动作帅、快、美,观众掌声雷动。包公在刀上做文章制裁陈世美,这是唐派《铡美案》所独有的。

唐韵笙扮演《铁笼山》的姜维,有个"跑圆场"同时射箭的动作也非同一般。他在跑圆场时即暗暗地把弓拉满,同时搭箭,用无名指和中指把箭杆扣住,然后用优美的反腕把弓箭翻到背后,斜着身一个亮相,伴随"镗"(小锣配音)的一声,那支箭从背后飞也似地射向边幕,直飞后台。这个射箭动作似易实难,纵令别人也能做,但像唐先生这般利落、准确、边式,恐怕为数不多。

在《好鹤失政》里,唐韵笙饰大夫弘演,弘演追卫懿公唱〔快板〕"顾不得马快踏田苗,心似箭"跌下马时,先摘下盔头一扔,再抓袖子,随后摔锞子,"四根棒"硬僵尸落于地,一瞬间将髯口向上一甩倒地,髯口掩面而不乱,这摔而不散的髯口功堪称一绝。

最为内外行一致折服的是唐韵笙在自编、自导、自演的代表作《闹朝扑犬》中的绝活:"金殿"一场赵盾上殿穿大红蟒,腰挎剑,戴黑大绒相貂、白三,足登三寸半的朝靴,左手撩蟒、捉带,右手持玉圭,念完"久未理朝事,今朝辨是非"后,用小趋步走半个圆场。锣鼓打完"大锣五击",半跪在晋灵公面前,动作又帅又脆。当晋灵公在桌上一拍(暗号),预先藏在桌底下的獒犬(由一个人扮演)蹿到桌面上。獒犬从桌顶翻下扑向赵盾,把赵撞个趔趄,犬向赵一扑、两扑,赵、犬往里双转身,赵以袖打犬,犬咬住袖子,赵左手护相貂,带犬蹉步(出宫)下场。"扑犬"一场,幕内搭架子喊三遍:"咬杀穿红袍的官儿!"在〔五锤〕中赵盾见犬追来撩蟒仓惶出场,由上场门滑八字步到下场门台口,垫步滑倒。双手提蟒,右腿独立单踔后退,到台中心,前扔蟒后打蟒跌硬"屁股坐",獒犬从赵头顶蹿过,赵搂犬翻过去。赵、犬双进门,赵用双手拿蟒打犬头,犬叼住蟒前襟,在"答答仓"声中,赵盾滑步、跪倒、甩髯。起来、再走、上步、撤腿、跪倒、甩髯,如此共三番。接转圆场,赵用水袖和圭打犬和被咬住的蟒,把犬打掉。随后,赵跨右腿踢左腿,左手搂髯,右手拿圭扶相貂,卧式亮相。犬再次扑来,赵起右腿"躁头"踹犬,骗左腿儿,犬又扑,左腿"躁头",骗右腿儿,用蟒前襟打犬,赵右后转身,半蹲式冲犬亮相。接着,犬右扑,赵左蹲亮相,犬左扑,赵右蹲亮相。赵右手持蟒打犬,犬又咬住蟒襟,赵、犬圆场到台中,赵三拽蟒,犬仍不撒口,赵用袖和圭打犬亮相。乐队起〔斗鹌鹑〕,赵盾唱"只见它垂尾摇摇",犬仍叼蟒,赵右单腿独立转一圈,犬拽蟒襟随赵转圈"走矮子"。赵盾搂犬"扑虎"接挑"倒插虎",犬仰面倒在台上。赵左脚蹬犬左腿亮相,唱"恰好似豺狼虎豹"。赵右手抹犬头,犬一撞,赵向前跟跄三步,左手指犬唱"吓得我魄散魂消"。又一个抹,又一撞,又向下场门跟跄三步,左手搂髯,右手执圭指犬唱"路崎岖难逃,抖精神闯宫帏仓惶出逃"。赵双手提蟒,与犬双进门,赵边走边唱,端蟒"三漫头"。犬撞赵身上,赵左腿单立后退,急速前扔蟒打后蟒,前后两片蟒襟同时甩开跌"屁股坐",蟒前后铺开在台毯上,正像一个大荷花叶罩在水面上。赵双手指犬喊:"猰犬伤人!"紧接着赵、犬又翻,赵三个跪地转身,转到上场门台口,变"屁股坐",又喊:"猰犬伤人!"共两番。犬与赵斜插随之三转,转动时蟒襟随身体旋转,有如一面飞起来的大团扇,这是剧坛拍案惊奇的绝活。随后赵起立,武场起〔四击头〕,赵前蟒扔,后蟒带,双手撑开,前后蟒铺开,往外转体三至五圈。转体时两个水袖横向飞起,两片蟒亦随身体旋转,简直有如自动涡轮机的旋转叶片。最后赵抓住前蟒襟打犬,犬一躲撞赵,赵后退数步亮住,这四个动作都在一个〔四击头〕中完成。在这段与犬搏斗的惊险高难表演里,唐韵笙的甩蟒、舞带、跪地、转身、大滚等身段动作灵活之至,蟒、带、帽翅、水袖、髯口、圭在翻跌滚打中摘得干干净净,互不挂碍,富有舞蹈造型美。这段袍带工表演边做边舞边唱,动作之繁难、技巧之高超,在做工戏中鲜为人见,没有非凡的功底、体力是做不了的。唐韵笙演来却面不改色,气不嘘喘,应付裕如,能继其衣钵者甚微。

此外,在《拾玉镯》中演刘媒婆在"花梆子"伴奏下边走圆场,边耍长烟袋杆,在《盘丝洞》中演猪八戒用脚背耍耙子,《目连救母》中上桌子跳起来双手接飞杈并连摔锞子,《徐策跑城》中踩着锣经的跑城舞步,都是唐韵笙的看家本领。

戏不离技,技不离戏,技与戏是个辩证统一整体,唐韵笙应用绝招都是有戏情戏理和人物心理根据的,不是单纯为了炫耀卖弄技巧。

四、打

唐韵笙以文武老生应工,但他经常演武戏,说他是武生也出色当行,武功绝不比正宗武生稍逊。京剧前辈艺人说过:"演武戏要有文戏底子,演文戏要有武戏底子。"诚哉斯言!唐韵笙惟其乃文戏底子,故武戏也演得好。动中有静,武戏文唱,有自己的独到处。唐派武打的特点大致如下:

(一)全。武功瓷实全面,武行技艺样样皆精。

唐韵笙不仅擅演长靠戏《三江越虎城》、《甘兴霸百骑劫魏营》、《截江救阿斗》、《伐东吴》、《定军山》、《小霸王怒斩于吉》、《刀劈三关》、《战濮州》、《收关胜》等剧目,并在剧中饰演过秦怀玉、甘兴霸、赵云、黄忠、孙策、雷万春、陈希真、关胜等角色,而且擅演短打武生,如《翠屏山》中的石秀,《英雄义》中的史文恭,《恶虎村》、《连环套》中的黄天霸,《蚍蜉庙》中的褚彪,《薛刚大闹花灯》中的薛刚。至于武净戏《拿高登》、《铁笼山》、《绝龙岭》、《张飞之死》、《造白袍》等自不待说,更是他的拿手好戏了。连神话戏《金钱豹》、《西游记》中由武花脸扮演的豹精、猪八戒他演来都口碑甚佳。唐韵笙的翻滚跌扑的毯子功之高超在《闹朝扑犬》、《好鹤失政》、《斩韩信》等戏里臻于化境,已如前述。他的把子功也非比寻常,如在《铁笼山》中姜维不仅扮相伟岸,而且"起霸"、"观星"腰腿功夫好,气势雄壮,八面威风。著名的"打八件"一场,大刀、双刀、枪、鞭、槌、锏、弓、箭八般兵器,在他手里都运用自如,各具花样,这些兵器不单用来对打和独舞,而且由顶呱呱的赵晓岚等八个女兵相互配搭出手,在台上交错抛接,宛如礼花齐放,珠落九天,令人目不暇接,叹为奇观。在《拿高登》中唐韵笙饰高登,开打时身法边式,步法清楚,亮相时干净利索,招招分明。耍枪、耍大刀非常溜,最后耍石锁,都灵脱机巧,精彩纷呈。这些打带有杂技的特点,表明在传统戏曲的各种艺术门类的综合中,杂耍、杂技是其中一个元素,京剧继承了这一特点。

唐韵笙的武打水平可从他的高难动作中看出来。在《拿高登》里,唐饰的高登与青面虎用枪、双刀对打,最后鼻子削头,高登背枪蹦子亮相,恰似"苏秦背剑"的动作。然后高登的背枪从背后捅出,再用右于从前面接过来,再扔钓鱼,用腿骗过钓鱼,先右后左共两次。接着反钓鱼,串腕向左跨右腿,转身紧接骗左腿亮相。这精湛漂亮的耍枪动作是在〔丝鞭〕一锣中完成的。他小袖不挽,大带不掖,耍枪时二尺半长的黑开口丝毫不乱,一招一式快如疾风,稳如泰山,每次亮相都赢得满堂好。唐派的《拿高登》以独擅绝艺负誉一时,难怪连以演《拿高登》名世的厉慧良也对唐韵笙心折意服。再如,唐韵笙20世纪40年代在上海演出《目莲僧救母》中饰的刘清提,十鬼捉刘氏一场,张云溪饰大鬼,拿叉吊刘清提。五张桌子斜着摆快到台口,场面起〔急急风〕,响三通鼓。刘氏穿老斗衣,底下是白绸裙系长腰巾,零碎多,跑两三步蹦到桌子上,身上的零碎并不以手撩起,一不留神便会踩上。上桌已属不易,上桌后大鬼举叉一抛,叉自刘背后飞来,刘从桌子上跳起来,双手接飞叉。紧接着摔锞子,身子平直地跌下,给人的感觉好像飞叉正叉在肚子里头,好险! 这个绝活高难、惊险,用力不足,兜不起来不行;过了,容易摔脑袋,危险! 又伤身体,又难练,连"武生泰斗"盖叫天都少用。故而,张云溪如此慨叹道:"这一手唐先生平时没露过,一演啥都行,那么干净漂亮。真正武生都不行啊! 何况他是武老生。"

(二) 准。动辄中节,尺寸合度,来踪去迹,层次分明。

关肃霜评价说:"他(指唐)耍的出手,扔出手刀、扔鞭,真是直令令的技术。"[1]拿关羽戏来说,早期京派的某些关老爷受宫廷规范制约,把关羽神化了,威望不得了,很少有敢和他交锋。因而关羽起打不怎么动手,以摆架子为主,只消一上手,对方就败北。南派的关羽戏到王鸿寿就已有大的革新,创造了舞刀和趟马、配合马童的马上身段,火炽多了。关东派的关羽继承了南派的路子,唐韵笙的关羽既讲究工架、做派、气势,又注重武打。大跑圆场,在马上随马童的翻跌作各种颤动的身段、各种舞刀动作,都相当丰富并饶有力度。但他的打不是很多,而是以简驭繁,适可而止,火候很到,旺而不暴,于沉着稳重中显内蕴之威。这符合关羽威猛莫挡的五虎上将之首的特征,又把关羽形象还原为人。人们注意到,唐韵笙的关羽大刀背手花总是走中心轴,耍几次都在中心轴,越是小节骨眼越规矩。在《刀劈三关》中上场门、下场门附近各设一道布城,雷万春每打破一关、斩将后都有一套大刀花,各具特色,闪展腾挪,倏然转身大刀一砍,"唰"刀刃顺着一条线下来,城关门缝立即分开,那准确劲儿正如庖丁解牛,恰中膝里。如此过三关,三劈城,"三刀一线"(后改为两次),既准确也优美,真是"手里有准,脚底有根儿",美在恰如其分。

---

[1] 转引自宁殿弼:《关肃霜忆唐韵笙》,载《辽宁日报》1987年5月9日。

（三）快。唐韵笙的武打不仅稳健威勇，且稳中有快，快如疾风，动如脱兔，动作敏捷，快中见刚。

从武打动作的速度可窥见一个武戏演员的真本事。唐先生的琴师、剧作家刘颖华写道："唐老挥舞这么笨重的武器（指《驱车战将》中南宫长万的双头大戟），只听得呼呼作响，运转如飞，真像评书演员说的那种夸张手法：'见戟不见人。'又如他演红净用的那把青龙刀，刀头足有三尺，刀镡也有三尺，但他舞起来风驰电掣，毫不费力，我真找不出恰当的词汇去描写他那矫健的英姿，只好借用大诗人杜甫那有名的两句诗：'来如雷霆收震怒，去如江海凝清光。'"[1]年轻的唐韵笙在《连营寨》《长坂坡》里饰赵云，打快枪非常快，间不容发，只见枪光和靠牌满台飞舞飘扬。特别是在《三江越虎城》里扮秦怀玉轮番在东南西北四个城门前叫城，每至一门要一个枪花，力杀四门，打四次快枪，一次比一次脆快，一次比一次精彩。到花甲之年，演《走麦城》在〔急急风〕中打"三见面"把子，脚下仍然溜得很，快到看不清从哪里起，哪里落。两个年轻的下手围着他转，竟觉得跟不上，没有他那么快。难得的是他能做到快而不乱，髯口、夫子巾的穗子都不乱不挂，摘搂得干干净净。

（四）帅。动作脆、美、巧，富有雕塑感，看起来漂亮。

饰唐韵笙马童的演员李勇奇说：20 世纪 30 年代初，唐韵笙演《三江越虎城》中的杀四门要枪，"抛挑"枪扔上空中，落下来用靴子尖接住。枪在靴尖上转动，再用脚把枪踢上半空去，用手在背后接住，那动作非常帅。每演至此，观众都报以热烈的彩声。一次，唐韵笙演《驱车战将》，双手在背后要枪，偶一失手枪掉在地上，他若无其事地用脚尖一挑，把枪挑起来，顺手一接，在〔四击头〕中亮相。打鼓的何荣琨锣鼓点配合得恰到好处，台下掌声轰然而起。《盘丝洞》一剧唐韵笙饰猪八戒，要耙子堪称一绝。耙子杆立于脚背上，耙子齿朝上，耙子随着身子转，在场上随心所欲，身子怎么走动耙子也不会倒。在《郑伯克段》第十二场，郑寤生将叛乱的弟弟段擒拿后，押进宫中请母后审问。母后姜氏替段说情："他是你的兄弟呀！"寤生答道："弟若不弟，兄岂敢兄？"姜氏说："儿呀，听你之言，敢是要杀他？"话音刚落，只见面对观众的寤生握宝剑的手（剑横在手腕下）一拱，回转身朝母后面前一

---

[1] 刘颖华：《谈谈"关外唐"》，载《辽宁戏剧》1981 年第 1 期。

跪念道:"儿臣遵旨!"好像失手似的,剑锋碰及段身,压根儿看不出杀人态势,只见一个转身背向观众下跪动作,不料段已中剑身亡。这个杀人动作做得那么干净利落,那么巧妙,又不露痕迹,明是故意,看似无心,出人意表,博得满堂喝彩。然后寤生念:"哎呀!儿臣失手了"。接唱:"母后言语未说准,无情剑落尸已横。"这个极"帅"的杀弟动作是为表现郑寤生的智谋机心服务的。在《困土山》中唐韵笙的关羽上山的表演颇为人称道。关羽一勒马,右手涮刀,上膀子,撩髯口,踢靠肚前下摆,由坡下到坡上,先走三步三勒马。这三步是踮脚尖,踹脚后跟,锣鼓点全都在左脚上。迈右脚时不击锣,右脚是静的。锣鼓不响的间隙,可听到头上夫子盔的珠饰抖动的声音。第四步右脚上凳,左腿上桌子,绕髯口亮相,这四步都在〔四击头〕的锣经中完成。打鼓佬在第二步、三步各多加一锣,最后〔丝鞭〕一锣走五步到头,上坡的手、眼、身、法、步与锣经配合得非常严谨。唐韵笙的武打不拘囿于固定的程式,有时能根据剧情和表现人物性格的需要加以创新。譬如,在《十二金钱镖》里他饰演的俞剑平的武打就突破了程式,创造了一种类似武术似的新武打套路。一边唱,一边打,杂以摔跤,又很像联弹,给人以新颖灵脱之感。一打一百多个来回,很吃重,一般演员是顶不下来的。这是唐韵笙与赵松樵一起研究设计的。武打必须寓美于真实,真中见美,美不失真,不能流于单纯武技的卖弄。否则为美而忘了真,将导致唯美主义。有人演各类关羽戏从头到尾一个样,唐韵笙演的关羽,从中年到老年,在武打动作的尺寸、力度和速度上都有明显的差别。中年,动作脆快,亮相英武,双手舞刀,大跑圆场给人以雄放之感;老年,则动作健劲,亮相凝重,因有箭伤,故常用一手拿刀,开打时不多打,点到为止,令对手不敢与之交锋,更显得不可匹敌,给人以苍劲、沉稳之感。

第三章　唐派艺术的革新

　　真正的艺术家不会仅仅满足于继承前人的创作成果,他总要在已有的艺术成就的基础上有所开拓,有所创新,总是要在自己的创作中力图呈现某种新的、属于自己的东西。列夫·托尔斯泰在日记中写道:"艺术家为了影响别人,应该是一个探索者,应该使他的作品成为一种探求。"唐派艺术创始人唐韵笙先生正是这样一位勇于探索、不断创新的艺术革新家。旧社会跑码头卖艺为生的艰难生存环境,造就了唐韵笙强烈的竞争意识,这种竞争意识是他创造唐派艺术的思想基点。为了在艺术竞争中出奇制胜,唐韵笙穷毕生的精力,向各位前辈名宿、业师、同行学习借鉴,砥砺研磨具有自己特色和风格的京剧艺术,达到了炉火纯青的地步。早年他师事周凯亭、赵鸿林、周信芳等,经常看三麻子、雷喜福、杨小楼的演出;中年在南京向红豆馆主问艺,在上海与盖叫天、翁偶虹先生切磋技艺;晚年转益多师,多方面汲取营养。正如梅兰芳大师所说:"艺术的进步,也就靠着多方面的学习跟相互的竞争,才能够从旧的传统规律里发展到新的途径上去的。"[1]

　　改革是京剧之魂,唐韵笙的革新精神是从始至终一以贯之的。他总是绞尽脑汁不断使出新招数,使自己的创作时时给人以新鲜感。从艺初始,他在自编自演《驱车战将》时,就自制了别出心裁的服装,改良靠和刀枪把子——月牙形双头大

---

[1] 梅兰芳:《舞台生活四十年》第一集,中国戏剧出版社,1961 年,第 101 页。

载;"三十年代中期'粉面哪吒'唐韵笙多次来哈,并与管韵华、尹月樵、曹艺斌、蓉丽娟、赵松樵、李春元等合作,进行艺事交流和探索创新,技艺皆精。"[1]在哈尔滨和沈阳共益舞合,为了改进艺术,以唐韵笙为首成立了"育风馆戏剧研究社",参加者有张云溪、管韵华、曹艺斌、李刚毅、张又天等。这是一个艺术探讨小组,在演出间隙,大家自愿聚在一起品茗聊天,互相提出问题,共同寻求答案。如纠正字意传讹、字音颠倒,研究字意尖团、辙口,探讨动作标准、袍带步法(如何整冠、理鬓、抖袖、转身、上马下马等)。举凡艺术上的问题都在议论商榷之列,谁能解答就当场立刻解答,都不能解释的就记在本上存疑,作为日后探讨的课题。这个小型文艺沙龙成为唐派艺术革新之花生长的一片土壤。唐韵笙等编演的令人耳目一新、深受观众热捧的试验性通俗戏剧《怪侠锄奸记》(共六十四本)便是在这个浓厚的艺术研讨氛围下诞生的。

解放初期,唐韵笙在上海滩排演配合抗美援朝斗争的大型新编历史剧《唇亡齿寒》(一名《假途灭虢》),创造了在台上展示马拉战车的宏大的战争场面。他设计了由两个演员合作扮演一匹马(一站一俯,像耍狮子似的),马背上坐着驭手,四匹马拉一辆两个轱辘的战车,将士执戈站在车上打仗。这样的武打、战争场面在舞台上出现堪称独步一时吧,见所未见,其胆大创新之举不谓不惊人。故当时周信芳看过此剧后紧握着唐韵笙之手说:"贤弟呀!你真敢干,有一套,叫人佩服!"唐韵笙赧然回答:"我的老哥哥,你怎么说这话,我这不过是雕虫小技而已。"

唐韵笙加入沈阳京剧团后,长春电影制片厂筹拍戏曲舞台艺术片《走麦城》,拟邀请他主演关羽。他提出要骑真马表演,要真实,要突破,后因故未果。1956年秋,他将看家戏拿出来重新上演,搞了个"沈阳市京剧团久不上演剧目展览周"。在《沈阳日报》刊登的海报上,昭示观众:"唐韵笙编导之《好鹤失政》、《二子乘舟》、《郑伯克段》因二十年来未曾上演,故随同传统剧目一并展览,以便听取意见,进一步整理修改。"他把原来需要二十三场演完的《二子乘舟》精减为十七场;《好鹤失政》等列国戏本是他的精华毕注、研磨多年的拿手戏,然而他并未满足于此,而是精益求精,随着时移世易,审美观念的更新而一改再改,足见其革故鼎新的创造精神。20世纪50年代末,唐韵笙的书架上摆放莎士比亚戏剧集,他读罢莎剧后,认为《李尔王》、《皆大欢喜》都可以改编为京剧。特别是观摩了前苏联影片《奥

---

[1]《中国戏曲志·黑龙江卷·哈尔滨卷》,见"剧种·京剧"部分。

赛罗》后,他激动不已,觉得很适合移植,便找秦友梅商量将之改编成京剧搬上沈阳舞台,但因领导反对而成泡影。历史的前进,证实了唐韵笙的艺术预见的英明。二十多年后,莎翁的传世之作《奥赛罗》终于在东方古老的红氍毹上大放光彩,在1986年"中国莎士比亚戏剧节"上北京京剧团实现了唐韵笙的未竟之志。

让我们从剧本创编、表演艺术、舞台美术三方面探讨唐派艺术的革新精神。

(一) 唐派剧本敢于改旧翻新、独出机杼。

凡剧本中不合理、欠妥帖的情节、念白、唱词等,唐韵笙都敢于大胆修改,去芜存菁。拿念白来说,《走麦城》中关羽曰:"竹可焚,不可毁其节;玉可碎,不可毁其白。"前句唐韵笙改为"珠可沉,不可毁其节",这样两个喻物都是硬的、白的,协调一致。在《将相和》中廉颇念:"待老臣带领人马,杀奔咸阳,直捣三秦。"唐韵笙认为赵国军事力量不够,打不到三秦,这是空话,故改为"待为臣统领甲车,屯在界口,方为上策"。唐说:"称呼廉颇应念官衔'上将军',称'老将军'也须带上姓氏'廉老将军'为妥。"可见唐韵笙用词之讲究,思考之精细。拿唱词来说,《华容道》的关羽对曹操唱"尔是惊弓鸟有双翅难以飞逃",唐韵笙改为"樊笼鸟我量你有翅难以脱逃",将曹操的处境比作"樊笼鸟"比"惊弓鸟"更恰当,加个"我量你"表露关羽的骄傲自信,切合关羽的素性。再如《刀劈三关》的雷万春唱"我祖爷扶民统国政"一段,一般唱"喝饮刀头血",而唐改唱"喝饮道旁血",因为"刀头存不住血",故无从饮,"道旁"似更贴切,合情理。诸如此类,不胜枚举。拿剧情来说:对传统老戏《古城会》,唐韵笙作了三处改动:(一) 老的演法古城下关羽杀蔡阳前与张飞会面,关羽有段唱,最后一句是"兄弟反目在今朝",唱完动手打张飞,把张飞打得"抢背"下马,张飞连连告饶。唐韵笙觉得两人一交手,有负桃园结拜之义,且不符合关羽仁义性格,就改为以解释、落泪的办法感动张飞。关羽唱大段〔二六板〕回叙自己保皇嫂、"事汉不降曹"的苦衷(老的唱法只有简单几句),最后一句是"刘关张虽异姓,胜似同胞,莫动枪刀"。张飞言道:"嘿!咱老张这铁石心肠,被他这一哭,嘻!就哭软了……嗯,也罢,待我将二位嫂嫂诓进城来,再来与他辩理。"显然这样改动更近情理,更符合关、张性格特质。(二) 斩蔡阳的情节,原来的情节是在台上厮杀力斩,唐韵笙大多也是这样演的:起打后,关羽败阵而逃,蔡阳追下。在城楼上观战的张飞做紧张焦急状,接"九锤半"锣鼓,关羽复上,蔡又上接打,关羽拖刀劈蔡死于上场门。斩蔡阳后,关羽望一眼张飞,下马。刀拿不动了,把刀交给马童,在"搜场点"的锣鼓中整冠,揉两条腿,表示极度疲乏,斩蔡阳实属不易。别人演斩时不退到后台,斩完也不下马,只一个蹲式子亮相下场。一度唐韵笙考虑这样演蔡阳死后还得"走尸",自己滚下去,失真;兵将拖下场,不好看。为净化舞台,给观众留下想象的余地,他曾改成关把蔡逼到后台,张飞在城楼上起三通鼓,关在幕后暗斩蔡后,复"冒头"上场。张飞道:"二哥将蔡阳刀劈马下!"关羽踮步低头上场,身体微晃,右手拿刀,左手指张飞表示无声的怨恨谴责之意,低着头表示疲惫。(三)"训弟"处理不同,结尾刘备不上场,如前述。

对于经年上演的看家戏,唐韵笙也不断推敲,常改常新,这些戏往往中晚年演法与早年就有所不同。如《好鹤失政》剧终卫懿公已被北狄王瞍瞒杀死,弘演抱尸恸哭,唱〔二黄三眼〕,最后拿宝剑把自己的胸膛剖开,将王卫的心揣在自己怀里,殉君长终。这样表演经过唐韵笙反思,认识到既违反真实,又带有封建迷信和荒诞色彩。所以后来改为先对卫王一祭,再将尸首掩埋,最后自刎而死,这就顺乎情理了,也取消了怪诞的迷信恐怖的内容。

(二) 表演艺术不为程式、范式所囿,从生活出发,从人物性格出发,灵活自如地加以变通和创造。

有的传统戏只顾交代情节,不注重在情节进展中刻画人物。或者即令刻画了人物,但对人物性格基调把握不准确,对人物个性特征缺乏细微精到的显现。譬如《华容道》"闹帐"一场,有人演关羽为了突现其"刚而自矜",并追求矛盾撞击的舞台效果,把关羽表现为不遵军令,目无军师,质问诸葛亮,甚至同诸葛亮干起来的形象。关羽瞪眼冲着诸葛亮说:"今逢大敌,三弟、四弟俱有差遣,单把关某一字不提,请问是何道理?"这样演关羽性格中"勇武"固然有了,但核心——"忠义"却缺失了。唐韵笙演来不然,他把握了关羽同诸葛亮关系的分寸,处处表现对军师的尊重,在军纪、礼节上律己甚严,没有一句话顶撞诸葛亮。诸葛亮给他下令后,他有想法,但只是陈述,而非抗辩:"军师,那曹操兵败华容,好似惊弓之鸟,关某若是搂起烟火,他焉能走华容道来?"诸葛亮:"此番曹操必走华容。"关羽:"倘若曹操不走华容,关某如之奈何?"诸葛亮:"我愿立军令状。"关羽:"这……"关羽语气平和,连个"且慢"都没有。一个"这"字包含丰富的潜台词,语意双关:一是你不给我立凭证不行;一是我可不是强迫你这样做。接下来,诸葛亮提笔写军令状,关羽在一旁谦恭地说:"得罪了。"仁义之状可感可触。诸葛亮写完,道:"二君侯请看。"别人演关

173

羽是答道:"待某看来。"接过军令状一看,然后揣在袖子里。唐韵笙演不接不看,一拱手,道:"军师请来传令。"表示完全相信诸葛亮。同样,关羽写完军令状双手呈上:"军师请看。"诸葛亮接过放在桌上道:"不必观看,二君侯听令!"以示双方相互信任。如此处理才活画出一个勇武立业、忠信立身、谦恭有礼的英雄个性,符合以"义绝"著称于世的关羽形象。

在别人往往不注意的"小节骨眼"上,唐韵笙却能精心构筑,认真做戏,于平易处显奇崛,细微处见精神。举例来说,唐韵笙在《挂印封金》里演关羽准备登程,奉嫂寻兄。刚出门,发现自己内穿的新袍是曹操赠给的,他觉得不该带走,略作思考,就脱下外罩的刘备所赠旧袍,又迅速解下新袍并叠好,往二帐上一搭。动作漂亮、利索,博得观众满堂好。这才叫"交还一切",并且同前情曹操"赠袍赐马"相呼应,既透示了关羽重义轻财的大丈夫气度,又显得剧情针线紧密,天衣无缝。当年唐韵笙在上海演此剧,周信芳、林树森等前往观看,都为唐的这一细节处理高明而拊掌叫好。而粗心的演员都是《挂印封金》、上马就《千里走单骑》了,想不到对曹操所赠之袍须做个交代。这也许便是艺匠与匠人的区别之所在吧。

运用程式而又不囿于程式,敢于突破程式,才能放开手脚,发挥艺术创造性,演人物而不演程式。倘若只按行当程式"一道汤"演下来,只能演出类型化、概念化的人,而演不出"这一个"活生生的个性。唐韵笙演戏从不满足于遵循已有的程式或只模仿现成的范本,而总是以生活真实为基础,根据美的法则进行独特的创造,使之成为既真且美的艺术果实。例如《千里走单骑》"刮骨疗毒"一场,个别演员视为大战劳累后稍息的机会,所以演来松懈、随意。但唐韵笙不这样看,他倒觉得这场戏很难演,大有文章可做,他打比方对同行说:"打针疼不?疼!开刀呢?更疼!老爷刮骨头,你想该怎样疼,怎么演他疼?他不能动,不能说话,半个脸朝观众,又不能搅华佗的戏。他还必须让观众看出他疼,看出他极力忍着,这是要动脑筋才能演的。"他对饰演华佗的管韵华说:"你怎么刮,怎么使劲,必定在我身上有反应,你看我的小动作、脸色,你那里一刮,我这儿一疼,总会有感应的。"他要求打鼓佬、华佗、周仓、马良和关羽五人心气相通,动作协调。为了表现刮骨疗毒过程中关的剧痛和超凡的忍耐克制的坚毅性格,唐韵笙把表演分为三个层次,分别设计三套鲜明而强烈的形体动作以外化关羽的内心感受:华佗刮第一次,关羽第一个动作是手按桌子,握起拳,拳头攥紧,微微抖动,并咬紧牙关。实在是疼,但他不在乎,他知道自己挺得住,所以竟敢好奇地把头扭过来看一眼,一看臂上鲜血淋漓,为之一惊一瞪眼。马良怕他受刺激,马上喊一声:"君侯!"他回过头来,怎么能转移情绪呢?抓起酒杯,念一声:"干!"第二层,疼痛照样重复,不过他已忍受下来,排遣痛苦的办法是努力集中意念下棋,又不能喊:"将!"因为下的是围棋,他另一只手用力拈着棋子,以镇定自己;第三层,挂到骨头里去,疼得更厉害了,他梗住脖子,但头盔上的珠子在颤抖,连在一旁看着的周仓(素有"活周仓"之称的王奎生饰)都受不了了,竟捋起袖子,举手欲打华佗。关羽扭过头来瞪他一眼,周仓不由得往后一退。关羽回过头来,举起棋子"崩"的一摆,表示"我没事"。华佗望着关羽,擦擦汗,打背躬道:"好样的,真是英雄啊!"关羽逼真、细腻

《千里走单骑》,唐韵笙饰关羽

的表演及合理调度把台上四个人默契地组织到戏里,统一到戏里,形成"一颗菜"。在此,唐韵笙静中有动、内外统一、以行写神的表演体现了唐派艺术严谨的风格,也见出了主体妙到毫巅的独创性。

有的传统戏经许多名家演出、琢磨,臻于完善。可是到了唐韵笙之手,艺术探求并未就此驻足,他总是要有所发现,"要有某种新的、自己的东西……一定要在某一点上比别人开拓得更远,一定要挖掘出哪怕是极其微小的新鲜小块"(列夫·托尔斯泰语)。以《秦香莲》为例,京剧大师马连良、裘盛戎等都有独特的创造,唐韵笙的《包公怒铡陈世美》有唐派的特点。有人演包公公正、刚直、威严这一层面很突出,但让人感到冷,不亲切。唐韵笙的包公既是爱憎分明、执法如山的重臣,又是个充满感情、有血有肉的凡人。在包公看状子的这场戏里,有的人演包公接过状子,展开一看就唱。唐在此加了一个细节:陈世美先要看,伸手去抢状子,包公奋起左手,抓住陈的腕子,右手高举状子,用目光逼视陈,欺三步,使陈倒退三步。然后左手一推一搡才松手,再向台前走几步,起唱〔垛板〕:"驸马爷亲自看端详,

唐派艺术论

上写着秦香莲三十二岁,状告当朝驸马郎,欺天子,蒙皇上,婚后男儿招东床。"别人唱到此就结束了,直奔结句"状纸压在大堂上"。唐韵笙则增加一段唱词:"贫妇人带领子女宫门闯,仗皇亲弃子抛妻,全然不念结发糟糠,劫杀我母子中途上,韩琪自刎在土地祠堂,大人为官不失民众,哀哀上告辨明冤枉。状子压在大堂上。"这一细节揭露了陈世美的做贼心虚和张狂,彰显了包公的大义凛然和以正祛邪;增加的唱词陈述了秦香莲的悲惨遭遇和陈世美的罪行,使状子内容完整而合乎逻辑。

在节奏安排上,一般演元帅升帐发点都按固定程式打上、整冠,念引子,然后归帐,说四句话白。唐韵笙在《刀劈三关》中把这些过程全省去了,让雷万春吹打就上,望一番、两番,再笑眯眯进帐归座,念:"将反王押进帐来!"由于简化废场子,情节显得紧凑,节奏加快了。有所删除也有所增益,唐韵笙把前头的吊场改编成一场"金殿顶本"的完整的戏,唱大段〔反二黄〕。他根据自身的条件,为了充分发挥自己的优势,在中间开打部分,加强了对三关的武打表演,加上最后一场城楼上唱〔西皮导板〕接〔原板〕、〔流水〕,就使这出开始带有悲剧意味的正剧揉入了喜剧的情趣,向喜剧方向发展,唱、念、做、打并重,雅俗共赏,老少咸宜,适合关外人口味。

唐韵笙的创新精神还表现在独出心裁、发人所未发上。如京剧里有站着唱,坐着唱,跪着唱,舞着、打着唱,但还未见躺着唱的。在《风波亭》一剧中,唐韵笙扮演的岳飞在狱中竟躺在床上唱〔二黄慢板〕转〔原板〕。躺着唱符合主人公的处境,并非为技巧而技巧,故意炫奇哗众。躺着唱运气发声困难,非一般功力所及,这个劲头据说是他躺着吊嗓练出来的。唐韵笙敢于大胆尝试,其创新精神于此可见。

革新不可能"一空依傍,自铸伟词",革新离不开继承,必须在继承的基础上起步。大凡成功的革新都是在扎实的继承传统精华和广泛的吸收诸家长处的积因下取得的。唐先生不仅锐意探新求变,而且悟性强,学即能通,通即能用。就拿他的《天波杨府》来说,其中好多表演的彩头都是学习继承、博采广征的果实。这出大戏由"擂鼓聚将"、"穆桂英大破洪洲"、"三岔口"、"探地穴"四个戏组合而成。"擂鼓聚将"一场,八贤王、寇准到杨府搬兵,寇准故意把八贤王引到杨府花园内聚将台。八贤王说:"此乃军事要地,上不得。"寇准唱〔西皮流水〕:"千岁爷莫要慌,这桩事儿我承当……"他拉着八贤王的手上聚将台,司鼓击三下鼓,乐队起板槽,亢七台七、亢七台七……君臣二人步伐一致,左腿右腿一块儿迈,用了《红娘》里红娘唱"叫张生……"

一面手执棋盘遮挡张生走矮步那个动作,唐韵笙把荀慧生先生的创造糅到这里,优美好看,又机趣盎然。登台后,寇准同八贤王由逗趣转入正题,八贤王请寇准擂鼓,寇准说:"千岁听了!"接唱"擂动了聚将鼓啊……"开始用老戏开锣戏《庄王擂鼓》的擂法擂鼓,鼓键子那分量、技巧不逊于《击鼓骂曹》的祢衡击鼓,唐韵笙把二者的精华荟萃于此,一声紧似一声,三通鼓激起观众阵阵掌声。接下来,祭灵堂,灵堂布置好后,八贤王、寇准同时唱二黄上,又把《二进宫》里的对唱移到这里。《二进宫》里徐延昭唱"探罢皇陵进昭阳",杨波唱"宫门上锁贼李良";《天波杨府》里八贤王唱"郡马不幸把命丧",寇准唱"去了国家紫金梁",八贤王唱"从此江山无人掌",寇准唱"呜呼哀哉祭奠上香"。在"灵堂"一场,寇准守灵时摘下帽子、脱掉靴子往灵牌前一扔,唱道:"这丫儿放置在灵堂之旁,灵堂……"与此同时,左腿跟两只手在空中画圆圈,这原来是折子戏《打棍出箱》里范仲禹的动作,唐韵笙把它化用在这儿,既适合特定环境,又显得人物性格风趣诙谐,强化了该剧的喜剧风格。单是《天波杨府》一出戏,就吸收融合了这么多老戏精华,唐派艺术善于广纳博收、荟而萃之的精神足见一斑。

(三)舞台美术力求标新立异,花样翻新。从服饰、扮相到布景、道具、刀枪把子无不有自己独特创造。

1. 服饰。唐韵笙特别注重角色的服饰出新,他本人就是一位服装设计师,经常琢磨服装的样式,不少戏的服装都是他自己画小样、按照他的构思特制的。早在三十年前演出列国戏《驱车战将》时,他为主人公南宫长万设计了一套别致新颖的改良软靠。这种软靠轻便有如箭衣,紧身、束腰,外罩大坎肩,下甲前后左右有四块"靠腿子"。改良靠是用黑色大绒料子制作的,上面镶嵌许多经过电镀呈银色的圆形铜扣子,像鱼鳞似的。前后心上镶的是特大铜扣子,前胸的大铜扣子代表护心镜,在灯光照耀下锃明瓦亮,银光耀眼,煞是好看。他在《绝龙岭》里饰闻太师,穿的又是另一种改良后的服饰,样子奇特峥嵘,靠由红缎子做成,缀有鱼鳞似的电镀白色铜扣,两肩由下而上耸立起两个犄角,状如大象鼻子,两个袖口上也分别向上翘起长长的犄角,上甲腰际和下甲靠肚中间绣有半立体的虎头图案。加上白五绺髯、白眉毛、三只眼(中间假眼配小电池,用线连通,开关在背后,一按开关眼睛放光)看去非常奇伟、威武,且带有某种摄人心魄的神异感。《陈十策》、《绝龙岭》开始是'改良'扮,到上海后,改成大扮,扎大靠,勾老脸,戴白满,使闻仲这个人物显得更加凝重、深沉、威武。《驱车战将》后来也不是黑绒靠了,改成黑满金的大靠,

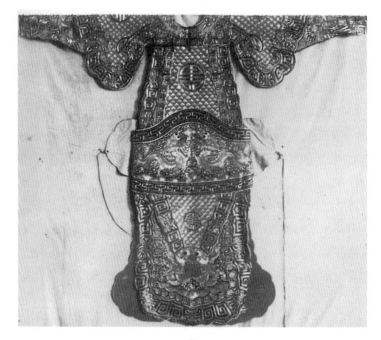

靠

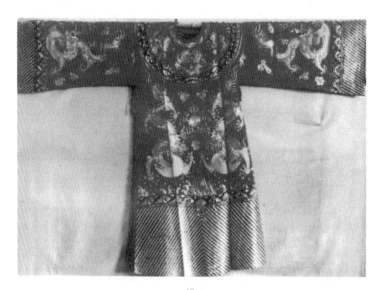

蟒

戴黑满。可见他总是不停顿、不满足、不保守,总是在研究、改进,总是往前走。"[1]

一般武生扎靠都要系杏黄色、红色靠绸,唐韵笙却不系靠绸。20世纪20年代初,唐韵笙在大连同乐舞台与人合演《乾隆下江南》,扮演一个"耳子"(即下手、次要的武生),他为这个人物特制一杆枪,买日本布特制一套大金花的抱衣抱裤,大肥裤腿是斜的,头带扎巾,别具一格。出场一亮相,台底下就叫好。

在现代戏里,服装没有现成的范式可依,全靠自己的创造。唐韵笙在现代戏人物服装设计上见出天才的创造性,如《智擒惯匪座山雕》里,为座山雕设计的服装,是穿高筒黑皮靴,扎腰带,披大氅,大氅用绸子做薄里子,加皮毛边,衬以黄色军毡镶边,适足以显现十足的匪气。再说夏天演戏穿上也并不太热,很科学。

云肩蟒是唐韵笙的独创,他穿的红蟒、白蟒、黑蟒、紫蟒、缃蟒都绣大云肩。一般戏衣的蟒在领口周围绣宽二寸左右的花边,即所谓的"小领"。唐自行设计的"云肩蟒"在小领外边加绣宽半尺的云肩,云肩上绣有图案,或二龙戏水,或几簇团龙,或是绣金、绣银的海水。云肩外缘绣有"托云"或"寿"字。穿着时,有时把云肩和小领套在一起,融为一体,有时以云肩取代小领。这种改革的云肩蟒自20世纪30年代起由沈阳"王恒泰"戏衣庄制作,《闹朝扑犬》中赵盾穿的蟒即是。即新且美的云肩蟒一经出现在舞台上,立即受到观众的青睐和戏剧界同行的瞩目。一些京剧演员把云肩蟒运用到自己的戏衣上,产生广泛的影响。甚至资望高如裘盛戎这样的大艺术家也学习唐韵笙,把云肩蟒镶到自己的"裘蟒"上,可见其影响之广。

唐派的关羽戏在服饰上也有自己的独到处,夫子盔是小盔头,蟒、靠都小巧玲珑。在《古城会》中唐韵笙为关羽设计的大靠,内无"背虎壳"的软靠,靠肚绣有二龙戏珠的图案,靠牌、靠肚连在铠上,两肩和腰间有龙形刺绣,靠腿前为龙头形。特别应该指出的是唐派关羽的厚底靴。一般老爷都是穿虎头靴,虎头靴富有造型美,显得火爆;而唐韵笙穿的是花盆式黑靴,黑靴肃穆,显得大气。唐韵笙创造的这种靴是青缎子腰,白色底,靴帮是抹斜下来的,接触面小,状如花盆,看起来漂亮。靴底厚三寸半,没有相当深的脚底下功夫是穿不了这般厚底靴的。唐韵笙改革的戏装品种有男靠、男蟒、开氅、下甲腰围等,这些改革的戏装有助于更完美地衬托人物形象,丰富了戏曲衣箱的品种。

2. 脸谱。唐韵笙除了沿用传统老式脸谱(如南宫长万、高登、姜维、张飞等)

---

[1] 曹艺斌:《回忆唐韵笙先生》,载《辽宁戏剧》1981年第5期。

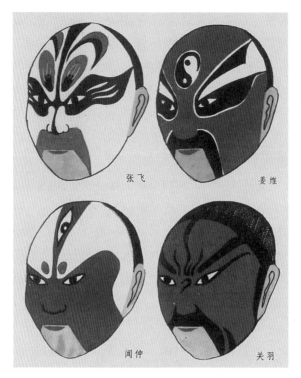

张飞　　　　　姜维

闻仲　　　　　关羽

唐韵笙脸谱

外,也作了许多改革。如闻仲的脸谱在 20 世纪 20 年代后被改扮成揉脸,带白五绺,眉心两额处画着一只竖着的眼睛。有时则把竖着的眼睛做成插片,插片上安装小电灯泡,配有电池,使之闪动。30 年代,唐韵笙在上海演出时复归传统脸谱,带白满。唐韵笙在《碧眼金蝉石铸》中饰的石铸眼皮里装有塑料薄膜,出场时眯缝着眼睛,激动时一睁眼,呈紫蓝色,像灯泡似的发亮。唐派关羽的扮相也独具特色:传统脸谱夸张幅度大,眉间画有黑卷曲纹,带七星痣,面目凶恶,喜怒不清。有的为了神化关公,勾油脸,画银珠,面部通红,油光发亮,脸上的肌肉纹理一点都看不出来,令人产生一种闪烁神圣光轮的神秘感。唐韵笙的关羽改成搓红脸,或称揉脸,淡红色,显得清洁干净,胭脂淡,揉得匀,肌肉的质感都看得出来。两眉间和额上只画三道曲纹,凤目蚕眉显出眉清目秀,喜怒哀乐神情依稀可辨。这样性格化的化妆恢复了关羽作为"人"的面目。当他要杀人或情绪急躁时,脸变得通红,像充血一样,表现了演员进入角色、感情体验的真功夫。此脸谱为京剧界所认可,广泛应用。

　　3. 刀枪把子。《驱车战将》中的南宫长万使用的特大双头戟是唐韵笙独创的。

双戟银色、金杆,戟头呈双月牙形,区别于吕布的单月戟。戟杆长度超过头顶,这种戟因为大,所以戟头和戟杆有螺丝组合,平时头、杆分置;用时,以螺丝扭住接合,看来非常威武雄壮。

唐韵笙演关羽使用的青龙偃月刀亦颇特出:全长6.5尺,分三厅:刀头、刀杆、刀纂。刀头长2.2尺,刀杆长2.8尺,刀纂长1.5尺。刀头由两层铁纱合成,上系红缨。刀头两面各自镶嵌一条透雕的青龙。龙首衔接着一支能转动的红珠,铁纱向外凸起,内成空腔,藏有小铜铃。大刀舞动,铜铃作响,红珠滚动,红缨飞舞,美妙绝伦。唐携此刀赴沪演出时,将刀头卸下来带上火车,到上海后找一个把子作坊用胶粘上。把子店里的工匠看了这把青龙刀惊赞不已,以为稀见,遂仿制流传开来。素有"江南活关公"之誉的林树森十分喜爱这把刀的样式,也效仿制作一把。

唐韵笙对戏中的道具很讲究历史真实性,别人演列国戏,文臣上朝惯用牙笏,他则改为圭。因为当时还没出现牙笏,朝觐持圭,是符合历史真实的。"圭"亦作"珪",是古代帝王、诸侯朝聘或祭祀时所执的礼器,为长条形玉器。唐在《闹朝扑犬》中饰赵盾,手持的圭是木制的,两端为三角形,有如令箭,两面雕画龙、花、走鱼等图纹,刷上金粉,制作很考究。凡列国戏,他都使用圭,说他一丝不苟,正体现在这里。20世纪50年代演《群·借·华》中"蒋干盗书",唐特为鲁肃设计了六瓣框式折叠小型宫灯,美观,小巧玲珑,代替了传统砌末的布筒式灯笼。

青龙刀

20世纪40年代戏曲舞台上机关布景盛行,海派京剧首开风气之先。受南风影响,在舞台装置、布景方面唐也追步新潮,着手大胆尝试采用现代舞台技术。此间,他与张云溪、周少楼、周仲博等合作的连台本戏《怪侠锄奸记》就使用了声光电化手段,制作了变幻莫测、令人目眩神迷的机关布景,增强了舞台效果,使观众耳目一新。机关布景即布景机关化,是原有戏曲布景的一种发展变形,以表现离奇怪异景象和迅速变换场景为其特征。例如《怪侠锄奸记》中暗道奇兵的场景,怪侠在寺庙内搜寻,霎时从香烟缭绕的香炉中涌出许多僧侣与怪侠格斗厮杀。三足鼎立的香炉高2.5米,直径1.2米,距台面约80厘米。香炉底部与地道衔接,运用镜面折射的原理使观众无法看到衔接的机关。《怪》剧中烛光飞舞的场景。一书生误投贼店,店家送来一盏灯。书生借烛光看书,入神之际,烛光突然跃起,在〔鬼扯脚〕曲牌音乐伴奏下,烛光忽上忽下,忽高忽低,左右翻飞起舞。其奥妙在于运用"提线法"(走游弦),由站在舞台棚顶上的人操纵,使蜡头与灯盏分离。《怪》剧中花轿变相中的场景。恶少爷强娶民女,义侠欧阳德抱打不平。抢亲时民女哭哭啼啼上了花轿,众打手簇拥着花轿在舞台上走过几个圆场。喜不自禁的恶少第一次掀起轿帘,见民女在轿内哭泣;等到了家门再掀轿帘时,民女却不见,只见欧阳德坐在轿中。原来花轿是用旋转木板做的,演出时义侠预先躲进旋转木板的后面,轿快要到达时再与坐在前面的民女对调位置。《怪》剧中石门囚笼的场景。恶僧战不过义侠,逃进石屋。恶僧用兵器在石墙上划一个"门"字,石墙上闪出一道"门"字形白光。于是,开出一扇角门,恶僧逃脱,义侠追至,只见石墙不见恶僧,情急之下,撞石墙寻找通道。不料误触机关,墙上忽然落下一个扇形笼子,义侠反被扣住。

在《好鹤失政》中采用虚实结合的舞台美术设计,卫懿公朝会时金銮殿前站立四个人穿鹤形的仙鹤。"闯关"一场则用硬景片制作城墙布景。在传统老戏《二子乘舟》里,急子、寿兄弟二人在船上对唱、哭诉,运用蓝色灯光渲染出"月黑杀人夜"愁惨的悲剧气氛,催人泪下。建国后,唐韵笙排演《三霄怒摆黄河阵》,为表现三位"送子娘娘"替兄赵公明复仇的水战,用吹风机吹动许多块淡绿色的绸子,造成波澜起伏、大浪滔天的惊险情状和水中鏖战的氛围,演员时而跃上山崖,时而潜入水中,好不壮观动人。

第四章　唐派艺术的风格

风格是艺术家的创作在总体上形成自己的鲜明独到特点的标识,是艺术走向成熟的表征。俄国诗人帕·阿·维亚席姆斯基说:"没有风格的作家——等于没有命中的箭。"唐韵笙的艺术之所以被众人承认为唐派,正是因为他所创造的形象和所乐于、惯于运用的种种技巧、手法综合起来已形成自己的鲜明个性特点和风貌,这便是京剧唐派艺术风格。撮其要者可大致归纳如下:

一、繁丽多彩,博赡宏富

由于天赋条件好,功夫扎实全面,加上长期挑大梁、率班四处流动演出的艺术经历,唐韵笙锻铸成为一个"六场通透"的"全才"、"通识"。他的本工是文武老生,然而生、旦、净均能胜任。在每一行当里,他还能擅演各类角色,他的戏路宽广到几乎无所不能、样样皆精的程度。正如"编剧圣手"翁偶虹先生所说:"韵笙之艺,老生、红生、武生、大嗓小生、花脸、老旦、彩旦,尽饱观众眼福,内外行一致推崇。"[1]戏曲评论家潘侠风写道:"唐韵笙功底儿瓷实,嗓子好,文武兼能,昆乱皆精。'武

---

[1]　翁偶虹:《菊圃掇英录·关东唐》,载《戏剧电影报》1988 年第 23 期。

生'、'老生'、'红生'全演,会的戏很多。"[1]梨园行的人说:"把唐先生分给六个人,都是好角。他又是老生、武生,又是花脸、黑头,又是红生、老旦。"唐韵笙的才能可谓达到了全方位展示,所以他的舞台形象呈现出稀见的丰富性和多样性。这就构成了他的博赡繁富、多彩多姿的多元化艺术风格。用"文武昆乱不挡"一语来概括唐韵笙的艺术特点,洵非虚言。这种风格乃是东北地区许多京剧名演员所共有的,表现了外江派的一个重要特点。而唐韵笙驾驭多种行当和技巧的艺术造诣则显得更为突出。因此他是当之无愧的东北京剧的伶王、翘楚、代表。唐韵笙演小生、花脸、黑头、老旦、彩旦都不能说是反串,他就是经常这样演,经常什么行当都扮,需要什么就能来什么,来什么就像什么。全然打破行当界限、串行演戏,这是唐派区别于京朝派、海派的一个重要特点。京朝派的"四大须生"余叔岩、言菊朋、高庆奎、马连良都不这样演,马连良以文戏为主。海派的王鸿寿、盖叫天等也不这样杂多纷呈。王鸿寿以红生戏为主,盖叫天以武戏为主,而唐韵笙则是文武并重,这与海派的麒麟童除不贴旦外,其余行当无所不演的"杂"的特点倒有些相似。唐韵笙的入室弟子曹艺斌、张海涛、李刚毅、焦麟昆也都能胜任几种行当,均不同程度地继承了乃师的兼容性特点。

形成这一特点的原因有主客观两方面:从主观上说,唐韵笙既有好嗓,又有过硬武功,文武双全,而且竞争意识、创新意识强烈,有志于扩展自己的艺术天地,尝试各种不同的戏路、风格以争取更多观众;从客观上说,唐韵笙(包括其他外江派演员)不像京派、海派那样有北京、上海固定的从艺基地,有相对稳定的合作者和班底,能够比较长期专门地把握、适应一地的观众审美习惯,而是常年奔走四方,流离辗转。这种跑码头的动荡的艺术生活环境迫使他只能在经常变换搭档,或在缺这少那、人手不全的情况下临时拼凑班子演出,因而不得不用啥上啥,缺啥补啥,一专多能,一赶多角,带上了"杂家"的特点。正如剧评家奚延者所说:"周信芳、李如春、唐韵生等都是出色的'杂家'。"[2]须得指出的是唐派杂多的特点,并不是杂而乱,理丝无绪,而是杂中见齐,寓整一于杂多中。

综观唐韵笙所演行当,虽众行兼擅,但还是以文武老生为主,袍带戏尤好,戏路宽并不妨碍其专精一行。从他所创造的形象系列不难看出:演悲剧,塑造壮

---

[1] 潘侠风:《京剧艺术问答》,文化艺术出版社,1987年,第84页。

[2] 奚延者:《一专多能好》,载《戏剧电影报》1987年11月15日。

美的悲剧英雄人物形象合成唐派艺术的基调。他由以独标异帜的列国戏大都是悲剧,他著称于世的红生戏《古城会》、《走麦城》等也是悲剧或带有悲剧色彩的。他塑造的《驱车战将》中的南官长万,《好鹤失政》中的弘演,《闹朝扑犬》中的赵盾,《二子乘舟》中的急子,《绝龙岭》、《陈十策》中的闻太师,《鹿台恨》中的比干,《斩韩信》中的韩信,《刀劈三关》中的雷万春,《大回朝》中的文天祥,《尽忠报国》中的岳飞,《林则徐》中的林则徐,《詹天佑》中的詹天佑,《白毛女》中的杨白劳等,无一不是身陷困厄、充满悲壮感的悲剧性人物。在选材和立意上以刻绘悲剧形象为主的唐派艺术,其风格必然是沉郁悲壮、雄迈大度。

二、自然清刚,中规中矩

可能有人以为外江派一般演戏都"野",夸张过火。其实唐韵笙不然,恰恰相反,他演戏很文很稳,比较规矩。虽然唐韵笙不是科班出身,没有受业于名师,在学艺过程中转益多师,不宗一派,视野广阔,但他并没有把自己的艺术搞得杂七杂八,不伦不类。他特别注重场上的一嗔一笑、一哼一哈、一喷一吐、一遏一放,都源自程式规范,不滥加"花点"以炫耀技巧。梨园行内外一致认为唐韵笙唱戏比较"正统",中节合度,端庄严肃,不尚花巧。

"字正腔圆"是人们用以评价京剧演唱的基本标准,也正是唐韵笙努力以求并已达致的目标,这一点显然主要得益于京派名家诸师的传授。唐韵笙的唱注重感情抒发,注重字音,而不注重花腔,不大在行腔的曲折婉转上下工夫。如《灞桥挑袍》中"众将官,一个个勒马站桥头"一句,唱来平实畅达,不拐弯抹角,没有花腔。所以有人说,听唐先生的演唱,颇有点老腔老调的感觉,挺直,似乎没有什么特殊的韵味,不以音色和旋律美著称。其实,这种中规中矩、朴实无华、自然流畅、不显雕琢的唱法正是唐派独标一格之所在,是唐韵笙根据自己嗓音的天赋优越条件克展所长的结果。唐韵笙有汪桂芬、高庆奎那样浑圆高亢、气力充沛的好嗓子,五音都好,音色饱满,脑后音共鸣好,开口就响,"一响遮百丑"。因此,相比之下,在行腔技巧运用上就不像马派那样讲究、精巧、俏丽,善用装饰音,也不像麒派那样着重以抒情气势取胜,而是近乎梅派那样明朗、自然、大方、清淡,富于内在的魅力,给人以威棱内含之感。他唱那种类乎梅派正统的腔就好听,而唱那种连续顿挫的疙瘩腔不见得佳妙。梨园素有"卖嗓"与"卖味"之谓,唐韵笙凭"定乾坤"的亮嗓,自然是可"卖嗓"了,相对于此他的"味"就不免略逊一筹。他不仅咬字、吐字清晰,有厚度,而且在唱时谨守字音,以字带腔。他的唱出字、归韵、收音务求"合辙",十三辙运用准确。如人臣辙落到恩上,江阳辙落到昂上,由求辙落到欧上;字音的四声阴阳、尖团、清浊,务求区别清楚。如《空城计》中的〔西皮三眼〕"我本是"的"我",必唱成阳平(第二声),或唱成上声(第三声)。"你为何三番两次"的"你",必唱阴平,不能像评剧那样唱上声。"宝剑伤人"演唱时"剑"必念成团字,而"万箭穿心"的"箭",唱时必念成尖字,"拿把剪子"的"剪"字是尖字。唐韵笙处理总是尖团分明,分毫不爽。有的演员也着重尖团分明,可是把尖字念得太尖、团字念得太团,这就有点过了。唐韵笙则掌控适度,尖字不尖(锐)、团字不重(滞)。团字他从不唱成尖字,可尖字(如酒、就,秦、椒、将)有时唱成团字。

在做工身段上,唐韵笙也出之自然,诚如李万春先生所说:"唐老的艺术是炉火纯青,动作不是勉强的,很自然,坦然自若,看着很舒服。"他讲究尺寸,有尺寸就有规矩,能让人看八面见线,非常圆。他很少小动作,动作大气,拉山膀、拿刀力求圆,拎靠牌两只胳膊撑圆了。他无论扮演什么人物,每一个亮相都是一幅好看的画,其造型从正面、侧面、背面看都俨如一尊塑像。尤其他演的关老爷,用内行的话说"四面圆"。他的关羽出场像泰山一样稳重,脚一点点动,分量就重,不像有的人很快进三步。因为他的表演规矩严谨,所以有人觉得他的戏比较瘟,不火爆。他好比专业的学院派搞声乐的,很地道正宗,但也许没有搞通俗音乐、唱流行歌曲那样时兴,受欢迎。唐韵笙不求特出,但求平凡。真正风格不是外在的可以随便张贴的东西,而是表演艺术家的气质的自然流露。黑格尔说得好:"艺术只有当它是自然时才是美的。"这话看来有点绝对化,不无片面性,但以自然为美,终不失为美的重要一端。自然、优美、浑朴的是好风格;反之,浮夸、做作、轻飘的是不好的。真正上乘的艺术是从绚烂到平淡,平淡不是低层次,而是更高层次上的对朴实美的复归。"南麒北马关外唐",并存并竞,风格各异,各具千秋,不宜有所轩轾。麒派厚、泼辣;马派美、潇洒;唐派圆、工整。如果用书法和绘画作喻,那么是否可以说:麒派风格可比作书法中的大草字,绘画中的泼墨山水;马派有如书法中的行书,绘画中的写意之笔;唐派则好似书法中的隶书,绘画中的工笔画。仅举二例,唐饰《古城会》中的关羽,斩蔡阳后,不像别人演的那样只顾表现精疲力竭,松一口气,而是特意下马转个回身,捋起髯口,圆睁双眼,在"回头"的锣鼓点中看一眼蔡阳横陈的尸体,流露出一股惋惜之情:本不该杀这一员老将,但情势逼人,只好不得已而杀之。

正是在这下马回首一望的细如秋毫的眼神表演中,把关羽此时此刻又悼惜又内疚的心境展示得惟妙惟肖。

再如,唐韵笙演戏中下书的情景非常细腻,不爽毫厘。他端坐台桌前,提笔先在砚上轻揉,然后用另一手指挌笔尖一弹,揞住纸开始挥毫。写时精神从下往上涨,眼珠随着笔势飞舞而上下滚转,写完后一吹,使墨干再叠。叠完再用手推平,才装进信封里,把信封上端折过来,使手一压,封好。再翻过来写地址、姓名,随后唤旗牌官来见。即便写一封信的表演也要把戏作足,没有半点马虎,对关节点表演的厚度自不待言。唐韵笙的干女儿赵晓岚写道:"他的表演相当细腻传神,甚至连身上所穿的蟒都会有戏。"[1]这话洵非虚言。

大艺术家讲究每个动作都用得恰到好处,适如其分。正如戏曲评论家潘侠风所说:"唐韵笙对四功五法很有研究,表演刚柔相济,虚实结合。应收、应放,该轻、该重,掌握得非常恰当,另有一种风格。"[2]唐韵笙正是这样一位运斤成风的大家,他曾说:"任何一个身段都要选择在比较恰当的时候用,让它有目的性,能找到根据。择人之长,不能滥用乱堆,身段要素,要用简笔不要繁笔。就拿插花来说也得挑选,还得有个准地方,或者头上或者鬓角,不能乱插。动作太多,七拼八凑,让人眼花缭乱,就像《能仁寺》里的赛西施,丑丫头插一脑袋乱花,不但不美,反而更难看了。"

唐韵笙平素喜欢看山水画,那一抹微云、邈邈的远山,笔墨不到的空灵境界更使他悠然神往。在花鸟画中,他喜欢观赏淡雅清逸的兰花,由画理感悟到戏理。想来,这和他所崇尚的素淡风格不无关联吧!

有人说唐韵笙的艺术"打内不打外",这就是说内行为之折服,外行不为所动。内行看有真功夫,外行不尽欣赏,这话不无一定道理。所谓"不打外"换个角度剖视,不但未必就是缺陷,而且不妨说正是他"这一个"(黑格尔语)的优点:他不为讨俏,迎合某些观众趣味而一个劲儿地铺张扬厉,炫奇弄巧。有不"惑"的能力,心中有数,坚持原则,不为某些观众的彩声所迷惑、掌声所陶醉。他是我行我素,中节合度,自认为这个地方该到这份儿就止乎此。你叫不叫好我不管,不迁就,我的目的是给你一个真实可信、完整准确的艺术印象。这实则是"返璞归真",绚烂之极,

---

[1] 赵晓岚:《跟唐韵笙合作演戏》,载《戏剧报》1984年第5期。
[2] 潘侠风:《京剧艺术问答》,文化艺术出版社,1987年,第84页。

归于平淡。正如张云溪先生所说:"他演戏规矩得很,从不在舞台上'洒狗血',搞那种咬牙跺脚、鸣汽笛式的表演。"[1]唐韵笙还有个怪"脾气":别人叫好的地方,我不叫好;等到别人叫不出好的地方,我非让它叫好不可。在往往不招人叫好的地方叫好,难得就难得在这里。如《古城会》关羽出场的〔西皮导板〕、〔回龙〕用一个唐派特有的高挑长拖腔唱"灞桥挑袍马蹄忙",接着一个稳重的缓式亮相。此刻打击乐休止数秒钟,全场无声,观众为之哑然。演《古城会》的一般都在这一拖腔中叫彩,而唐韵笙唱到这里,出人意料,没有得到喝彩。等到乐队奏起下一段音乐——"慢长锤"打几锣,台下"哗……"掌声才似万物苏醒般地轰然四起。原来,观众被他这句高亢、宽亮的长拖腔给惊呆了,俄顷才醒悟过来,人们同声感叹:"从来没见过演《古城会》在这儿叫好的。"

三、动必由衷,内在含蓄,心传精微

唐韵笙演戏,都是从人物出发,在技巧与人物的关系上,总是使技巧服从于人物刻画,而不让技巧游离于人物刻画。唐韵笙表演讲究人物内心雕镂,特别入戏,内在东西多,强调"心戏"的性格表演、内心体验和程式动作的有机结合,用熟悉他的同行的话说:"他演戏'走心',整个人物全都沉在戏里头。"

他一上台,一戳一站就是这个人物,浑身都是戏。唐派弟子邵林童对笔者说:"我老师扮上戏,就把所有私心杂念全部排除,演戏从头到尾没有空白点,整个人的精神全贯注在戏里面,三个钟头不松懈。所以,先生演戏累得不得了。"

唐韵笙个头不高,但是精、气、神十足。他往椅上一坐,真是八面威严,气概非凡,一人占满台,气场十足。用同行的话说:这就是演员的"维他命";用观众的话说:这叫"镇台",激起同台演员的入戏演戏的情绪。他不仅把配角,就连底围子都给带动起来。你不能不认真,想走神、马虎也不行。后辈晚生回忆与他同台初始的情景说:"跟唐先生在一起演戏害怕,他太威严了。"他拿眼珠左右一扫,叫声:"列位将军!"马上提起你的表演神志。有的演员,眼睛只看几个人,唐先生则环视四周,诸多方面都照顾到、调动起来了。将全台演员融为一体,形成"一颗菜"。唐韵笙说:"我提着青龙刀上得台来,别看我一下没打,但脑子里有千军万马,四个上下

---

[1] 张云溪:《我知道的关东唐》,载《戏剧电影报》1985 年第 4 期。

手(龙套)就是千军万马。"他演戏脑子里始终装着戏剧环境。在《赠袍赐马》中,曹操将赤兔马赐给关羽,关羽欣喜异常,他对爵禄、美女、金银都毫无兴趣,唯独喜欢这匹宝马。因为一见马,就联想到:"此马日行千里,关某知我哥下落,乘此马投之,一日便可相见。"见马时,唐韵笙的表演心理戏很丰富。马牵上来,首先表现他一眼就认出:"敢是虎牢关前吕布所乘赤兔马乎?"接着表露他上下左右端详那马,喜不自禁,急于"待某将乘马以试足程"。攀鞍纫镫后,在马上缰绳一勒,加一鞭,前试后试、左看右看,最后一晃头,又点点头,才下马。这些细微的小动作,揭示的是关羽在蹓马品察时的思索和掩饰不住的爱马之情。这一切为关羽尔后向曹操施一全礼作了充分的铺垫,是下面关羽的道白"此马日行……一日便可相见"的心理活动的外化。唐派撑门弟子曹艺斌说:"可见,唐先生是现实主义的表演方法,他的艺术创造不是从程式出发,而是从人物出发,灵活地运用程式来为塑造人物服务。"[1]这一评论是很确切的。

在《灞桥挑袍》中,当曹操命人看酒来给关羽饯行时,关羽答道:"谢丞相!"接着场面起〔望家乡〕(别名〔串锤〕),站在桥头的关羽思绪翻腾。他先起云手,胳膊展开拉山膀,往后裂一下,再慢慢捋髯口,用眼神观察曹兵的动态,把曹八将从第一名起逐个看到最后一个,包括龙套也扫视一遍。再由尾返回头来,瞭望一下远处,看看曹操后面有多少人马,最后回头又看曹操和知己张辽。见张辽暗蹙眉头,内中似有隐情。这段〔串锤〕特别长,有的演员因缺乏心理分析,做起来空虚,台下观众恹恹欲睡,而唐韵笙的表演关羽内心活动层次特别清楚,没有空白。关羽在紧张思忖对策:曹操带多少人马?在灞桥打不打?打,走不了;不打,曹操能不能放行?酒该喝不该喝?……最后从张辽神色情绪异常,判断酒有问题,于是唱〔流水〕:"曹孟德敬我一斗酒,有张辽在一旁暗暗蹙眉头……"

在《白毛女》中,杨白劳按完喜儿卖身契手印后回到家,心如刀绞,但又极力掩饰。唐韵笙对此心理体验得深,刻画得细。杨白劳时而坐在凳上发呆,二婶、喜儿唤他吃饺子时,他应声:"哎!"这才从痛苦的沉思中醒转来。发觉屋里冷,站起身用一个京剧程式动作搓搓手,发现手上仍残留朱印痕迹,眼神一愣,脑海里又浮现出穆仁智强制按手印的情景,禁不住浑身一哆嗦,又使一个京剧程式动作。随后,马上镇静下来,把手塞进棉袄大襟里蹭掉朱印,再拿出来看看擦掉了,才去吃饺子。

<hr>

[1] 曹艺斌:《回忆唐韵笙先生》,载《辽宁戏剧》1981年第5期。

可见,唐韵笙注重表现人物的内心世界,善于广征博采,融会贯通,把话剧的表演方法同京剧的表演方法有机地糅合在一起,借助于形体动作、传统戏曲程式将人物心理流程具象化。

在东北地区形成和发展起来的唐派艺术,固然同东北文化土壤的滋养密不可分,但它不是生于斯、长于斯的东北土生土长的产物。在它孕育、成长的每一步都离不开京、津、沪京剧界的熏陶,唐派同关内的京派和海派并非隔着一道鸿沟,而是有着一脉相承的渊源。潘侠风说:他(指唐)"在当时所谓的'京'、'海'两派的剧目,都拿得起来"[1]。唐派艺术这种广泛的包容性、复合性当然渊源有自。唐韵笙一生进京演出次数不多,但直接或间接学习和继承京派先师、侪辈的艺术,是其独创一派的重要原因。唐韵笙曾向名票红豆馆主(溥侗)请教谭派唱腔,他做工细腻准确,起止合度,谨严工整,不卖弄技巧,这些都学自谭派传人余叔岩。《战太平》、《定军山》、《阳平关》、《打渔杀家》等戏贯通余派精髓。他唱腔刚劲挺拔,善于抒发激昂悲壮之情,得益于高庆奎。他最受欢迎的骨子老戏《逍遥津》则是师法高派。他的《冀州城》、《铁笼山》、《艳阳楼》、《霸王别姬》、《百骑劫营》,武打坚实,有一股英武气概,都师承杨小楼。他和马连良的亲密交往,故而有很多机会学习借鉴马派。总之,北派京剧的谭、余、高、杨、马诸家流风余韵的影响,对于唐派艺术的形成均起过重要的作用。

唐韵笙早年学戏主要是宗法南派的刘鸿声、汪笑侬,他的开蒙戏"三斩一碰"走的是刘派路子,《张松献地图》、《马前泼水》、《刀劈三关》、《胡迪骂阎》则源自汪笑侬。后来经常演出的关羽戏可说基本上是继承江南"活关公"老三麻子王鸿寿的衣钵。京剧界盛传的"八大关公"之说起于 20 世纪 20 年代末,他们是:夏月润(外号夏八根儿)、林树森、周信芳、李洪春、唐韵笙、李吉来(小三麻子)、程永龙、李万春八位。简言之,夏月润讲求表现人物的精神气质,风格高雅;林树森嗓音高亢而近"左",他的关羽戏质朴苍劲;周信芳的关羽戏也颇具威猛神采;李洪春专擅关戏,允文允武,以武取胜,唱、念、做、武、舞全面创新多,他的关羽形象传神入画,英武肃穆,被誉为"红生宗师";程永龙是天津派红生代表,体格雄伟,气派壮阔,扮相神气,平时不睁眼睛。俨如一座泥塑,外江气味浓厚,人称"泥胎老爷";李万春的关公念白吞吐有力,身段边式利落;唐韵笙的关戏则讲究功架、气度,注重做派,刀

---

[1] 潘侠风:《京剧艺术问答》,文化艺术出版社,1987 年,第 84 页。

式、趟马等武舞动作气势雄迈,神采奕奕,威武中见儒雅,主要是得自于南派王鸿寿的启发。唐韵笙既擅长三国戏,又擅长列国戏,这在梨园界是罕有匹比的,王鸿寿在这方面为其导乎先路。唐韵笙早年在山东曾与周信芳合作,并经常观摩周信芳的演出,麒派之长是吸收了不少的。唐韵笙一生的艺术活动大部分在关外、津、沪,他所接受的熏陶、教化多来自外江派、海派。

总而言之,唐派艺术是在综合收纳南方、北方京剧流派之长的基础上结合东北地域文化风神和东北观众欣赏习惯,经过自己的革新创造衍发出来的,可说是南北派撞击中诞生的一个新的复合体。唐韵笙曾说:"我哪派都学,又哪派都不学,我是'拿来我用'(《连升三级》的台词)。"[1]可见唐韵笙不是宗定哪派不变,而是广纳博收,常改常新的。唐派继承了海派的长处:比较开放、灵活、勇于破格创新,不囿于门户之见,兼收并蓄,力求逼真,富有生活气息,适应广大市民观众的审美需要,具有复合性、趋时性,注重娱乐性。又力避"恶性"海派的缺点:有时过火、出格,为了讨俏过分夸张卖力,满足观众的感官刺激,迎合底层市民的低级趣味。它汲取了京朝派的精华:重于高台教化思想,刻意求工,严谨规矩,着重声乐技巧;又避开它的缺点:比较保守,对娱乐性注重不够,有或多或少的门户之见。唐派追求的是扬二者之长,避二者之短:既工整规范,秾纤得中,又能革新创造。与"南麒北马"相比,如果说麒派剧艺特点在"浓",风格豪放苍劲,从美学上说属于壮美的范畴;而马派剧艺特点在"巧",风格潇洒俏丽,属于华美的范畴;那么关外唐派剧艺特点则在"朴",风格亢爽旷放,应该属于刚健美的范畴。风格即人,这种刚健风格正契合关东大汉朴野、刚强、豪放、爽直的性格。这三位同时代艺术巨匠互相学习,互补共进。诚然,唐韵笙的声望和影响由于身处地域偏离中心城市等原因,虽不能与麒、马相垺,但他们在风格上确是各具特色,各有千秋。流派形成不是靠捧出来的,而是靠长期艰苦卓绝的艺术实践自然而然形成的。唐派之所以成为派,尤能说明这一道理。唐派作为京剧一个流派被全国广大观众所称誉、所认可,也为业界同仁所赞许,被永载京剧史册,靠的是真才实技,靠的是不懈的学习和拼搏,靠的是敢于竞争的锐意进取和创新精神。

---

[1] 刘颖华:《谈谈"关外唐"》,载《辽宁戏剧》1981 年第 1 期。

第五章　唐韵笙的人品与戏德

　　法国文学大师罗曼·罗兰有句名言:"没有伟大的品格,就没有伟大的人,甚至也没有伟大的艺术家、伟大的行动者"。[1]是的,大凡成就大、造诣深的艺术家都具备高尚的品格,作为唐派艺术创始人的唐韵笙正是这样的一位艺术名家。

　　唐韵笙天资聪颖,笃志嗜学;虽然上学不多,但自学极为发愤刻苦。义父唐景云在世时即为他请先生教书,此后,他还特聘老先生在家任家庭教师辅导学业。走到哪里都有老先生随教在侧,先生兼任他的文书,如关仲莹先生等。他喜欢读书、看报、听收音机、看电影,像海绵一样吸收知识,学养日深。以至不但是个好演员,还成为出色的编剧家、导演,与天津的田鸿儒并为"梨园界两秀才"。他的干女儿、徒弟赵晓岚说:"我干老出口成章,词不断,一般老艺术家学问没他深。"他的徒弟李刚毅说:"唐先生若说起词,一口气就是二百句,跟打开水管子似的,别看平时蔫。"他不独是位全才的演员,而且熟谙京剧音乐,会打鼓、打锣,能拉弦、吹笛,能在乐队"走一圈"。他对舞台美术亦颇钻研,经常同舞美工作人员在一起研究舞台装置设计,有时自己动手绘制布景。

　　唐韵笙爱好种花、养鱼、作诗、画画,以此作为陶冶情致的寄托。在绘画方面,他结识了著名画家周铁衡、刘子祯等人,向他们学习绘画。他喜爱山水画,能画扇

---

[1] 罗曼·罗兰:《贝多芬传》,人民音乐出版社,1978年,第5页。

画、四联条屏,曾以四联条屏赠送管韵华先生等友人。同尚小云先生互赠绘画,仿赵孟頫的春夏秋冬四联屏赠侄子赵万鹏。他尤喜画梅花和竹子,因为夫人艺名"雪艳梅",为表伉俪情深,他甚爱画梅花和竹,并把自己的书房称作"竹友轩"。解放后赴云南途径长沙,他求人订做了一套陶瓷茶具、餐具、全部印有梅花图案和"竹友轩"的题款。他曾画过一幅梅竹石头图,后由夫人雪艳梅绣在白缎子上。著名剧作家翁偶虹回忆道:"当我把剧本送到九福里,面交唐韵笙时,他正卧在床上欣赏壁上挂着的四副王石谷山水画屏。原来他每次旅行演出,总是带着几轴心爱的书画,力避酬酢,赏画养性。"[1]

唐韵笙才华横溢,从他演戏巧妙救场中可略窥一斑。他天资英锐,反应机敏,善于在演出中随机应变。一次演《驱车战将》,乐队的几个同仁先约好在演出中来个突然变化,看看唐韵笙如何应对。当演到第十三场母子对白时,唐韵笙刚念出"母亲"二字,乐队突然奏出个〔散板〕,唐韵笙处变不惊,来个顺水推舟,应板而下,唱道:"城破兵败王命丧,儿保母亲奔他乡。"把原本的对白和唱段内容都概括进去,自然流畅,一点破绽不露。这一回乐队同仁可服了,对他佩服得五体投地,连忙向唐先生赔不是,自惭不该用恶作剧考验唐先生。又一次在天津演《落马湖》有个琴师因生活琐事生了唐韵笙的气,想给他点难堪,该拉〔西皮流水〕,却偏偏出其不意拉了〔二黄〕,唐韵笙没有僵住,而是不慌不忙,将错就错,改唱〔二黄〕,且唱得有板有眼,滴水不漏,赢得一片彩声,琴师惭愧无地。此后,每当提起这段往事,文武场的人就都直竖大拇指,赞叹地说:"唐先生的戏已烂熟于胸了,谁也难不住他。"

一、冰玉其骨,气节高尚

在黑暗的旧社会,以跑码头卖艺为生的职业演员求生是很艰难的。流动演出时,每到一地要想演出顺利就不得不随俗"拜客",也叫"拜码头"。所谓"拜客",就是向当地行邦、权贵、戏霸、官匪、地头蛇之类的黑社会势力献媚、进贡。然而唐先生生就一副倔强脾气,一身硬骨头,他跑码头向来不为人家捧场所折腰,不为恶徒捣乱所惧。基本上不拜客,梨园行都知道他骨鲠得很。他对出风头的事不感兴趣,同外界人不爱接触,对当官的更不愿攀附联系,也极少游山玩水,无论走到哪里都

---

[1] 翁偶虹:《翁偶虹编剧生涯》,中国戏剧出版社,1986年,第337页。

一头扎进戏里，这是他一生的一贯作风。正如与他共事多年的著名武生演员张世麟所说："唐先生平时沉默寡言，非常深沉，有涵养。不了解的以为他有架子，实际上他很客气，他就是这么个人。"因为这个他也曾吃过亏。第一次到上海就由于没有拜客送礼，上海的文痞通过小报贬低诽谤他，流氓在电车上贴标语画漫画骂他。说他的戏唱得不好，影响了他初始在上海的卖座。

　　"九一八"事变后，东三省沦为日本帝国主义的殖民地。东北大地风雨如晦，三千万同胞深陷水火，大批东北文化人、作家被迫离乡背井，流亡关内。在这样艰难竭蹶的情况下，唐韵笙毅然离却了相对安稳的江南和京、津，来到原本文化土层瘠薄、更兼法西斯铁蹄践踏的东北。不避日寇的刀锋，不惧敌伪黑暗势力的淫威，在敌占区坚持演出整整四十年之久。以沈阳为基地足迹遍于辽、吉、黑三省的大大小小数十个城市，为挣扎于死亡线上的苦难的亡国同胞送歌献艺。在特殊的条件下，他虚与委蛇，同"伪满洲国"的群魔周旋，用"曲笔"向敌人营垒进击。以舞台为战场，演出一系列讽刺挞伐敌人、歌颂鼓舞人民、宣传反抗压迫、争取自由的爱国主义剧目。因为这些，唐韵笙也曾屡遭劫数。他的《扫除日害》一剧脚本被日本宪兵发现而受到通缉，险遭逮捕。为了躲避日伪当局的追捕，他往往不得不在一地演出数场后旋即悄悄溜走，采取打游击的办法流动演出。"八一五"光复后，国民党接收了沈阳城，由于国民党腐败，国统区民不聊生，艺人们也难以维持生计。这当儿，国民党趁机以当官和金钱为诱饵，诱迫一些名演员加入"国军"。有的演员为生活所迫不得不违心地加入"海峰"、"一四"、"雪耻"之类的随军剧团。国民党军深知唐韵笙在沈的名气大，影响广，特地派人给他送来一套上校军服，企图拉他入其彀中。还有的国民党政府官员为了在伪"国大"代表竞选中拉选票，让人给他送上国民党党员登记表，妄图拉他加入国民党。唐韵笙对此均不理不睬，嗤之以鼻。唐韵笙是一位全身心沉潜于自己艺术的艺术家，虽然与政治并不是靠拢得很紧密，但是是非爱憎分明，特别是在风云变幻的关键时刻，在政治大节上同梅兰芳、程砚秋、周信芳一样，充分显示出高洁不群、出污不染的操守，令人起敬。

二、关照同业，济危扶困

　　唐韵笙的胸膛里揣着一颗炽热的爱国心，高度的正义感和社会责任感始终奔流在他的血液里。他热衷于公益事业，解放前就曾多次参加声援民主爱国运动和帮助穷苦同行渡过难关的义演。1925年上海爆发"五卅"运动时,正在天津的唐韵笙为爱国热情所燃烧,他茶饭无心,奔走四方,与津门梨园界同仁会商,敦请东天仙戏院经理出力,演出义务戏为罢工工人募捐。义演于6月20日在东天仙舞台开锣,唐韵笙登台奏技,赢得津门各界和广大观众的称颂和爱戴。1949年蒋家王朝覆灭的前夜,为周济生活无着的失业艺人渡过年关,上海梨园公会会长梁一鸣组织一次春节义演,由梅兰芳、周信芳、盖叫天、姜妙香、李万春、俞振飞、高盛麟等大师分别在中国大戏院、天蟾舞台、共舞台同时演出义务戏。唐韵笙义不容辞,参加了共舞台的演出活动,同曹艺斌等合作演出了他的拿手戏《夜走麦城》。解放初期,1950年苏、皖、鲁等地发生水灾,中央人民政府发出生产救灾运动的号召,上海戏曲界积极响应,成立了戏曲界救灾委员会,决定举办两天救灾义演。唐韵笙先生怀着报答党的解放之恩和对被困于灾厄之中的广大群众的同情之心,同梅兰芳、周信芳、盖叫天、姜妙香、赵如泉等大师同台合演了《龙凤呈祥》,唐韵笙扮演刘备。1951年,在"抗美援朝、保家卫国"的战斗口号鼓舞下,举国上下,万众一心,捐款献物,北京市戏曲学校王瑶卿、郝寿臣先生等组织义演,筹款捐献飞机大炮。刚到云南的唐剧团,首场演的就是为抗美援朝捐献的义务戏,在云南大戏院连演三天,受到边疆各族人民的热烈欢迎。

唐先生为人宽厚大方,待人以诚。不仅同梅兰芳、周信芳、马连良等艺术大师合作得很好,建立了深厚的友谊,就是同其他演员的关系也很融洽,体现了互相尊重、平等相待、彼此关照的诚挚友谊。著名剧作家翁偶虹先生追忆说:"其(唐韵笙)编剧坚持民主作风,编写之始,先商磋于默契已久之股肱演员,兼听博采。排演之始,复悬赏争取全团演员,献谋献策,凡有新颖'点子'、'关子'、'技巧'……足以升华全剧者,必厚酬以示鼓励。所以他编排的新戏,均能别辟蹊径,耳目一新。"[1]

"七七"事变爆发前夕,唐韵笙来到烟台丹桂舞台演出,适逢著名昆剧演员白云生在此地演戏,在那个竞争激烈、艺人度日维艰的情势下,打对台的双方很容易发生纷争,但唐韵笙怀抱友善的态度意欲结识白云生先生。他听说白云生营业不佳,就让其弟斌贤买十张票,唐韵笙率九人默默进剧场观看白云生演出的《贩马记》。白云生闻知此事,立即赶到丹桂舞台看唐韵笙的戏。两位艺术家在后台互

---

[1] 翁偶虹:《菊圃掇英录·关东唐》,载《戏剧电影报》1988年第22期。

致问候,一见如故。唐韵笙对同仁们说:"人家比咱们更困难,明天咱们全体出动,去捧捧白先生的场。"大家都被唐先生关照同业、扶危救困的精神所感动,于是次日又买了 30 张票,唐剧团几乎倾巢而出观摩白剧团的演出,使白剧团影响和卖座为之上升。

唐韵笙生活俭朴,吃穿不挑拣,很随便。20 世纪 40 年代,他在纸醉金迷的大上海红极一时,收入可观,可是平时仍是端着一杆带荷包的小烟袋锅,抽"老旱"。穿的是土"布衣"。有一次,他和干女儿赵晓岚去访友。他身穿灰布大褂,足登 20 年代的老式方头皮鞋,鞋帮上有三个扣。赵晓岚穿蓝布褂、白球鞋,胸前别一管钢笔。主人见到这副模样的来访者,笑道:"您爷儿俩真像乡巴佬。"他甘之若饴。然而对他人,唐韵笙向来是宽厚大方的。1954 年唐剧团被困泰州,欠下饭馆、旅馆伙食费、宿费数千元,想走出泰州身无分文。在这样困窘的环境下,唐韵笙节俭自奉,自己戒了烟酒,但还特意叮嘱包餐的饭馆不许降低饭菜的质量。大家虽为冻馁所苦,可是一想到唐先生也节酒缩食,与大家同甘共苦,都没有半点怨言。这当儿,著名京剧艺术家关肃霜奉云南省文化厅徐家瑞厅长之命从昆明专程赶来,邀请唐先生到云南工作。唐韵笙考虑到不能撇下他带来的这一帮人一走了之,自己必须负责带领大家摆脱困境而后再作他图,因此婉言谢绝了徐厅长和关肃霜的邀请。结果,直到唐韵笙电告沈阳,沈阳方面代还了欠债、付了路费、把剧团同仁分别安置停当后,他才选择了赴沈定居的归宿。1951 年,唐韵笙率"育风馆唐韵笙京剧团"赴云南演出时,程砚秋先生曾转达周恩来总理和文化部艺术局副局长马彦祥的口信,问他好,希望他到北京中国戏曲研究院参加工作。唐韵笙因顾及自己携带的一班人,舍不下多年合作的同行契友,终于未能下定进京的决心。他回忆这桩往事时说:"跟我的这一大帮人要吃饭,我怎舍得扔下他们一个人走了!"

凡是前来求帮者,唐韵笙几乎没有不周济的。三年自然灾害时期,他慷慨解囊,周济了一对梨园老夫妻南下投亲的路费。日伪统治时期,他带头捐款,联合一些演员募捐买坟地,安葬孤苦无依的老艺人和曝尸街头、无人料理的同行逝者。

唐韵笙把维护艺人的正当权益视为自己的责任。每当有艺人受凌辱、遭迫害之时,他都挺身而出,为人请命。1922 年 3 月,著名河北梆子须生演员小元元红(本名魏联升)到哈尔滨新舞台演出。小元元红正当盛年,扮相俊美,唱腔华丽,表演洒脱,一炮而红。当地流氓把头姚锡久的姨太太三荷花对小元元红春心萌动,每场必看。姚锡久得知醋意大发,唆使刺客于 3 月 30 日潜入后台,将正在化妆的小元元红连刺数刀,当场身亡,时年仅41岁。小元元红之死激起了市民和梨园界人士的愤慨。4月,正在哈埠演出的唐韵笙按捺不住满腔义愤,与在哈演出的名伶喜彩凤、月明珠、金开芳等联合署名给新任东北三省特别区市政长官公署署长写信,控告姚锡久目无国法、行凶杀人的罪行,誓为屈死的小元元红报仇雪恨。为此事,连远在北京的艺术大师梅兰芳也忿忿不已,为被迫害者发起了北京梨园界"为争得艺人生存权利声讨姚锡久"大会。会后电告东北军阀,要求法办姚锡久。在全国各地的声讨浪潮的强大压力下,东北军阀不得不暂将姚锡久关押起来。唐韵笙等艺人同黑暗势力的正义斗争终于取得了初步胜利。

1947年,唐韵笙在上海演出时,上海有个叫李阿毛的流氓头专门欺负敲诈伶人,为逞威风暗中策划纠集流氓团伙要打武生、后台负责人陈福贵等演员。陈福贵等闻讯后向上海梨园公会投诉,寻求保护。梨园公会召开大会商议保护艺人、制服李阿毛的对策。唐韵笙虽未到会,但打电话给大会表示支持同李阿毛的正义斗争,要钱给钱,要力出力。一日,唐韵笙在天蟾舞台演出《艳阳楼》,刚散场,李阿毛伙同一群流氓潜入剧场寻衅打人。早有准备的演员们群起对抗,一个保护陈福贵的演员先发制人,用道具王八锤把一个流氓打手打得口吐鲜血,其余流氓见状不妙抱头鼠窜。天蟾舞台总经理吴性栽派汽车接唐韵笙,由李春元等保护送回九福里下榻处。正义力量挫败了李阿毛,李阿毛向梨园公会会长梁一鸣、副会长梁次珊告饶求和。剧场舞台上摆起金銮殿布景,供上祖师爷老郎神像,李阿毛烧香磕头,向伶人认错赔罪。唐韵笙等同迫害演员的歹徒斗争,最终告捷。

在和同行共事中,唐韵笙十分尊重对方的人格,注意调动、发挥对方的积极性、创造性。他在沈阳京剧院任副院长期间,见被打成右派的关大有艺术上有进取之心,在排演新编历史剧《西海郡王》(原名《文成公主》)时,就给他安排了一个小角色——和松赞干布一块到唐朝求亲的藏族中一个自不量力的使臣,是个丑角,只有几句台词、四句唱。但关大有借鉴昆曲,用心设计了一段精彩表演,排练时唐院长看了乐得合不拢嘴,十分欣赏。后来,剧本主笔刘颖华修改剧本时,唐院长说:"你改哪一段都成,可别把关大有演的那段掐掉。"刘颖华回答:"不成啊!整个情节都改了,他那段也不能孤立存在。"虽然这段表演最终被取消了,但关大有却感念不忘。他敬佩的是唐院长没有政治偏见,不以极左的眼光看人,不以人废艺,对他这样一个曾受到不公正待遇(被打成"右派")的艺人能给予大胆的使用,可谓难得。

唐韵笙是一位很好的演出集体的组织者、指挥者。他当导演堪称帅才,善于提

唐派艺术论

兵调将,多少兵马都能有条不紊地调动起来。他既严肃又亲切,给人说戏不恼怒不着急,总是耐心地一遍又一遍地重来。没见过他跟谁翻过场,台上没有翻场,私下也没有。跟唐韵笙同台演出的人都感到他特别镇台,他往当间一坐,作戏非常严肃认真,傍角的龙套也跟着严肃认真起来,把同台者都带动了,好像提线一样老在拽你,休想走神、松懈。有的青年演员初次同他合作,因崇仰他的高艺和名望,不免精神紧张。演《过五关》,唐韵笙的关羽"啊"一声,将扮把关的曹将的三花脸吓一跳,竟将台词"二君侯要向何往"错念成"要下何往";有的报子来一跪,念:"报!"抬头见唐韵笙的脸严肃冷峻,竟吓得没词了;也有的底包一见名角就懵了。每遇这一情况,唐韵笙就和蔼地说:"沉住气,不要紧张,在台上见我,就当是见了一般演员一样,尽管放大胆来唱。"例如,演出《铡美案》时,青年女演员新苹秋扮演公主,刚出场时心跳得厉害。唐韵笙扮演的包公同公主见驾后,从容不迫,用庄重稳练的眼神一步一步地把新苹秋带进戏里去,新苹秋也就渐渐地不觉得害怕了。有个叫董芝兰的花旦演员在演《天波杨府》"擂鼓聚将"一场,与唐先生对词,紧张得哆嗦起来。下场后,唐先生不但没有给她难堪,反而满面春风的安慰说:"放松点,下次就好了。"

台上的演员或外场出了错,脾气大的主演可能当场训斥,或下了台再数落一通。唐韵笙从来不这样,逢到这类事,他总是满怀体谅地说:"人嘛,都有心;错了,他自己会愧疚的,你还指责他干什么?"唐派弟子张海涛讲过一件事:在一个武戏里,有个演员给唐先生当下把,对打时不小心砍了唐韵笙的手,殷红的血从手臂上渗出来,把那个演员吓坏了。因为打把子伤人,有的当场会遭到报复,立刻削你的后脑壳子,旧社会确有这样的事。或者过后给小鞋穿,或者取消当下把的资格,连饭碗都砸了。那个下把惶恐不安地连声道歉:"唐老,真对不起……"唐韵笙毫不在意地答道:"你干么这样说,用不着道歉,万一我要有个闪失,打着你,不也一样吗?功夫不到家,难免会一时失手的。"唐韵笙的话安慰中含着勉励,使那个把子演员感佩不已。

唐韵笙不计荣宠,不争牌位、名次,其谦让有礼的美德有口皆碑。1949年,上海梨园公会举行周济失业艺人春节义演,在共舞台演出三个折子戏,《泗州城》,班世超主演;《追韩信》,徐荣奎、李如春主演;《夜走麦城》,唐韵笙饰关羽,曹艺斌饰关平。这些演员,论资望名气,无疑当属唐韵笙为魁首。可是研究排列顺序时,饰萧何的演员自以为是地提出把《追韩信》放在大轴。唐韵笙听得此论,毫不介意地说:"那好,我在前头演,没关系。"这种谦让随和的态度使大家对唐韵笙不禁油然而生敬意。越是敬仰"唐老将"的戏德,越不能容忍那个演员不自量力的想法,结果,在全体演员的一致反对下,《夜走麦城》仍列大轴。

三、甘当配角,提携后进

唐韵笙成名以后,并没有"脾气随着能耐长",而始终保持谦抑、诚恳的处世态度。在舞台上他既能当主角,又心甘情愿当扶红花的绿叶。如在 20 世纪 30 年代中期,哈尔滨新舞台业主秦玉峰(辽宁著名青衣秦友梅之父)从天津接来旦角蓉丽娟、老生邵汉良、武生李仲林与唐韵笙合作演出。蓉丽娟是挂头牌的旦角,头一天唱全部《玉堂春》一炮而红,给这位年轻女演员配蓝袍刘秉义的不是别人,正是已蜚声关外的唐韵笙。《玉堂春》里的蓝袍本是二三路角儿唱的,多是由底包担任。可是大名鼎鼎的唐韵笙肯屈尊烘托年轻演员,甘当配角,在同行中成为佳话,一扫所谓"同行是冤家"的门户之见。这个搭配是秦玉峰提出来的,唐韵笙听罢未费踌躇,慨然应允:"那好,该给年轻人创造条件。"在上海唐韵笙给他的干女儿、徒弟赵晓岚配戏,饰《拾玉镯》里的刘媒婆,他对赵说:"晓兰,我随你。"

提携后进,给青年人让台是唐韵笙的一贯作风。据唐派弟子张铁华对笔者回忆:在 20 世纪 40 年代初沈阳共益舞台,唐先生教授张铁华演《驱车战将》,教会了以后师徒俩就同台合演南宫长万一角。开初,被擒、劝降是张铁华演,从"回朝"以下都是唐先生接。可是数场后,"回朝"就不见唐先生面,张铁华还得上。再唱,连见娘也是张铁华演的了,唐先生也不来。后来,到行围射猎,唐先生也不露面,就只等"杀宫"一场唐先生才上场。不知内情的人以为唐韵笙"偷懒"。"你是名角,观众看你来了,怎么越来唱得越少,让我这一般的演员在前面猛唱。"当时张铁华有过这样的想法。慢慢才悟出其中道理,原来这是先生有意锻炼自己,给自己让台,于是对唐先生更加敬佩。不久,在共益舞台有的戏全部让了张铁华单唱,白天唱大轴都落在张铁华身上,观众逐渐认了,一个武生新秀就这样被唐韵笙培养扶植起来。无怪乎,跟随唐先生多年的著名武生演员黄云鹏说:"跟唐先生在一块儿没有不提高的。"

1956 年 12 月 6 日,中国戏剧家协会辽宁分会成立,在沈阳举行联欢会,拟由被推选为副主席的唐韵笙与专程从大连赶来祝贺的义子、徒弟曹艺斌合演《古城会》

助兴。当时唐韵笙 53 岁,行有余力,且正当艺术炉火纯青之时,仰望者众,本该由他主演关羽,然而唐先生为了提高曹艺斌的知名度,同时考虑到曹艺斌戏路演不了张飞,非要坚持让徒弟主演关羽,自己配演张飞不可。这种奖掖后进、教泽广被、甘当配角的艺德使与会者无不啧啧称赞。

在艺术上唐韵笙从不保守,既肯让戏,又肯把秘本送与别人传抄。他手中的演出秘本(包括自己创作与改编本)只要同行向他讨要索取,他总是慷慨大方地传给别人。《驱车战将》是他集编、导、演于一身的看家戏,20 世纪 30 年代传授给武生高雪樵,高雪樵又加以改造翻新,演出后红遍春申,成为上海热门戏。老生徐荣奎为了求得唐先生秘本,从上海跟随唐到杭州,执弟子之礼,甘愿为唐配演二路老生,因此得到唐韵笙的真传实授。天蟾实验京剧团的主演老生得到唐的《天波杨府》演出秘本,愈演愈红,成为自己的拿手戏。解放后,以演《拿高登》闻名的厉慧良早已耳闻唐韵笙在 40 年代曾以此戏轰动上海,故专程来沈阳拜访唐韵笙,请唐先生演一场《拿高登》,供他观摩学习。唐韵笙欣然应允,为厉慧良专场演出了《拿高登》。厉慧良看罢,叹服不已,向唐先生学习借鉴了好多玩意儿,化用到自己的表演里,得益匪浅,终生难忘。

四、心中时刻装着观众

戏剧艺术的生命在于舞台演出,而舞台演出的必要前提在于观众。观众是戏剧家心目中的上帝。戏剧家作为审美主体,其创作只有通过舞台演出的中介被审美客体——观众所接受,戏剧创作的全过程才算完成。长期专事舞台艺术创造实践的唐韵笙深谙此道"观众至上,服务第一"是他奉守不渝的信条。他很重视倾听观众意见,有时特烦好友、合作者或乐队的同仁到台下坐在观众席,观察观众的表情,听取观众的议论。散戏后唐韵笙让人摆上酒菜,请收集观众反应的人同桌共饮,边吃夜宵边回收来自观众的信息。从观众的评议中反思自己的缺点、差距,摸索改进提高的门径。为征询观众意见,他经常深入到观众中去,或倾听他们的反响,或同他们交朋友,经常相聚探讨技艺。有时他利用演出间隙,从台上走下来,到观众席间,同戏迷们握手交谈,听取观众的反映。有时他还到剧场门口,同买票的观众见面聊天。据沈阳市住宅二公司服务公司汽车司机卜凤鸣回忆:1957 年,他到剧场买票,想看唐先生主演(饰殷蛟)的《十二真人斗太子》,不巧票刚售完,他懊丧地在售票处徘徊。这时，他发现一位个头不高、相貌不凡的长者正在离他不远的地方用温和的目光瞅着他，使他心里升起一种亲切感，他走近长者问："大叔，您有多余的票吗？"长者笑眯眯地，操着北京口音说："没买着票？着急了？"卜凤鸣答道："我是戏迷，这个戏是唐先生演的，我更爱看。""噢！你看了多少出唐韵笙的戏？""《三霄怒摆黄河阵》……"卜凤鸣说了一串戏名，一老一少热络地唠了起来。末了，长者从兜里掏出一张票送给卜凤鸣，小卜要给钱，长者说："不必了，是招待你的。""您是剧团的？""嗯！"长者点点头。"贵姓？""我姓唐。""啊！您是唐先生。"卜凤鸣瞪大眼睛又惊又喜，不知所措，唐先生已转身消失在人群中。这件小事早已化为历史尘埃，可是唐韵笙同观众的情谊却永远铭刻在老观众的记忆里。唐韵笙同票友结下深厚友谊自不待说了，仅举一例。有个名叫袁竹铭的京剧爱好者，原来在沈阳郊区新民县开烟酒公司，买了马连良的《苏武牧羊》、《借东风》等很多唱片，学马派戏颇下工夫，对唐派也很着迷。他主动结识唐韵笙，唐韵笙以诚相待，在艺术上给他很多指点，终于学而有所成，下海问艺。

一切为了观众，体现在唐韵笙的全部舞台艺术活动中。无论发生什么意外，只要卖了票，他就绝不回戏，而且把演出进行到底。观众越少，他越卖力气。据徒弟李刚毅回忆，解放前江南某小城有一次庙会，各种地方戏纷然杂陈在野台子上，唐韵笙也来此演出《铁笼山》。因为当地老乡熟悉地方戏，不习惯欣赏京剧，所以快开演了只来了三个观众。管事急得不知如何是好，对唐韵笙说："回戏不演了吧！"唐韵笙神情镇静地说："不！三个人是少，但这三位是我忠实的观众，真正是来看我戏的，怎能辜负他们的希望。我不单要演，还要认真演。"结果那天唐韵笙拿出了全部真本领，演出了《铁笼山》的最高水平，这三位观众被唐韵笙至诚感动得流下了热泪。

1948年，唐韵笙在上海滩演出，他的徒弟李刚毅应邀参加堂会演出。李刚毅的两个朋友打了上海警备司令部的头头，警方搜捕李刚毅。李逃跑藏匿，警方便扣押了唐韵笙，唐韵笙被放回后因拘留站立时间长，脚面都肿胀了。大家劝唐韵笙这一天晚上回戏休息。唐先生回答说："不能回戏，票都卖出去了，我不能让几千名观众失望，他们是冲着我来买票的。"结果，唐韵笙借了一双肥大点的靴子穿，当天晚场的戏还是照演不误。几千双眼睛盯住舞台，只见唐韵笙唱念从容，做打自如，神完意足，满台生辉，谁也想不到他竟是撑着两只肿胀的脚力疾登场的。

解放前，唐韵笙演一出带机关布景的戏，布景有两座山，两山之间的山涧布满了刀尖。唐韵笙做一个惊险高难度的动作,从矮山上吊高往上翻,"前扑"到对面的高山上,偶一失重落到山涧,腿被尖刀扎伤了,拔出腿来彩裤渗出血珠。可是唐韵笙没有就此退场辍演,而是咬紧牙关继续表演,直到换场时才回后台包扎伤口。唐韵笙为了不惊动观众,稳定剧场秩序,宁可自己忍受负伤流血的痛苦,使同行们至为感佩。

唐韵笙热爱观众,观众热爱他。1962年他同女儿玉薇到上海,进一家商店买衣服,布兜需收四寸布票。他们没有上海布票,正欲转身离去,柜台里一位年长的服务员上前搭话:"先生,慢走,您的布票我来付。"唐先生惊怔住了:"这……怎么行呢?为什么您要给我垫布票?""如果不是我认错的话,您是唐先生吧!""啊!您认识我?""认识,我看过您很多戏,上海滩老年人都知道您的大名,都怀念您……"唐韵笙握住老人的手,感动得不知道说什么好,只连声说:"谢谢!"

唐韵笙对京剧的热爱是非常执着的。"文革"前京剧舞台很不景气,有的同行产生悲观情绪,厌倦排戏。唐韵笙却一如既往,坚持参加现代戏观摩和演出。他在沈阳南市场辽宁人民艺术剧院排现代戏,中午儿子登甲给他送饭,可是他忙得顾不上吃。直到下午2点才匆匆吃了几口,又让儿子把饭拿回去。他已逾花甲之年,仍对艺术事业如此废寝忘食,委实晚节可风。他还帮助青年演员汤小梅搞现代戏《游乡》,并劝勉大家:"京剧越是不行了,我们越要坚持演出,叫大家不要忘记京剧。"这话语重心长,沈阳京剧院的同志们至今回忆起来,觉得先生当年言犹在耳。

五、虚心学习,谦以自牧

明代哲人王守仁说:"谦虚其心,宏大其量。"唐韵笙的一生可做这句话的注脚。唐韵笙不仅就教于梅兰芳、尚小云、周信芳、盖叫天、马连良等闻人名宿,而且随时随地向梨园界同行学习。1951年,唐韵笙率团赴昆明演出,贴演《徐策跑城》,年届古稀、享有"滇剧泰斗"美誉的栗成之先生慕名莅场观摩。唐韵笙得知栗老先生来看戏,演得格外卖力气。尽管如此,栗老还是未终场即离席。唐韵笙揣摩是否栗老对自己的戏不满意,决计登门求教。次日晨,唐韵笙来到栗老的寓所,诚恳地征求意见。栗老说:"你演得很好。我上了年纪,身体不好,没能坚持看完,非常抱歉!"唐韵笙再三请求栗老指点表演的不足,栗老见唐虔诚之至,便慢慢道来:"徐策年迈,眼又花,耳又聋,走路都吃力,上城楼不用说就更困难。应该是脚步越跑越慢,两腿越跑越不灵便,全身感到支持不住,才合乎情理。可你演的老头越跑越快,越活动越带劲,恐怕不符合实际情况吧!"唐韵笙听了觉得顿开茅塞,连声道谢,拜别栗老而去。回团后,立即召集有关人员进行修改。当晚重演的《徐策跑城》面目一新,达到了艺术真实和生活真实的统一,极博众赏。唐韵笙亲自登门求教的故事传为梨园佳话。

唐韵笙来到沈阳市京剧团之后,演出《十二真人斗太子》,为演好此剧修了个转台。唐韵笙还去拜访了沈阳著名道教圣地"太清宫",太清宫道人提供了很多有关资料。辽宁省京剧团演员关大有之弟是"四大名旦"之一尚小云之徒,尚小云同唐韵笙也有诚挚的友谊。适逢尚先生来沈,关大有陪尚先生到中街大舞台去看《十二真人斗太子》,看完后关大有感到这个剧有唯心主义色彩。关是个快言快语的人,给唐韵笙提了意见:"以唐先生的威望、艺术成就,演这样一个戏是不太合适的。"在场的尚先生很尊重唐韵笙,碍于情面,只是说:"现在搞承包,为了增加收入,有时候不得不考虑搞点这类热闹的戏。"关大有能编能导,但毕竟是后生晚辈,而唐韵笙对关的直言劝诫不仅未生反感,而且是认真思索,采纳吸收。对于该干什么,不干什么,想演什么,不想演什么,唐韵笙有他自己的思考。有些戏如《刀劈三关》、《艳阳楼》、《绝龙岭》好是好的,但当时不卖座,唐韵笙也颇感困惑。关大有对他说:"您的剧本典故用得很多,有的很恰当,使观众由此及彼;有的比较深奥,跟现实生活距离太远。"唐韵笙听了点头说:"嗯!"表示接受,接着说:"我是好用典故,我整理的剧本,哪些地方绕了道、费解、粗糙,请你不客气地指出。"此后,关大有经常应邀到唐家去讨论剧本、表演。唐韵笙还不耻下问,甚至向龙套请教,有个叫于亮的龙套见识颇广,有关剧本台词的问题唐韵笙经常听他的意见。

唐韵笙不独向京剧艺人学习,还注意旁征博采。1953 年他在杭州演出期间,听说杭州有个"叫花子剧团",成员老老少少,演《双下山》连服装都没有,几近讨饭剧团。为了学习昆剧,唐韵笙不嫌困贫,找文化界人士丛树桂说,请这个团白天给演一场,学习学习。剧团同仁听说唐先生要看他们的戏,额手称庆,马上聚集拢来开锣。唐韵笙和他的同行坐在长凳子上,从头到尾三个钟头,细细观瞧,看完后热情鼓掌,连声说好,并让人做了一面大锦旗给该团以志纪念。

前苏联著名学者普列汉诺夫说:"谦虚的学生正视真理,不关心对自己个人的颂扬。"[1]平心而论,唐韵笙正是这样的人,他一生只醉心于自己的艺术,而对于荣誉地位无所萦怀,对于有关他本人的宣传并不在意。他的信条是:"有麝自来香,不用大风扬。"所以他生前同孙菊仙一样几乎没留下什么。

关于唐派艺术的音像资料、评论文章、书信、诗词、字画、照片等也存留极少,这使唐派艺术资料匮乏,研究极为困难,继承流传则是难上加难,不能不说是京剧界的一大憾事。然而对他来说并非是没有机会,由于他不注意资料的积累而白白错过了。早在"伪满洲国"时期,著名的大唱片公司——百代公司和高亭公司曾派人专程来奉天下榻凯宁饭店,找正在共益舞台的唐韵笙商议给他灌制唱片。唐韵笙答应了,并列出戏单,拟灌制十二出戏,并派杨永竹、唐斌贤同公司代表谈判。

结果因为唐韵笙考虑演出支出过大而要价高于梅兰芳、马连良合灌的唱片,公司方面嫌贵而未谈妥,公司代表悻悻空手而返。同样,"伪满"时期,满映株式会社有个姓崔的电影演员,是翠宛如(彩旦演员)的丈夫,他对唐韵笙提出过把唐派戏拍成电影,曾设想把《二子乘舟》拍成三集、《郑伯克段》拍成两集。但因唐韵笙不愿与日本人合作,此议也付之东流。解放后,长春电影制片厂曾研究过把唐韵笙舞台艺术搬上银幕,也因种种困难而未果。20世纪60年代,唐韵笙的侄子、天津京剧团的赵万鹏到沈阳拜访姑父,唐韵笙对他说:文化部和北京电影制片厂有关同志打算拍他的舞台艺术片,他坚持带沈阳京剧院的班底,他们却主张用中国京剧院班底,结果没谈成,这件事就搁下了。

谦逊,从道德评价来看,诚然属于一种美德。但唐韵笙的谦逊,客观上使得文艺界对他的宣传较少,使得文化主管部门对他的艺术重视程度不够,与其他名家相差悬殊。这在相当大的程度上妨碍了唐韵笙知名度的提高和唐派艺术的影响力,说唐派艺术是遗憾的艺术,其缘由与此不无关系。

六、精心授徒,怀老慈幼

唐韵笙向来重视培养接班人,他在自己改编的《刀劈三关》里阐发了"保国家全靠青年人"的思想。在另一出改编的戏《宗泽》里更凸显了培养新人、任人唯贤的主旨:宗泽把蟒、盔甲、帅印都传给了具备帅才的岳飞,而不传给儿子。事实上,

---

[1] 普列汉诺夫:《答波格丹诺夫先生》,见《反对哲学中的修正主义》,第400页。

唐韵笙的确把更多的心血倾注在教授学生上,传授儿子所花费的心力远输于培育学生。虽然长子唐晓笙也是从事京剧表演一行的,但唐韵笙却摒弃了只传内不传外的陈规旧习,无论谁跟他外出或跟他排戏、练功,哪一点走不到家,他都热情地给予指点。

唐韵笙很爱才。1954 年在泰州演出,他发现常熟京剧团的邵林童有才气,邵更崇敬唐先生,经两团协商,决定在舞台上举行拜师仪式。唐韵笙不讲老式规矩,不让徒弟磕头,鞠个躬就行了。也不摆酒宴,一切从简。拜师仪式甫告结束,他马上就找邵林童说戏,说了《绝龙岭》、《困土山》。当时天气冷,剧场没有暖气,唐韵笙脚都冻坏了,只用火盆略烤一烤,仍若无其事地教邵林童走身段。

唐韵笙对学生要求十分严格。邵林童受苏州京剧团委派来沈,在唐先生寓所住下,从先生学艺一年多。每天天不亮就出去喊嗓子,回来喝点水,唐先生就亲自给他拉弦吊嗓,在后院一招一式、手把手地教他身段动作。邵林童以为学得不少可以趁师傅没唱戏的时候试一试身手了,于是便同唐斌贤商量写信给吉林。说唐韵笙徒弟邵林童能演唐派戏,可否安排去当地演出云云。吉林深知唐派戏有号召力,积极回应,没过几天,即派刘文晨等二人来沈,表示欢迎邵赴吉露演。唐先生闻知此事后批评了其弟唐斌贤:"你们办事怎么不先和我说一声,小邵是上级派来跟我学戏的,又是党员,没学完戏就出去挣钱,合适吗?"唐斌贤辩解说:"他已经学这么长时间了,还不让他实习实习?"唐韵笙反驳道:"学艺得下大工夫,花大力气,还没到时候就要先露一露,不正是肤浅和浮躁的表现吗?再说当地有报纸,海报一登,苏州领导就知道了,既然小邵能挑大梁演戏了,为什么不早点回江南本团呢?这影响多不好?"邵林童接受了师傅的批评,打消了演出想法,沉静下来潜心继续学戏。吉林来的两个人由唐韵笙出钱买车票送回。

唐韵笙教导学生学戏要学活,不能学死了,要再创造,而不要一味模仿。他强调学生要根据自身的条件发挥所长,大胆闯出自己的路子来。他对邵林童说:"我的路子都交给你了,你演的时候可以按你的条件和体验灵活运用。譬如《刀劈三关》的背刀花,我要三四个,你年轻,就可以多要几个。唱法上,我就唱一个高腔,就卖一嗓,因为我位置摆在这儿。你可以比我猛一点,火一点。你演出时不要原封不动照搬我的。"唐先生对弟子汪玉林说:"要似我,不要像我,尽量发挥你自己的特长。比如说,我听你在青岛剧场楼上吊嗓子,唱《箭杆河边》里那句'奋发图强'高甩腔,张学津的嗓子突出闭嘴音'图'效果好。可是以你的嗓子唱就不行,你就应该用'图'的腔放在'发'上,突出'发'字,'图'一带而过,这样唱才有力度。"唐韵笙对学生的舞台作风坚持严要求,他同汪玉林谈话时说:"在台上,不管你来一兵一卒,都要'直呼直令',郑重其事,这样才能逐渐培养你在舞台上的精神气质。来个小活,不认真,懈里光叽的,形成习惯了,跟你拉戏,你也没那份气质了。所以不管来什么小活,只要一上台就精精神神的,养成这样的习惯,你才有发展。小活你不含糊,大活你就更重视了。"

唐韵笙教导邵林童说:"不要为演戏而演戏,要演人不演行。这个角色这样,那个角色也这样,都是我唐韵笙,那就坏了。演青年,就是生龙活虎的小伙;演老年人就是老态龙钟的老头儿。老头有几种:武将老头、相爷、穷老头、滑稽老头、农民老头、地主老头,仪态风神各不相同。有人学我就学外形,手指啊,走几步啊,这仅仅是一种概念的东西,不是主要的。你要学根本,要从人物出发,关键在刻画人物。看你的人物出来没有,人物表现有深度,才经得住人家看。"

"父兮生我,母兮鞠我!拊我畜我,生我育我。顾我复我,出入腹我。欲报之德,昊天罔极。"(《诗经·小雅·蓼莪》)唐韵笙在尊敬长辈方面堪称楷模。自从他小时候离家在外跑码头,时刻不忘母亲的深恩,经常把攒下来的钱寄回家中。每逢母亲的生日都要给母亲做寿,"暗中时滴思亲泪"。当得知母亲去世的噩耗时,唐韵笙悲痛万分,仰望母亲的照片,恸哭失声。他尤为愧悔不及的是自己出道以后,由于动荡颠连的生活仍没能把母亲接到身边来,侍奉在侧。更难过的是母亲病危时,烽火连天,南北交通阻断,音讯不通,以至未能进前同母亲最后告别。为悼念母亲,唐先生让全家戴孝,自己也穿一身灰色布长衫,臂戴黑纱。当时上海的小报上登出唐韵笙穿孝服的照片,并载文云唐先生这一身打扮,因他除了是两袖清风的艺术家外,还是个孝子。不独对生身母如此,对养父养母亦然。"一日叫娘,终身是母"(《红楼梦》第五十八回),唐韵笙正是怀抱这个态度照拂唐景云夫妇的。在养父、养母生病和临终时刻,唐韵笙始终亲自为之煎药调羹,守候床前,端屎端尿。竭力满足他们的愿望,减轻他们的痛苦,孝心胜似亲子。

唐韵笙子女多,共二子八女。在子女面前,唐韵笙既慈爱,又有威严,使复杂的大家庭上和下睦,全家都尊敬他,以他为支柱,众人熙熙,全家和乐。

在杭州寓所休息期间,因天气酷热,六七个孩子夜间铺凉席睡在院子里。当他们一觉醒来,发现父亲慈和的笑脸正望着他们,手里拿一把用竹片贴油纸做的大扇子轻轻给他们扇风。古有明训:"爱子,教之以义方,弗纳于邪。"(《左传·隐公三年》)唐韵笙随时随地启发教育孩子敦品立德。晚上他编出很多灯谜,让孩子们猜,以开启智慧之门。当发现孩子边写作业,边听音乐时,唐韵笙就教育孩子"要专心致志,一心不可二用"。他带孩子去看电影,就告诉孩子看电影不单是为消遣,还要从中学有用的东西。当孩子给爸爸沏茶烫了爸爸手时,爸爸没发火,而是和颜悦色地说:"做事要稳,别慌忙,忙中容易出错。"

唐韵笙对子女要求严格,他从不以自己的特殊名望走后门为子女谋取私利,不允许子女倚仗他的名望地位而搞特殊化。1965年,唐韵笙次子登甲随母亲从杭州到沈阳,登甲小学已毕业该念初中了,但因沈阳中学已经开学,插班入学校方不接收。在这样的情况下,家人劝唐韵笙托当时任文化局长的王殿礼去向教育局长说情,遭到拒绝。他说:"让人家知道他是唐韵笙的儿子,就给予特殊照顾,那不好。"结果登甲只好暂到夜校就读。夜校在皇寺广场附近,距辽宁京剧场很近。下课后,登甲带几个同学到剧场玩耍。登甲手拿道具剑在舞台上和同学打着玩,突然被人从背后踢了一下,回头一看原来是父亲。唐韵笙厉声喝道:"这是你玩的地方吗?还不赶快回去!"到家后,唐韵笙又把登甲教育一遍,让登甲向给他放行的剧场杜经理道歉,保证不再擅自进剧场,并请杜经理写回条反馈儿子执行情况。

"父母之爱子,则为之计深远。"(《战国策·赵策四》)唐韵笙不把子女送到国外,为了锻炼长子唐登年的意志,送他到新疆建设兵团京剧院工作,并叮嘱儿子说:"当兵好,当好兵唱戏唱得好。"为了培养两个女儿,他让唐玉枝、唐玉薇报考戏校,学京剧科。玉薇毕业工作以后,经常回沈阳看望爸爸。此时的唐韵笙已病重在床,得知唐玉薇正在演出就问她:"你每次演出都有进步吗?"玉薇答道:"有时好,有时不好。"爸爸躺在床榻上语重心长地说:"无论一个戏演了多少次,每次演出都要像第一次上演时那样认真。演出前要好好地默戏,要从头至尾背一遍,重点的地方要反复背。演完后,晚上躺在床上要把演的戏再从头回想一遍,哪里好,哪里不好。只有这样坚持下去,技艺才能提高。"玉薇听着父亲的教诲,默默地点着头,心想:父亲一生正是以这样一丝不苟、持之以恒的精神走着他的艺术道路的。望着父亲苍白的面孔、微微起伏的胸脯,女儿心里禁不住一阵酸楚难过。父亲还说等身体好些再教她一套剑舞,孰料这竟然成了父亲给女儿最后的遗言。

第六章　唐派艺术在京剧史上的地位及影响

　　京剧发祥于北京,自 1790 年四大徽班进京以来,已有两百年历史。这一古老的剧种,在我国戏剧史上占有重要地位,经过两百年的发展,已成为流行最广的全国性大剧种,代表了中国文化的精粹。倘若把京剧作为一个文化系统来考察,那么北京地区的京剧应该是它的母系统,全国其他各地的京剧都属于它的子系统。欲知整个中国京剧的全貌,就必须既把握母系统,又掌握子系统。换言之,既看京朝派,又看外江派。在诸多外江派中,华东地区的海派显系成就最高、影响最大,几可与京派相比肩抗衡。除此之外,天津、华中、华南、东北、西北、西南、台湾的京剧亦各有成就和特色,不乏人才,不无流派,在中国京剧史上均应各占一席之地。比较而言,其中东北地区的京剧剧团多些,演出更活跃,覆盖面更广,人才亦较突出,故东北地区的京剧在全国地方京剧中占有显著地位。

　　东北京剧的形成、发展较京、津、沪为晚,关外京剧艺人大部分是关内培养起来、从关内移入的。由于东北地区原有的文化土层瘠薄,而京剧文化以其通俗而优美和接近北方人审美习惯的特点,一经移植到关外,便适应了东北人的文化心理与东北民众的审美要求结合起来,在东北大地上迅速扎根、生长、开花、结果,成为东北地区规模最大、流行最广的戏曲剧种之一。闻名全国的京剧艺术大师,几乎无不曾纷纷北上关东献艺,但也几乎无不是做短期或长期流动演出后相继离去。然而这其中有一位艺术家独独不然,他留下来长期巡回演出,并在东北大地扎了根,为创立发展东北地区京剧文化作出了卓越贡献,他就是被誉为"关外唐"(亦称"关东唐")的唐韵笙。

唐韵笙一生大部分时间是在东北生活并从事京剧艺术活动。他的艺术才华和艺术造诣在东北京剧演员中首屈一指。他对东北京剧艺术事业的贡献是无出其右的,这主要表现在以下方面:他是最早向东北人民传播京剧艺术的使者之一。早在 1916 年,唐韵笙还是 13 岁的孩提时,就从江南来北国冰城哈尔滨登台献艺。其后又作为掀起"童伶热"的名角之一,在哈埠走红一时。他是在东北地区从事京剧艺术活动历史最久的全国闻名的演员。前前后后,总计起来,在他一生五十多年的舞台生涯中,约有四十年是在东北的白山黑水间度过的,接黑土地地气。而这四十年基本上与东北地区京剧艺术的形成、发展、兴盛时期相始终、相同步,这就说明唐韵笙的艺术对于东北京剧艺术发展起着重要的开基创业的作用。他是东北地区声望最高、影响最大的京剧演员,在久战东北的演员中,唐韵笙算资格老的耆宿之一。马连良先生曾说过"文武老生里边我最佩服的就是唐先生,每出戏里都有惊人的东西"[1]。论才华、论技艺在东北的同行演员中,他是无可匹比的;论在东北演出覆盖面之广,他也是有数的。这一切决定了他在东北京剧界享有崇高的地位。

唐韵笙在东北梨园界的影响,从全国著名武生演员张云溪的评价中可知:"我过去在艺术方面的所见所闻离不开北京、天津和上海这一范围。这次在东北与许多文武老生和武生同台演戏,他们各自不同的节目、表演艺术、技巧妙招以及其他,使我的眼界比过去扩大了。当然,许多名演员并不都是在东北土生土长的人,他们的多数也是从南方或北方到东北去的。只是在东北年头久了,为适应东北广大观众欣赏的要求,很自然地就要变——变为不南不北,也南也北、带有东北色彩和气味的京剧艺术。比如唐韵笙的艺术是东北最大、最有影响的一个艺术流派。所有比他年轻的、和他年岁相仿久在东北演出的文武老生几乎都学唐派,连武生、大嗓小生也沾边唐派。"[2]戏曲理论家潘侠风写道:"唐韵笙最享盛名的地方是'东三省',每次演出总是万人空巷。提起'唐韵笙'三个字,可以说是'妇孺皆知',曾博得'关外麒麟童'的称号。"[3]无须更多的旁征博引,仅此两段论述便足以证明唐韵笙在东北京剧界无与伦比的地位和影响。他创立了东北地区京剧的第一个,也

---

[1] 赵万鹏:《"南麟北马关外唐"的开拓精神》,载《戏曲研究》(北京)第二十九辑。
[2] 张云溪:《谈艺录·关东唐》(赠给笔者的未发表手稿复印件)。
[3] 潘侠风:《京剧艺术问答》,文化艺术出版社,1987 年,第 84 页。

是迄今为止唯一的一个世所公认的流派——唐派。众所周知,在东北京剧演员中堪称形成鲜明独异的艺术风格的只有唐韵笙一人。确如在"唐韵笙骨灰安放仪式"上,沈阳市文化局局长赵天林在悼词中所说:"他是一位造诣很深的京剧艺术家,精通文武,擅长生、净,唱、念、做、打运用裕如。几十年来在艺术实践中坚持创造,精益求精,在改革和发展京剧艺术上有显著成就,形成了具有独特风格的'唐派'艺术。他积极创作并演出了许多优秀剧目。他生前深入工厂、农村、部队,热情为工农兵服务,努力改造世界观,把毕生精力献给了京剧艺术事业。"[1]

唐韵笙艺术之所以谓之唐派:第一,有自己独到的保留剧目,诚如张云溪所说:"《闹朝扑犬》、《斩韩信》、《郑伯克段》、《二子乘舟》、《好鹤失政》、《绝龙岭》、《驱车战将》等等,都是他自编、自导、自演的节目。这些节目南方罕见,北方罕闻,我在东北看到这些演出岂不大开眼界。"第二,形成了具有地域文化特色的独特表演艺术风格。简言之,这种风格就是繁丽多彩,博赡宏富,自然清刚,亢爽旷放。唐派艺术是时代与历史的产物,坐落在特殊的地方历史文化坐标系上。它诞生于东北同胞争取民族解放浴血奋战的年代,血与火的酷烈斗争产生了对于正义、刚烈、骁勇、强悍品格的呼唤,而北国高山大野、冰天雪地、莽莽荒原的"洪荒原始性"的自然环境,独特的"拓荒性"的历史文化氛围,也陶冶着东北人强悍、粗犷的性格和豪爽、粗直的气质。关内北(京)、南(海)两派京剧汇合交织在这片广袤的黑土地上,诞生了东北地方京剧流派,不能不禀承与东北人身上蕴含的雄强人性以及强悍民风相适应的特质,那就是刚健清新、亢爽旷放、带悲壮意味的关东风味。"关外唐"的风格正是以这种独异的关东风味区别于北派、南派和全国其他各地流派而自成一格,这同东北特殊的自然环境、历史文化背景、民俗风情是密不可分的。第三,艺术水平上达到炉火纯青的田地,为同行一致推崇,为广大观众认可。唐韵笙被同行誉为"梨园界秀才"、"唐老将",被上海乃至全国广大观众、菊坛专家称为"关外唐"、"关外麒麟童"、"唐列国"、"活关公"、"粉面哪吒"……这些称谓本身就表明唐派不是自封的,也不是少数人捧起来的,而是广大受众和业界一致赞许承认的。

综上所述,唐韵笙无可争辩地成为东北京剧的"伶王"、开山祖、奠基人。他所创立的唐派艺术代表了东北京剧艺术的最高水平,把东北京剧艺术推向了迄今无

---

[1]《辽宁日报》1978 年 10 月 28 日。

人企及的高峰。

在全国京剧界唐派居于何种地位呢？"南麒北马关外唐"这是最早从上海观众中流传开来的一句话，后来传遍大江南北、长城内外。观众把唐派同大名鼎鼎的麒派、马派相提并论，这说明在第三代京剧须生演员中唐派是与麒、马耀彩同辉的三大派之一。

诚如戏曲评论家潘侠风所说："这三个人（指麒、马、唐）是全国驰名、当代戏曲界卓越的京剧表演艺术家。他们的表演，风格不同，各具特色，形成了三大艺术流派。"[1]这三派观众的排列顺序，唐派居第三位，也是公正的。因为唐韵笙个人的天赋条件和某些方面素养、技艺，如编剧、嗓音、做派、武功等，虽未必逊于周信芳、马连良，但由于个人方面的特殊原因以及身居北疆地方非比中央和大都会的津、沪，未能像周信芳、"四大名旦"、"四大须生"那样同知识分子，特别是高层精英知识分子很好地结合等种种缘故，就总体而言，唐韵笙的声望、知名度、地位、影响又委实远不及周信芳、马连良。尽管如此，唐韵笙为全国一流演员、京剧第三代三大须生之一的地位是毋庸置疑、不可小觑的。可是，由于生前不够重视舆论宣传，忽视和缺乏音像资料的积累收藏，加之"文革"重灾的洗劫，他身后几乎没有留下多少艺术资料。且门人弟子多已谢世，再传弟子凤毛麟角，乏人继承大师艺术精华，致使唐派艺术面临濒于失传的危局。唐派艺术研究亦极贫弱，没有得到剧评界应有的估价，以至1983年出版的以京师专家群为主体编纂的具有权威性的《中国大百科全书·戏曲曲艺卷》、1988年上海辞书出版社出版的《辞海·艺术分册》竟未把唐韵笙列入词条，1981年版董维贤专著《京剧流派》亦付之阙如，这实在是一大不应有的疏漏和憾事。更有甚者，近闻竟有极个别研究戏曲资深专家为了抬高麒派地位，竟然不惜故意贬低马派、唐派，说什么"'南麒北马关外唐'的提法客观上只能缩小麒派的影响，起一些消极作用"，"相提并论，就极不妥当了"，"不应该相提并论"。这纯属罔顾事实、背逆人心的无知妄断。2005年公布的《中国京剧百美图》全国和美国投票结果，生行得票最高者是马连良，唐韵笙也荣登美榜。铁证如山的事实无情击碎了那位专家的海派惟上独尊的怪论。这一研究动态虽属极小一支流（实为往广众尊者身上泼污水的一股浊流），可也从一侧面反映了从事京剧史研究的理论家们多熟悉、注目京、津、沪地区的京剧艺术家和流派，视野局囿于中心

---

[1] 潘侠风：《京剧艺术问答》，文化艺术出版社，1987年，第79页。

大城,而往往忽略了其他地方京剧艺术家及流派,这种研究中的偏颇现象看来有待改变。比较而言,京朝派名家林立,流派丛生,灿若繁星;海派亦不示弱,人才济济,流派亦层见叠出。而东北地区,虽不乏人才,但自成家数的唯有这唐派一星灿然,这唯一的受众公认的东北地方京剧流派就更显得弥足可珍。

唐韵笙在中国京剧史上的独特贡献是:第一,他自编、自导、自演的《驱车战将》等七部东周列国故事戏,丰富了京剧剧目宝库。在京剧史上,如此精力集中地编演列国戏,并以专擅列国戏表演闻名于世的艺术家,当首推唐韵笙。用云南京剧院武生任德明对笔者说的话说:"他的戏路全国没有,是上品。"诚然,他的列国戏对于观众来说是比较陌生的,因而不一定合乎某些观众欣赏口味,并不都是那么叫座和常演,但其思想意蕴的深邃不逊于经典名剧。如所周知,不能完全以票房价值来评判一部戏的思想力量和美学品位的高低。第二,唐派剧目主要有两个系列:列国戏、关羽戏。唐韵笙是东北三大红净之首,这三人是唐韵笙、白玉昆、曹艺斌;在全国范围来讲,有"南林(林树森)北李(李洪春)东北唐"之说;又有起于20世纪20年代末中国"八大关公"之说,他们是夏月润、林树森、周信芳、李洪春、唐韵笙、李吉来、程永龙、李万春,正如李万春先生所说:"夏月润、周信芳、林树森、唐韵笙、小三麻子(即李吉来)、程永龙各位老前辈,还有李洪春先生,都是演红生戏很有名的。"[1]无论就东北地区而言,还是就全国范围而言,唐派关羽戏都占有重要的地位。他几乎演遍了所有的关羽戏,而尤以《困土山》、《灞桥挑袍》、《华容道》、《古城会》、《夜走麦城》为精绝。他的关羽有独特韵致和创造,为关戏的丰富和发展作出了卓尔不群的贡献。第三,他在京剧表演艺术上够得上是全国屈指可数的"全才"演员之一,发扬了徽班的优良传统,为京剧界树立了打破行当界限、一专多能、文武兼顾、全面发挥表演技能的榜样。除丑行不演以外,生、旦、净他都演,不是偶尔为之,而是经常跨行逾界飙演技。著名京剧艺术家关肃霜说得好:"我觉得他真是一个全才。他功底厚,艺术才华比较高……他文武双全……这个可真不容易。唐老将当时既打外,又打内,特别是内部。我佩服他一身的硬功夫……在艺术上我一生佩服的是李少春、唐老将……当然还有其他一些老前辈。老演员对我们是一个刺激,促使我在艺术上有这么一个想法:如果自己能行,应当学他们那样能文能武,做个多面手。我比起唐老将来简直是差一截,用我的话说唐老将是特殊材料制

---

[1] 李万春:《东风化雨寸草知》,载《戏剧电影报》1986年第16期。

成的。"[1]就他的全才跨行这一方面衡量,他可以当之无愧地排在中国最有才华的京剧大师之列。

以上三点,决定了唐韵笙在中国京剧史上占据三星鼎立、雄踞一方的重要地位。"编剧圣手"翁偶虹先生写道:"韵笙盛誉脍炙众口,证实了'南麒北马关东唐',确是三星在天,灿然鼎立。"并概括为诗句"银汉三星鼎立唐",这一评价是实事求是、公道中肯的。他的艺术写下了中国京剧史上引为骄傲、不可磨灭的光辉篇章,值得永远学习研究,继承借鉴,纪念缅怀。

唐派艺术成就如许,必然给京剧事业带来广泛而深远的影响。按由近及远的次序来说,首先他前后共培养出张海涛、李刚毅、曹艺斌、焦林昆、陈麒麟、田子文、邱志良、张铁华、邵林童、翟鸿鑫、周玉麟、汪玉林、李铁英、唐晓笙等一批手把徒弟,至于私淑唐派者更多。在沈阳的管韵华、张世麟、黄云鹏、王玉海、赵世璞、李麟童、李春元、关大有等生行名角无不对他事以师礼,受其熏沐。就东北地区而言,唐派艺术带动、陶冶了一代东北京剧名伶,如程永龙、白玉昆、梁一鸣、周亚川、周少楼、张云溪、周仲博、周稚威、王少伯、王虎宸、韩宝春等,可以说莫不或多或少得其教益、承其恩泽。

再推而广之,唐派流风余韵影响所及,遍于京、津、沪。先说北京。张云溪、张春华、叶盛长等不必说,裘派创始人裘盛戎曾与唐韵笙在上海天蟾舞台合作,在《法门寺》里裘扮刘瑾,唐的前刘媒婆后赵廉,姜妙香扮傅朋。在《四进士》里裘扮顾读,唐扮宋士杰。他对唐韵笙素来敬重,向唐韵笙学习借鉴了不少东西。在表演方面例如《姚期》中校尉向姚期禀报国丈被姚刚打死,裘盛戎饰的姚期震惊之下"啊"的一声念白,用炸音喷出,就是受了唐韵笙的启发;再有姚期绑子上殿请罪,向皇兄朝拜时撩蟒往地上一跪,是学唐韵笙《斩韩信》里韩信跪拜吕后的动作,前后蟒襟甩起在地上铺平,非常脆快。1958 年,马连良、谭富英、裘盛戎来沈演出,一下火车就直奔剧场观看唐韵笙演出《古城会》,演出结束后马、谭、裘三人到后台向唐韵笙致贺。裘盛戎站着恭谨地对唐先生说:"唐先生,那次您跟我说的《铡美案》的路子,我现在就一直这么演。"唐韵笙谦虚地笑着答道:"那次仅是说说而已。"这话是当时在场的沈阳京剧院琴师刘骏亲耳听到的。足证,裘盛戎演《铡美案》曾向

---

[1] 宁殿弼:《关肃霜忆唐韵笙》,原载《辽宁日报》1987 年 5 月 9 日,收入宁殿弼:《戏林拾薪》,辽宁人民出版社,1995 年,第 310—311 页。

唐派艺术论

唐韵笙请益。在行头方面裴盛戏的蟒也带有大云肩,这云肩蟒是源自唐韵笙创制的云肩蟒。"北京京剧院在排演《赵氏孤儿》时,谭富英先生曾饰赵盾,温如(马连良)则亲自为他说当年唐韵笙演《闹朝扑犬》的戏路子。"[1]马连良曾指点饰赵盾的谭富英参考借镜唐韵笙在《闹朝扑犬》中饰赵盾的表演。马连良还叮嘱其弟子马长礼好好向唐先生请教。"马连良先生对我说:文武老生里边我最佩服的就是唐先生……我曾对崇仁、长礼说过:'你们仔细看看人家(指唐韵笙)的脚底下,那真是每一个台步都有戏'。"[2]甚至袁世海在《九江口》中饰张定边时走的台步也吸取了唐韵笙的表演。在剧目方面,唐先生晚年的代表作《詹天佑》由中国京剧院率先移植到首都舞台;后其他剧团相继学习演出了北京戏曲学校改编的《急子回国》,这也适当参考了唐派的《二子乘舟》。

次说天津。唐韵笙青年时代在天津演出多年,在津门生行演员中影响非小。赵松樵先生与唐韵笙同台合作多年,经常互相学习,取长补短,切磋技艺,他们之间有着互补共进的关系。著名武生厉慧良曾专程请唐韵笙给他演出一场《拿高登》,供他观摩学习。武生张世麟、赵万鹏等也经常向唐韵笙讨教。

再说上海。唐韵笙在上海红极一时,影响较大。他同周信芳在山东合作过,周、唐之间在沪经常互相观摩、学习,他们互为影响和渗透是自不待言的。唐韵笙与盖叫天也合演过《艳阳楼》,盖叫天很欣赏唐的表演。他的关羽戏使林树森眼界大开,心悦诚服。演于20世纪30年代的《驱车战将》由唐韵笙传授给上海武生高雪樵,高雪樵得到唐的真传后又根据自身条件加以修改,突出了扑跌表演,越演越红,并由此戏而得名。该剧渐渐广为流传,成为南方武生经常贴演的热门戏,并传遍全国。另一出唐派戏《未央宫斩韩信》在上海也广有影响,不少老生跟他学演这出戏,一位研究者指出:"20世纪40年代以后,唐韵笙先生演的此剧(指《未央宫》)不仅驰名南北并且成为他舞台生涯的代表作。后来大凡演此剧者,绝大多数是以唐先生的路子为范本。"[3]老生徐荣奎一向敬仰唐派艺术,为了亲炙其教,甘愿追随唐先生,配演二路角色。至于周玉麟、李仲林,二路老生陆振声等更是对唐

[1] 朱海北:《人贵精诚,戏尚精严,艺术精美》,见《马连良舞台艺术》,宁夏人民出版社,1985年,第85页。

[2] 赵万鹏:《"南麒北马关外唐"的开拓精神》,载《戏曲研究》第29辑,第256页,文化艺术出版社,1989年。

[3] 魏正麟:《关于〈未央宫〉》,载《戏剧电影报》1990年第12期。

派艺术钦敬有加,追摹不舍。

　　其他地区,如武汉的高盛麟自己说,他的《走麦城》、《刮骨疗毒》表演至少百分之七十是宗法唐派的。南京的梁慧超也曾与唐合作,潜移默化地受其影响。武汉的郭玉琨、宁夏的郭金光也受过唐派的影响。唐山的张海涛、福建的著名坤角文武老生田子文、太原的李铁英则是唐派的高足。云南也有好几位唐派艺术崇拜者,20世纪50年代初曾拜唐为师。

　　唐韵笙的名字,虽不及周信芳、马连良那样家喻户晓,深入人心,声望和影响由于种种原因不能与麒、马相埒。但在京剧界同行中,在东北、津、沪的老戏迷中,确是有口皆碑、不会被忘却的。因为他属于那种以真正的艺术在人们心上镂刻印痕的艺术家。

　　正是:

　　　　首唱皮黄遍海陬,轻名重艺阅春秋。
　　　　乘舟扑犬留佳技,悦耳冲云仗寸喉。
　　　　红净老生兼擅美,南麒北马列同俦。
　　　　开宗立派雄关外,一代伶杰誉不休。

唐派艺术论

附录一　唐韵笙大事年表

1903 年(光绪二十九年)　1 岁

　　12 月 28 日(农历十一月十日),生于福建省福州市河东街石寓。姓石,名斌魁,乳名强子(生肖兔)。

　　祖父石秀川,原为清军军官,退役后为手工艺人。父石寿臣,秀才。母郎惠兰,生三子、一女,氏为第二子。

1908 年(光绪三十四年)　6 岁

　　入私塾馆读书。

1911 年(宣统三年)　9 岁

　　河北梆子艺人唐景云率戏班到福州演出,氏拜唐景云为师,随唐的戏班离福建流动江南一带学艺,习京剧老生。

1913 年(民国二年)　11 岁

　　初登上海老天蟾舞台,首演刘派戏"三斩一碰"(《斩黄袍》、《斩马谡》、《辕门斩子》、《碰碑》)以及汪派戏《张松献地图》、《马前泼水》、《打渔杀家》等,崭露头角。

1914 年(民国三年) 12 岁

从唐景云学戏,在河北、山东一带流动演出。改石斌魁为艺名"唐韵笙"。

1915 年(民国四年) 13 岁

在江南流动演出。

1916 年(民国五年) 14 岁

6 月,抵哈尔滨,与著名河北梆子女演员喜彩凤、评剧演员月明珠合作演出于庆丰戏园,颇为观众瞩目。哈尔滨出版的《远东报》(6 月 20 日)评论文章誉之为"纯粹角"。

1917 年(民国六年) 15 岁

在山东烟台丹桂茶园,与旦角花美兰、花美蓉、武生曹宝义、小花脸许秉义演出八本《八仙得道》,氏饰张果老,《征北海》,氏饰闻太师。

1918 年(民国七年) 16 岁

在天津花楼丹桂舞台演出。

1919 年(民国八年) 17 岁

3 月,在上海老天蟾舞台与李桂春、杨瑞亭、赵君玉合作演出《李陵碑》、《洪羊洞》、《空城计》、《献西川》、《新十八扯》、《目莲僧救母》,戏单上称唐韵笙为"最优等著名正工须生"。

6 月,到大连永善茶园演出《白逼官》。

7 月,首次抵吉林,假座丹桂茶园演出《三江越虎城》、《牧虎关》等。

8 月,由哈尔滨抵海参崴,与一盏灯、高三奎、赵松樵合作露演于南园子(永仙茶园)、军山园子(松竹茶园),演出持续一年之多,常演出的戏是《金鞭记》、《钓金龟》、《哭祖庙》、《长坂坡》。

1920 年(民国九年) 18 岁

年初,继续在海参崴演出。向唐景云学习反串《拾玉镯》中的刘媒婆,其耍烟袋的表演成为唐派一绝。后赴大连,再转烟台、吉林市,倒仓。

义父唐景云病殁于大连。

1921 年(民国十年) 19 岁

倒仓期,在吉林市北山练功,结识北山"玉皇阁"主持悟澈和尚,订为厚交。此间,编写了唐派代表作《驱车战将》、《郑伯克段》、《绝龙岭》等。

1922 年(民国十一年) 20 岁

倒仓期结束,3 月,应邀赴哈尔滨市新舞台演出。

4 月,同名伶喜彩凤、月明珠、金开芳等联合署名给东三省特别区市政长官公署署长写信,控告流氓把头姚锡久杀害河北梆子名优小元元红(魏联升)的罪行。

1923 年(民国十二年) 21 岁

在哈尔滨新舞台演出,与少年的石月明、曹艺斌、李万春等在黑龙江省掀起一股"童伶热"。

1924 年(民国十三年) 22 岁

2 月,赴大连同乐茶园演出《刘海戏金蟾》,氏饰渔翁。后首次抵安东(今丹东),假座华英舞台演出《古城会》、《刀劈三关》、《走麦城》、《献地图》、《献西川》、《艳阳楼》、《连营寨》、《哭灵牌》。

1925 年(民国十四年) 23 岁

从 4 月至 11 月先后在天津广和楼、河东之东天仙戏院与张品卿、马春奎、马春良、小菊花、小玉芳、鲜牡丹、芙蓉蕈、韩宝春、李鹤龄、温小培、喜彩铃、张铭武等合作,演出《五星联珠》、《薛礼出世》、《刀劈三关》、《七擒孟获》、三至十本《狸猫换太子》、《翠屏山》、《雌雄杯》、《贩马记》、《斩于吉》、《越虎城》、《红粉骷髅》、《跑城》、《冀州城》等。

6 月 20 日,在东天仙演出为支援"五卅运动"上海罢工工人募捐的义务戏。

1926 年(民国十五年)　24 岁

南下上海在大舞台演出,后赴青岛平度路新舞台,与青衣王梅生合作演出。再抵哈尔滨新舞台演出,以《驱车战将》打炮,一鸣惊人。剧目还有《甘兴霸百骑劫魏营》、《小霸王怒新于吉》等。

1927 年(民国十六年)　25 岁

继续在哈尔滨演出。

1928 年(民国十七年)　26 岁

夏,返天津与赵蕙珍结婚。从 12 月 15 日起与梁一鸣、王灵珠、雷喜福、俞赞庭等在天华景舞台贴演《驱车战将》、《虹霓关》、《盗宗卷》、《双白水滩》等戏。

1929 年(民国十八年)　27 岁

全年在天津天华景戏院担任排戏主任,与雷喜福、金友琴、程艳芳、雪艳琴、赵云卿、冯素莲、王灵珠、俞赞庭、梁桂亭、刘振亭、吴竹香、方连元、马艳秋、陈伯钧、钟鸣岐、张韵宸、李子杨、徐兰芳、宋宝罗、马艳云等合作,演出《借赵云》、《伐东吴》、《收秦明》、《收关胜》、《七擒孟获》、《岳母刺字》、《阳平关》、《驱车战将》、《艳阳楼》、《铁笼山》、《盘丝洞》、《群英会》、《天河配》、《金锁记》等。

氏根据神话传说自编自导自演的爱国抗日力作《扫除日害》(四本连台本戏,后改名《尧舜禹汤鉴》),9 月 12 日起首演于天华景戏院。氏饰后羿,孟丽君饰嫦娥,梁一鸣饰尧帝。连演 30 多场,得到观众共鸣。

1930 年(民国十九年)　28 岁

1 月至 3 月,在天津天安大戏院与华慧麟、韩素云、梁一鸣、品艳琴、韩素梅、庞玉芬、李富春、笑而观、郭云鹏、韩富信、李胜云、董玉峰、徐兰芳等合作,演出《红鬃烈马》、《鹿台恨》、《暗室青天》、《刘镛铡国老》。后赴青岛新舞台演出。

1931 年(民国二十年)　29 岁

与周信芳合作,在山东省胶济铁路沿线的四方、潍县、周村、济南一带巡回演出,同台演出的剧目有《八仙得道》,氏饰韩湘子,周信芳饰张果老;《尧舜禹汤鉴》,

氏饰后羿,周信芳饰白胡子老头。《汉刘邦》,氏饰韩信,周信芳饰刘邦。

自编自导自演的代表作《好鹤失政》在济南府游艺园聚华戏院和山东大戏院首演。

1932 年(民国二十一年) 30 岁

春,挑班组织私人剧团,与美霞君、方连元、曹宝义、赵鸿林等晋京,假座广德楼,演出《驱车战将》、《好鹤失政》、《九伐中原》等剧。

夏,经天津赴奉天(今沈阳),因自编《扫除日害》一剧被伪满洲国营口海关警察检查,险遭不测,避居奉天天成旅社,写出爱国新剧《闹朝扑犬》。

年底,营口风波平息后复登奉天共益舞台(今北市人民剧场)露演。

农历六月十日,长女碧莲生。

1933 年(民国二十二年) 31 岁

自编自导自演的代表作《闹朝扑犬》、《二子乘舟》在奉天共益舞台首演,社会反响强烈。

孟丽君来奉天,氏与孟丽君再度合作,演出于大舞台,戏码有《闹天宫》、《坐楼杀惜》等。

1934 年(民国二十三年) 32 岁

年初,在共益舞台演出。

本年,二次赴安东在天桂舞台演《闹朝扑犬》、《二子乘舟》、《郑伯克段》、《驱车战将》、《艳阳楼》、《跑城》、《卫懿公好鹤》、《法门寺》。

夏,氏偕武生李春元等北上齐齐哈尔,在黑龙江大戏院演出《铁公鸡》、《挑滑车》、《过五关》等戏。后又赴新京(今长春市)在长春电影院与张云溪、周少楼、周仲博等合作根据小说《彭公案》改编上演带机关布景的连台本戏《怪侠锄奸记》,氏先后饰黄三太、邓飞雄、达姆苏王、地藏王。

1935 年(民国二十四年) 33 岁

二次进京,假座广德楼与曹宝艺合演《陈十策》(前部)、《绝龙岭》(后部),共约二三个月。之后返新京,再转吉林市。

1936 年(民国二十五年)　34 岁

应哈尔滨新舞台业主秦玉峰之邀再次赴哈,与李仲林、邵汉良、齐燕云、曹艺斌、蓉丽娟联袂演出《好鹤失政》、《闹朝扑犬》、《玉堂春》、《灞桥挑袍》、《古城会》等戏。

10 月 2 日至 31 日,转新京新民戏院担纲演出《翁媳挂帅》、《朱洪武成亲》、《陈十策》、《武则天》、《未央宫》、《闹朝扑犬》、《铡判官》、《汉寿亭侯》、《千里寻兄》、《尧舜禹汤鉴》、《鬼缘录》。后第三次赴吉林,在松江大戏院贴演《走麦城》、《赠袍赐马》、《楚汉相争》、《未央宫斩韩信》。

1937 年(民国二十六年)　35 岁

2 月 25 日至 3 月 12 日,应邀偕雪又琴、李仲林在大连宏济大舞台(现天津街人民剧场)上演《大名府》、《大闹花灯》、《翁媳挂帅》、《百骑劫营》、《赵宣子扑犬》、《未央宫》、《枪挑小梁王》。

6 月 5 日,同蓉丽娟、曹艺斌搭档,佐以曹毛包、老生郑玉华、小生张菁华、张春义、许秉义,于宏济大舞台搬演《群英会》、《华容道》。后赴烟台丹桂舞台,演出汪派戏《献地图》、《胡迪骂阎》、《刀劈三关》、《铁笼山》。逢“七·七”事变停演,因返回奉天共益舞台。再转安东安成舞台,同雪又琴、李仲林等演出《群借华》,氏前饰鲁肃,中饰孔明,后饰关羽;《汉宫秘史》,前饰霸王,后饰韩信;《伐东吴》,分饰黄忠、张飞、刘备、赵云四角。

本年曾去锦州文明茶园演出。

1938 年(民国二十七年)　36 岁

年初,在齐齐哈尔演出,后应新庆戏院前台经理管世英之邀,赴吉林市演出。

夏,氏率樊富顺、李铁如等 60 多人到哈尔滨华乐舞台演出。20 多天后,只带何荣琨、刘长宝返回奉天共益舞台。

1939 年(民国二十八年)　37 岁

同张云溪、魏连芳、曹宝艺、曹艺斌、蓉丽娟、管韵华、李盛斌、王奎升、郑玉廷、素雅坤、素雅卿在奉天共益舞台合作,演出《金钱豹》、《蚰蜡庙》、《走麦城》、《古城会》、《过五关》。

221

1940 年(民国二十九年)   38 岁

7 月至 10 月,在新京新民戏院演出《连环套》、《大报仇》、《荆轲》、《凤凰山》、《路遥知马力》、《刘镛铡阁老》(六本)、《驱车战将》、《朱洪武招亲》、《武则天》、《刘海戏金蟾》、《画图表功》、《翁婿挂帅》、《二子乘舟》、《威震华夏》、《尧舜禹汤鉴》(二本)。

1941 年(民国三十年)   39 岁

在新京长春大戏院同张云溪、张世麟、王少伯、周稚威等合作,继续根据小说《彭公案》改编上演连台本戏《怪侠锄奸记》(先后共编出六十四本)。

本年,同筱九霄等先后在奉天商埠大舞台、共益舞台演出连台本戏《十二真人斗太子》、《西游记》等。《盛京时报》评曰:"奉垣首创,别开生面。"

1942 年(民国三十一年)   40 岁

元月,与雯荔彧、张云溪、张世桐、李宝亭、李刚毅等在哈尔滨中央大舞台演出《十八罗汉斗悟空》、《十二真人斗太子》、《十二真人战玄坛》、《怀都关》等。

以唐韵笙为首,成立了有张云溪、任子衡等参加的京剧艺术探讨小组。

3 月 19 日至 4 月 17 日,氏与张云溪等到新京新民戏院演出《四杰村》、《金钱豹》、《三岔口》、《林冲夜奔》、《三谏扑犬》、《未央宫》、《大名府》、《西门豹》(二本)。

6 月 20 日起,与王美君、张云溪、任翠卿、张韵宸在长春戏院演出八八《五花洞》、《古城会》。

7 月 4 日至 8 月底,与张世安、任翠卿在长春戏院演出《怪侠锄奸记》、《山海关》、《鱼肠剑》、《长亭会》。

1943 年(民国三十二年)   41 岁

春,在新京长春戏院演出。后去吉林市组建"育风馆京剧团",成员有周亚川、周少楼、周仲博、张海涛、张菁华、杨永竹、王美君、孙丽君、王少伯等,在新庆大戏院演出《怪侠锄奸记》、《天河配》、《目莲僧救母》、《金鞭记》、《张果老招亲》等。

1944 年(民国三十三年)   42 岁

在奉天共益舞台演出。后赴安东安成舞台贴演《好鹤失政》、《二子乘舟》、《千里走单骑》、《郑伯克段》、《汉津口》、《真假包龙图》、《碰碑》、《马前泼水》、《铁笼山》、《药王卷》、《法门寺》。

长子登年在奉天出生。

1945 年(民国三十四年) 43 岁

在奉天共益舞台演出。

3 月,在奉天与雪艳梅(王淑卿)结婚。

1946 年(民国三十五年) 44 岁

继续在奉天共益舞台演出。

1947 年(民国三十六年) 45 岁

春,应天蟾舞台经理周剑星之邀,偕李春元、王少伯、李刚毅赴上海演出,剧目是《闹朝扑犬》、《未央宫斩韩信》、《古城会》、《十二金钱镖》,并与赵松樵合演《双包案》,与张春华、高雪樵、张云溪等合演《艳阳楼》,与赵松樵、肖德寅、宋遇春、李刚毅、赵晓岚、张美娟、于素莲、董芝兰、阎少泉、高雪樵、张云溪、叶盛长合演《铁笼山》,红遍春申,轰动一时。并同"江南活武松"盖叫天联袂演出《艳阳楼》,氏饰高登,盖老饰花逢春;与著名京剧表演艺术家裘盛戎合演《四进士》,氏饰宋士杰,裘盛戎饰顾读;与裘盛戎、姜妙香合演《法门寺》,氏前饰刘媒婆,后饰赵廉,裘盛戎饰刘瑾,姜妙香饰傅朋,玉朗珠辉,并臻佳妙。

此次在沪蝉联演出半年之久,场场爆满,红极一时,被沪上观众誉为"关外唐",自此唐韵笙与"南麒北马"并列,饮誉中华。

1948 年(民国三十七年) 46 岁

4 月,举家由沈阳迁到北平(今北京)南池子,借金少山的管事孙焕如的房子暂住。

6 月 10 日起赴天津,假座上平安剧院,同袁金凯、张德茂、娄振奎、曹艺斌合作,露演《吞吴恨》、《忠义千秋》、《好鹤失政》、《薛礼》、《绝龙岭》、《华容道》、《美髯公》、《关公三辞曹》、《温酒斩华雄》、《汉宫秘史》及连台本戏《麦城升天》(一至八本)。为期两个月,此间,氏排演了新戏全部《岳飞》,包括《枪挑小梁王》、《宗泽

223

之死》、《岳母刺字》三出戏。后再赴上海。

8月,应邀在上海天蟾舞台领衔主演,合作者有姜妙香、高盛麟、童芷苓、李宝櫆、纪玉良、金少臣、马世啸、肖德寅、艾世菊、郭金光、李仲林、林鹏程、班世超等,节目有《夜走麦城》、《逍遥津》、《法门寺》、连台本戏《目连僧救母》、《蜀山剑侠图》。与童芷苓联手唱《南天门》、《十八扯》。这次来沪仍卖座鼎盛,口碑甚佳。

1949 年(民国三十八年)　47 岁

春节,在上海共舞台同班世超、徐荣奎、李如春、曹艺斌等参加上海梨园公会组织的义演,在《夜走麦城》里饰关羽。

5 月 27 日,上海解放,打开共舞台大门迎入解放军,并参加文艺界欢庆上海解放的游行。

1950 年　48 岁

3 月 30 日、31 日,在上海天蟾舞台参加"上海市戏曲界救灾委员会"主办的京剧公会义演,剧目是《龙凤呈祥》,梅兰芳饰孙尚香,周信芳饰乔玄,盖叫天饰赵云,姜妙香饰周瑜,赵如泉饰张飞,唐韵笙饰刘备。名家联袂,溢光流彩,满台生辉。

本年,赴苏州开明戏院、无锡、常州、南京巡回演出。后回上海在天蟾舞台同杜近芳合作,贴演《霸王别姬》,氏饰霸王,杜饰虞姬;《三进士》,氏反串老旦孙淑琳;排演了翁偶虹新编历史剧《云罗山》,并导演了《李闯王》(一名《红娘子》),获导演一等奖,还上演了氏新编列国戏《唇亡齿寒》。

9 月底至 10 月初,应艺术大师梅兰芳之特约,氏同梅兰芳剧团合作在天津中国大戏院联袂演出,氏献演《逍遥津》、《徐策跑城》、《刀劈三关》、《汉寿亭侯》、《千里走单骑》、《呼延赞表功》、《枪挑小梁王》,梅兰芳、俞振飞、梅葆玖等演出大轴《贵妃醉酒》、《霸王别姬》、《宇宙锋》、《西施》、《金山寺》、《断桥》、《奇双会》等。氏还同梅兰芳同台合演《法门寺》,梅饰宋巧姣,氏饰刘媒婆、赵廉。

1951 年　49 岁

6 月,应云南省文化厅厅长徐嘉瑞邀请,氏率 50 多人的"育风馆唐韵笙京剧团",经南昌、长沙,抵达昆明。在此会晤了京剧大师程砚秋,假座云南大戏院演出,主要合作者是李刚毅、张海涛、龚庆来、翟宏鑫、钱福元、新苹秋、苏少舫、裘世戏。节目有《刀劈三关》、《艳阳楼》、全部楚汉相争,包括《九里山》、《别虞姬》、《人头会》、《未央宫》、《斩韩信》。此外还有新编的列国历史宫闱佳剧《假途灭虢》(一名《唇亡齿寒》)。氏曾拜会"滇剧泰斗"栗成之,并虚心请教。

年底,率团去云南省个旧市为矿工献艺。

次子登甲在苏州唐宅出生。

1952年 50岁

年初,留在个旧市演出。元旦后返回昆明,假座正义剧场演出,氏一个晚会一赶三角:《白逼宫》演汉献帝,《黄逼宫》演公孙阏,《红逼宫》演曹洪,观众如云。氏还和著名表演艺术家、武花脸、红生刘奎官同台奏技,演出《古城会》,刘奎官饰关羽,氏配演张飞。

氏在昆明收徒传艺,并为劳动人民京剧团改编、导演《逼上梁山》(共七本)。

因云南各界挽留,演期一延再延,共延续五个半月,贴了四回"临别纪念,最后三天",方于年中经贵阳返沪。

1953年 51岁

春,应上海天蟾舞台之邀,同李玉茹、梁慧超合作,人称"三头牌",排演了《天波杨府》等剧目。

4月下旬,由唐、李、梁为台柱组成的"上海天蟾实验京剧团"到苏州开明戏院演出。

6月1日至25日,在杭州人民游艺场氏又同徐荣奎、陈桂兰合作演出《汉寿亭侯》、《群借华》、《汉官秘史》。氏一个晚会赶四角:在《雪弟恨》中先饰"造白袍"的张飞,次饰"大报仇"的黄忠,再饰"哭灵牌"的刘备,最后饰"连营寨"的赵云。

10月,率20多人组成的"育风馆唐剧团",由上海出发北上巡回演出,经南京、天津到大连。

1954年 52岁

1月16日至25日,与吉林省京剧团在吉林省京剧院(原新庆大戏院)联合演出,戏码是《青风寨》、《嘉兴府》、《四杰村》、《千里走单骑》、《天波杨府》、《包公怒铡陈世美》。

春节,同沈阳市京剧团联合公演于沈阳北市人民剧场,并参加了慰问解放军演出后离沈。沈阳市文化局局长施展、王化南为氏一行饯行,邀请他加入沈阳市京剧团,氏意犹未定。

年初,到上海大舞台演出,排演了新戏《完璧归赵》。后携上海大舞台人民京剧团(上海京剧院前身)演出小组到南京大戏院、江苏泰州苏北戏院演出。

1955 年　53 岁

1 月,应沈阳市文化局之邀,从泰州来沈阳,正式加入沈阳市京剧团。

2 月,导演了沈阳市文联集体创作的新编历史剧《还我台湾》,饰郑成功。

5 月,为配合肃清反革命运动,市京剧团排演了《唐僧化虎》,饰宝象国王。

8 月,周信芳来沈讲学、演出,畅叙友情,切磋技艺。

1956 年　54 岁

9 月 22 日至 10 月 2 日,“沈阳市京剧团久不上演剧目展览周”在沈阳剧场举行,与王玉海、赵世璞、李麟童、吕香君配合,搬演了经重新整理修改的唐派代表作《好鹤失政》、《二子乘舟》、《郑伯克段》,以及《古城会》、《包公怒铡陈世美》、《高平关》、《薛礼》。

嗣后,随市京剧团北上哈尔滨、齐齐哈尔、北安、克山等地巡回演出,此间移植了昆曲《十五贯》为京剧,并自导自演,氏饰况钟。

本年,当选为辽宁省政协委员、省文联常委,被评为文艺一级演员。

12 月 6 日,中国戏剧家协会辽宁分会成立,当选为副主席,在庆祝联欢会上,同弟子曹艺斌合演《古城会》。

1957 年　55 岁

春,整风运动开始,在 6 月 8 日《辽宁日报》上发表题为《演员自由结合组织剧团》的文章,提出关于剧团体制改革问题的正确意见。

本年,整理改编、导演了《十二真人斗太子》、《三霄怒摆黄河阵》、《梁山好汉除奸记》、《尽忠报国》等剧目,在沈阳剧场演出。

12 月,辽宁省文化局在沈阳举办“辽宁省 1957 年好戏评奖观摩演出大会”,氏献演《闹朝扑犬》。

1958 年　56 岁

4 月,氏同杨逸民移植了现代京剧《白毛女》,并自导自演,饰杨白劳。

6 月,氏导演了刘颖华编剧的《詹天佑》,并主演詹天佑,该剧为唐派晚年代表作。又同杨逸民改编了《智擒惯匪座山雕》,饰座山雕。

10 月,北京京剧团马连良、谭富英、裘盛戎、张君秋等大师来沈演出,重叙旧谊,互相观摩学习。

秋,沈阳市京剧团搞"拔白旗"思想批判运动后,氏告假回浙江杭州唐宅休养。

1959 年　57 岁

4 月,沈阳市文化局请氏从杭州返回沈阳,迁入三经街二段 27 号新居。

8 月,在辽宁省文化局举办的文艺观摩演出大会上,氏扮演的《詹天佑》中的詹天佑获优秀表演奖。

11 月 11 日,辽宁省京剧团与沈阳市京剧团合并,成立"沈阳京剧院",氏被任命为副院长兼艺委会主任。在建院演出中,献演《借群华》《古城会》。

本年,氏同刘颖华、杨逸民改编了近代戏《鸦片战争》(一名《林则徐》),氏饰林则徐。

1960 年　58 岁

氏同王君扬、杨逸民编写历史剧《文成公主》,后易名为《西海郡王》。

夏,氏同赵天林院长率沈阳京剧院晋京向中央领导和首都观众作汇报演出。先到天津民主剧场演出《古城会》《刀劈三关》。后抵达北京,在车站受到马连良、张君秋等艺术大师迎接。7 月 19 日,氏在中南海怀仁堂首场演出《古城会》,国务院副总理习仲勋等领导和梅兰芳、马连良、谭富英、张君秋、裘盛戎等艺术大师出席观看并致祝贺。后氏在长安戏院、中山公园音乐堂演出《刀劈三关》《古城会》,中央人民广播电台文艺部录了音。

本年,氏同王君扬副院长筹建"沈阳京剧院少艺班"。氏亲自挑选学员,躬亲指导,后该班培养出于魁智、李静文、朱强等栋梁之材。

1961 年　59 岁

8 月,氏由组织遴选收焦麟昆、汪玉林为徒。拜师仪式在沈阳市电影公司小影

227

院举行,省委书记周桓、省委宣传部部长安波、省文化局局长王丕一、沈阳市市长焦若愚等到会祝贺。

本年,曾在辽宁京剧场演出唐派看家戏。

1962 年　60 岁

本年,整理新排了列国故事剧《摘缨会》,任艺术指导,饰剧中楚庄王,并重排了《鸦片战争》、《狸猫换太子》。中宣部副部长周扬来沈时观看了《狸》剧,并予以肯定。

1963 年　61 岁

整理唐派剧本。排演了工业题材的现代戏《大钻子》,饰老工人。

1964 年　62 岁

继续在家中整理修改剧本。

是年,与王实贵合作创腔排演了列国新戏《卧薪尝胆》,饰勾践,秦友梅饰王妃。参加现代戏《奇袭白虎团》演出,饰朝鲜老大爷。

1965 年　63 岁

家居整理剧目。

初春,参加周桓导演的现代武戏《插旗》演出,饰老渔民,这是唐韵笙舞台生涯中扮演的最后一个角色。

是年,曾随团到大连演出。

10 月,与秦友梅、尹月樵、黄云鹏等去吉林省双辽县,演出《奇袭白虎团》、《雪岭苍松》、《插旗》。

1966 年　64 岁

十年动乱开始,唐宅遭大字报围攻,被抄家,氏被当作"反动艺术权威"批斗。

1967 年　65 岁

家居养病。

1968 年　66 岁

8 月,被"群众专政队"专政,关进"牛棚"三个月,横遭迫害。

1969 年　67 岁

10 月,被纳入沈阳市郊辉山"五七"干校劳动。年底,干校解散,以病被送回沈阳市内家中。

1970 年　68 岁

3 月 13 日下午 3 时,在家中心脏病突发,含冤溘逝。遗夫人:赵蕙珍、王淑卿;子:登年、登甲;女:秋桐、碧莲、紫菱、玉薇、玉枝、玉茉、国芳、国芸。

1978 年

10 月 19 日,唐韵笙先生骨灰安放仪式在沈阳回龙岗革命公墓隆重举行。宋任穷、赵阜、俞振飞、关肃霜、高盛麟、童芷苓、张云溪、梅兰芳夫人福芝芳送了花圈,省市文艺界知名人士、生前友好三百多人出席追悼会,沈阳市文化局局长赵天林致悼词。

附录二 唐韵笙剧目表

一、唐韵笙演出剧目表

《扫除日害》,后改名《尧舜禹汤鉴》。唐韵笙饰后羿,梁一鸣饰尧帝,孟丽君饰嫦娥,周信芳饰白胡子老头。

《征北海》,唐韵笙饰闻仲。

《陈十策》,唐韵笙饰闻仲。

《绝龙岭》,唐韵笙饰闻仲。

《大回朝》,唐韵笙饰闻仲。

《反五关》,唐韵笙饰黄飞虎。

《鹿台恨》,别名《纣王无道》、《比干挖心》,唐韵笙饰比干。

《梅柏炮烙》,唐韵笙饰梅柏,管韵华饰杜元铣。

《十二真人斗太子》,唐韵笙饰殷郊,张云溪饰殷洪。

《十二真人战玄坛》,唐韵笙饰赵公明。

《三霄怒摆黄河阵》,唐韵笙饰赵公明。

《驱车战将》,唐韵笙、张铁华饰南宫长万。

《好鹤失政》,唐韵笙饰弘演,李刚毅饰卫懿公。

《闹朝扑犬》(后改名《闹朝击犬》),唐韵笙饰赵盾,杨永竹饰晋灵公,张海涛、陆妙林饰獒犬。

《二子乘舟》，唐韵笙饰急子，陈麒麟、张云溪饰公子寿，王美君饰宣姜。

《郑伯克段》，唐韵笙饰郑寤生，黄云鹏、王玉海饰郑段，贾润仙饰郑国太后姜氏。

《唇亡齿寒》，一名《假途灭虢》，唐韵笙饰宫之奇。

《卧薪尝胆》，唐韵笙饰勾践，秦友梅饰越王妃。

《摘缨会》，唐韵笙饰楚庄王。

《六国封相》，唐韵笙饰苏秦。

《将相和》，唐韵笙饰蔺相如。

《霸王别姬》，唐韵笙饰霸王，杜近芳、杨荣环、陈正薇、雪艳梅饰虞姬。

全部《楚汉争》，包括《九里山》、《别虞姬》、《人头会》、《未央宫》、《斩韩信》，唐韵笙饰项羽、韩信，周信芳、张筱贤饰刘邦，李刚毅、张韵宸饰萧何，赵晓岚、雪艳梅、张筱贤、吕慧君饰吕后。

《马前泼水》，唐韵笙饰朱买臣。

《三请姚期》，唐韵笙饰姚期。

《吴汉杀妻》，唐韵笙饰吴汉，张筱贤饰吴母。

《扫松下书》，唐韵笙饰张广才。

全部《魏蜀吴》，唐韵笙一个晚上一人演四出戏，饰四角。

《白逼官》，一名《逍遥津》，唐韵笙饰汉献帝。

《黄逼官》，一名《郑伯克段》，唐韵笙饰郑寤生。

《红逼官》，一名《司马师逼官》，唐韵笙饰曹洪、司马师。

《铁笼山》，唐韵笙饰姜维，赵晓岚、张美娟、于素莲、董芝兰、阎少泉、高雪樵、张云溪、叶盛长饰女兵。

全部《虎牢关》，包括《三战吕布》、《温酒斩华雄》、《连环计》、《吕布戏貂蝉》、《刺董卓》，唐韵笙前饰关羽，后饰王允。

《打督邮》，唐韵笙饰刘备。

《黄鹤楼》，唐韵笙饰刘备。

《刘备招亲》，唐韵笙饰刘备。

《龙凤呈祥》，唐韵笙饰刘备，梅兰芳饰孙尚香，周信芳饰乔玄，盖叫天饰赵云，姜妙香饰周瑜，赵如泉饰张飞。

《小霸王怒斩于吉》,唐韵笙饰孙策。

《甘兴霸百骑劫魏营》,唐韵笙饰甘兴霸(甘宁)。

《张松献地图》,一名《献西川》,唐韵笙饰张松。

《战冀州》,唐韵笙饰马超。

《截江夺阿斗》,唐韵笙饰赵云,王奎生饰张飞,蓉丽娟饰孙夫人。

《群借华》,唐韵笙前饰鲁肃,中饰孔明,后饰关羽,赵晓岚前饰周瑜,后赶孔明。

《失空斩》,唐韵笙饰孔明。

全部《汉寿亭侯》,包括《战徐州失下邳》、《困土山约三事》、《赠袍赐马》、《斩颜良诛文丑》;全部《千里走单骑》,包括《取汝南得兄信》、《挂印封金》、《灞桥挑袍》、《过五关斩六将》、《古城会》,唐韵笙饰关羽、张飞。

关公单出戏,包括《收关平》、《拴周仓》、《斩貂蝉》、《捉潘璋》、《战长沙》、《水淹七军》,唐韵笙均饰关羽。

《关公月下赞貂蝉》,唐韵笙饰关羽。

《夜走麦城》,唐韵笙饰关羽,王奎生饰周仓,高盛麟、曹艺斌、汪幼亭饰关平。

《张飞之死》,唐韵笙饰张飞。

全部《雪弟恨》,包括《造白袍》、《大报仇》、《哭灵牌》、《连营寨》,唐韵笙一赶四角:前饰张飞,次饰黄忠,再饰刘备,后饰赵云。

《战濮洲》,唐韵笙饰陈希真,童芷苓饰夫人。

《独木关》,唐韵笙饰薛礼。

《薛刚大闹花灯》,唐韵笙饰薛刚。

《徐策跑城》,唐韵笙饰徐策。

《三江越虎城》,唐韵笙饰秦怀玉。

《刀劈三关》,唐韵笙饰雷万春。

《狸猫换太子》,唐韵笙前饰陈琳,后饰包公。

《斩黄袍》,唐韵笙饰赵匡胤。

《金鞭记》,唐韵笙饰孟强,赵松樵饰呼延庆。

《呼延赞表功》,唐韵笙饰呼延赞。

《牧虎关》,唐韵笙饰高旺。

《李陵碑》,唐韵笙饰杨继业。

《辕门斩子》,唐韵笙饰杨延昭。

《四郎探母》,唐韵笙饰杨延辉。

《翁媳挂帅》,唐韵笙前饰杨宗保,后饰寇准。

《陈州粜米》,唐韵笙饰包公。

《打严嵩》,唐韵笙饰邹应龙。

全部《天波杨府》,包括《三岔口》、《擂鼓聚将》、《探地穴》、《破洪州》,唐韵笙饰寇准,李玉茹饰柴郡主,李刚毅饰杨六郎。

《包公怒铡陈世美》,唐韵笙饰包拯,王玉海饰陈世美,吕香君饰秦香莲。

《双包案》,唐韵笙饰真包公、大法官,赵松樵饰假包公。

《钓金龟》,唐韵笙饰康氏。

《坐楼杀惜》,唐韵笙饰宋江。

《黑旋风李逵》,唐韵笙饰李逵。

《翠屏山》,唐韵笙饰石秀。

《英雄义》,唐韵笙饰史文恭。

《插翅虎雷横》,唐韵笙饰雷横,李麟童饰雷横母。

《玉麒麟》,唐韵笙饰卢俊义。

《收秦明》,唐韵笙饰秦明。

《收关胜》,唐韵笙饰关胜。

《打渔杀家》,唐韵笙饰萧恩。

《艳阳楼》,一名《拿高登》,唐韵笙饰高登,盖叫天、张云溪饰花逢春,张春华饰秦仁,赵松樵饰青面虎,高雪樵饰呼延豹。

全部《岳飞》,包括《枪挑小梁王》、《宗泽》、《岳母刺字》、《风波亭》,唐韵笙饰宗泽、岳母、岳飞。

《尽忠报国》,唐韵笙饰岳飞、宗泽。

《胡迪骂阎》,唐韵笙饰胡迪。

《陆登尽忠》,唐韵笙饰陆登。

《法门寺》,唐韵笙前饰演刘媒婆,后饰赵廉,梅兰芳饰宋巧姣,关肃霜饰孙玉姣,裘盛戎饰演刘瑾,姜妙香饰傅朋。

《南天门》,又名《走雪山》,唐韵笙饰曹福,童芷苓饰曹玉莲。

《二进宫》,唐韵笙饰杨波,郭元汾饰徐彦昭,赵晓岚饰李艳妃。

233

《三进士》,唐韵笙饰孙淑琳。

《四进士》,唐韵笙饰宋士杰,裴盛戎饰顾读。

《十五贯》,唐韵笙饰况钟。

《红娘子》,唐韵笙饰李闯王,杜近芳饰红娘子。

《云罗山》,唐韵笙饰白士永,杜近芳饰白素莲。

《暗室青天》,唐韵笙饰员外之弟。

《还我台湾》,唐韵笙饰郑成功。

《恶虎村》,唐韵笙饰黄天霸。

《连环套》,唐韵笙饰黄天霸。

《蚂蜡庙》,唐韵笙饰褚彪。

《铁公鸡》,唐韵笙饰向荣。

《刘镛铡国老》,唐韵笙饰肇寿增,周仲博饰刘镛,周少楼饰甘凤池,周亚川饰刘统勋,赵炳南饰乾隆皇帝。

《怪侠锄奸记》,唐韵笙饰黄三太、神力王、地藏王、邓飞熊、彭朋,张云溪饰杨香武、欧阳德、马玉龙、石铸,周少楼饰杨香武、欧阳德,周亚川饰胜奎、郑华雄,周仲博饰彭朋、康熙、丘成。

《十二金钱镖》,唐韵笙饰俞剑平、李云崧,赵松樵饰袁振武,张云溪饰杨华,张春华饰乔茂,赵晓岚饰李映霞。

《蜀山剑侠图》,唐韵笙饰智空叟。

《牛郎织女》,唐韵笙饰大鹏鸟。

《鸦片战争》,唐韵笙饰林则徐。

《詹天佑》,唐韵笙饰詹天佑。

《白毛女》,唐韵笙饰杨白劳,林艳蓉饰喜儿,黄云鹏饰大春,王玉海饰黄世仁。

《智擒惯匪座山雕》,唐韵笙饰座山雕,黄云鹏饰杨子荣,李麟童饰少剑波,王玉海饰定河道人。

《奇袭白虎团》,唐韵笙饰朝鲜老大爷。

《大钻子》,唐韵笙饰老工人,主演丁震春。

《插旗》,唐韵笙饰老渔民,主演丁震春、杨梅舫。

《目莲僧救母》,唐韵笙前饰目莲,中饰刘清提,后赶地藏王,杨瑞亭饰刘清提,张云溪饰大鬼,赵晓岚饰阴间刘氏。

《十八扯》,唐韵笙饰孔怀,童芷苓饰孔秀英。

《新十八扯》,唐韵笙饰孔秀英,李桂春饰孔怀。

《刘海戏金蟾》,唐韵笙饰渔翁,艳小楼饰刘海,小云樵饰狐仙。

《天河配》,唐韵笙饰鸟神,张筱贤饰牛郎,任翠卿饰织女。

《八仙得道》,唐韵笙饰张果老、韩湘子、铁拐李、吕洞宾,周信芳饰张果老,苏少舫饰何仙姑。

《十八罗汉斗悟空》,唐韵笙饰老君,张云溪饰孙悟空。

《十八罗汉收大鹏》,唐韵笙饰猪八戒,张云溪饰大鹏。

《五花洞》,唐韵笙饰张天师、假潘金莲,张海涛饰真潘金莲。

《盘丝洞》,唐韵笙饰猪八戒,雪艳梅饰蜘蛛精。

《唐僧化虎》,唐韵笙饰宝象国王。

《金钱豹》,唐韵笙饰豹精。

二、唐韵笙创作、改编、整理剧目表

《扫除日害》,一名《尧舜禹汤鉴》,四本连台本戏。唐韵笙根据《淮南子·本经训》等古代神话传说创作。

《陈十策》,唐韵笙根据《封神演义》第二十七回改编。

《绝龙岭》,唐韵笙根据《封神演义》第五十二回和连台本戏《封神榜》改编。

《十二真人斗太子》,唐韵笙根据《封神演义》创作。

《十二真人战玄坛》,唐韵笙根据《封神演义》创作。

《三霄怒摆黄河阵》,唐韵笙根据《封神演义》第四十七—五十回和传统戏改编。

《驱车战将》,唐韵笙根据《左传·庄公十二年》及《东周列国志》第十七回创作。

《好鹤失政》,又名《好鹤亡国》,唐韵笙根据《左传·闵公二年》及《东周列国志》第二十三回创作。

《闹朝扑犬》(后改名《闹朝击犬》),唐韵笙根据《左传·宣公二年晋灵公不君》与《东周列国志》第五十至五十一回以及川剧创作。

《二子乘舟》,又名《新台恨》、《诗卫风》、《急子回国》。唐韵笙根据《左传·桓公十六年》及《诗经·二子乘舟》、《列国演义》第十二回创作。

《郑伯克段》,唐韵笙根据《左传·隐公元年郑伯克段于鄢》创作。

《唇亡齿寒》,一名《假途灭虢》,唐韵笙根据《左传·僖公五年》及传统戏《列国演义》第二十五回改编。

《未央宫斩韩信》,唐韵笙根据《史记·淮阴侯列传》、《西汉演义》第九十三回及传统地方戏改编。

《华容道》,唐韵笙根据《三国演义》及传统剧目整理。

《灞桥挑袍》,唐韵笙根据《三国演义》及传统剧目整理。

《古城会》,唐韵笙根据《三国演义》及传统剧目及王鸿寿演出本整理。

《夜走麦城》,唐韵笙根据《三国演义》及传统剧目整理。

《关公月下赞貂蝉》,唐韵笙根据《三国演义》及传统剧目改编。

《刀劈三关》,唐韵笙根据汪笑侬原著改编。

《天波杨府》,唐韵笙根据《杨家将演义》及地方戏整理。

《包公怒铡陈世美》,唐韵笙根据传统戏改编。

《逼上梁山》,唐韵笙根据《水浒传》及传统戏改编的七本连台本戏。

《梁山好汉锄奸记》,唐韵笙等根据《水浒传》及传统戏改编。

《宗泽》,唐韵笙根据《杨家将演义》及传统戏改编。

《陆登尽忠》,唐韵笙根据传统戏整理。

《十五贯》,唐韵笙等根据同名昆曲移植。

《怪侠锄奸记》,唐韵笙、周少楼、周亚川、周仲博等根据小说《彭公案》改编的六十四本连台本戏。

《鸦片战争》,唐韵笙、刘颖华、杨逸民根据同名电影及史料改编。

《白毛女》,唐韵笙、杨逸民根据同名歌剧、电影移植。

《智擒惯匪座山雕》,唐韵笙、杨逸民根据小说《林海雪原》改编。

《文成公主》,后易名《西海郡王》,唐韵笙、王君扬、杨逸民编剧。

《摘缨会》,唐韵笙根据《说苑》、《列国演义》第五十一回及传统戏整理。

附录三　唐韵笙源流谱系

一、老　师

义父、师傅唐景云,河北梆子艺人,文武花旦应工,后习老生。

文化教师悟澈和尚,吉林市北山"玉皇阁"主持。

二、唐派弟子

拜师授业弟子:张海涛(唐韵笙女婿)、李刚毅、曹艺斌(义子)、焦林昆、陈麒麟(女)、田子文(女)、邵志良、张铁华、邵林童、翟鸿鑫、周玉麟、汪玉林、李铁英、唐登年(艺名唐晓笙,唐韵笙长子,从艺文武老生)。

此外,沈阳的管韵华、张世麟、黄云鹏、周仲博、王玉海、赵世璞、李麟童、李春元、关大有等生行名角无不对唐韵笙事以师礼,受其熏沐。一代东北京剧名伶梁一鸣、周亚川、周少楼、张云溪、周稚威、王少伯、王虎宸、韩宝春,莫不得其教益。关内厉慧良、张春华、叶盛长、梁慧超、徐荣奎、赵万鹏、陆振声、马荣镇、郭金光、郭玉琨均曾受到唐韵笙的授艺或指点。

三、唐派再传弟子

汪庆元（李刚毅弟子）、赵乃义（唐韵笙女婿、武生）、杨赤（主要宗袁世海，亦从张铁华学唐派戏）、顾景荣、常东、张宏伟、赵向军。

四、唐韵笙的子女辈

子：登年（从艺，文武老生，艺名唐晓笙）、登甲。

女：秋桐、碧莲、紫菱、玉薇（从艺，青衣、花旦）、玉芝（从艺，梅派青衣、花旦，拜张君秋为师）、玉茉、国芳、国芸。

附录四　唐韵笙研究资料索引

一、专　著

唐韵笙生平事略　艺海名伶(辽宁文史资料·总第 27 辑)　宁殿弼著　中国人民政治协商会议辽宁省委员会文史资料委员会编　辽宁人民出版社 1990 年 5 月

唐韵笙评传　宁殿弼著　辽宁大学出版社 1990 年 12 月

唐韵笙舞台艺术集　唐玉薇编著　沈阳出版社 1991 年 12 月

不落的帷幕·辽宁著名戏剧家纪念文集　辽宁戏剧家协会编　春风文艺出版社 1996 年 6 月

京剧谈往录(四)·我的父亲唐韵笙和唐派艺术　唐玉薇著　北京出版社 1997 年 10 月

当代中国戏剧家论谭·唐派艺术研究　宁殿弼著　中国戏剧出版社 1999 年 10 月

梨园春秋·唐韵笙的表演艺术　刘文峰、周传家著　中国经济出版社 2000 年 9 月

关东奇伶唐韵笙　宁殿弼著　人民音乐出版社 2002 年 10 月

中国京剧流派剧目集成(第柒集)·唐韵笙　黄克主编,唐玉薇整理,李忠凡

记谱　学苑出版社 2006 年 8 月

二、报刊、论文

难得一佳材　《盛京时报》1919 年 6 月 28 日

谈唐韵笙　庸　吾　《盛京时报》1935 年 2 月 23 日

演员自由结合组织剧团　唐韵笙　《辽宁日报》1957 年 6 月 8 日

谈谈"关外唐"　刘颖华　《辽宁戏剧》1981 年第 1 期

回忆唐韵笙先生　曹艺斌　《辽宁戏剧》1981 年第 5 期

小忆唐韵笙　龚和德　《戏剧电影报》1982 年第 1 期

唐韵笙演《后羿射日》　马明捷　《大连日报》1982 年 8 月 29 日

跟唐韵笙合作演戏　赵晓岚　《戏剧报》1984 年第 5 期

我知道的关东唐　张云溪　《戏剧电影报》1985 年第 4 期

关肃霜忆唐韵笙　宁殿弼　《辽宁日报》1987 年 5 月 9 日

关外唐　宁殿弼　《沈阳晚报》1988 年 4 月 9 日至 5 月 19 日连载四十期

菊圃掇英录·关东唐　翁偶虹　《戏剧电影报》1988 年第 23 期

"南麟北马关外唐"的开拓精神　赵万鹏　《戏曲研究》1989 年第 29 辑

唐韵笙的艺术道路　宁殿弼　《满族研究》1990 年第 2 期

纪念唐韵笙先生　宁殿弼　《辽宁日报》1990 年 3 月 10 日

论唐韵笙的做工艺术　宁殿弼　《艺术广角》1990 年第 4 期

唐(韵笙)派艺术风格论　宁殿弼　《文艺研究》1990 年第 5 期

关于《未央宫》　魏正麟　《戏剧电影报》1990 年第 12 期

"琼楼一曲笙留韵"——贺《唐韵笙评传》问世　赵光辉　《沈阳日报》1991 年 2 月 6 日

研究唐派京剧艺术的发轫之作——《唐韵笙评传》略评　项　冶　《辽宁日报》1991 年 2 月 12 日

一项有益的工作——为《唐韵笙评传》一书出版说几句话　王恩涛　《辽宁政协报》1991 年 3 月 1 日

唐韵笙的《二子乘舟》　宁殿弼　《戏剧电影报》(北京)1991 年第 16 期

一个被冷落的京剧流派　曲六乙　《中国京剧》1992 年第 4 期

心香一瓣沁后芳——《唐韵笙评传》读后　任光伟　《电视与戏剧》1992 年第 5 期

发掘京剧艺术遗产的新成果——贺《唐韵笙舞台艺术集》出版　宁殿弼　《辽宁日报》1992 年 8 月 18 日

"拼将碧血化宫商"——唐韵笙的艺术道路　霁　晨　《艺术广角》1993 年第 1 期

探论唐韵笙的表演艺术　宁殿弼　《艺术广角》1993 年第 1 期

人物评传写作探胜——《唐韵笙评传》赏读　何绵山　《中国图书评论》1993 年第 3 期

唐韵笙和关东派京剧　马明捷　《中国京剧》1994 年第 3 期

我为"关东唐"配戏　李麟童　《戏剧电影报·梨园周刊》1999 年 5 月 17 日

"北马"评说"关外唐"　李麟童　《戏剧电影报·梨园周刊》1999 年 7 月 26 日

听"唐老将"聊戏　李麟童、刘新阳　《戏剧电影报·梨园周刊》1999 年 10 月 4 日

唐派《未央宫斩韩信》赏析　马明捷　《戏剧电影报·梨园周刊》2000 年 4 月 17 日

观《刀劈三关》有感　唐玉薇　《中国京剧》2000 年第 6 期

我为"关外唐"配曹操　范成玉、刘新阳　《戏剧电影报·梨园周刊》2000 年 6 月 5 日

关东伶王唐韵笙轶事　汪庆元　《中国戏剧》2003 年第 10 期

京剧沙龙：笙美悠长　韵留百年——纪念唐韵笙先生 100 周年诞辰　张筱贤、蓉丽娟、尹月樵、周仲博、李麟童、何长青、汪庆元、刘新阳　《中国京剧》2003 年第 9 期

唐韵笙的绝响戏　祁吴萍　《中国京剧》2004 年第 6 期

唐韵笙艺术研究会揭匾　李海英　《沈阳日报·北方热线》2005 年 2 月 5 日

"关外唐"论　马明捷　《戏曲艺术》2005 年第 3 期

唐派京剧艺术：梨园老树发新枝最有收藏价值的作品　王臻青　《辽宁日报》2006 年 8 月 4 日

山海关外的京剧　马明捷　《大连日报》2006 年 10 月 23 日

精深美的唐派艺术　常立胜　《中国京剧》2006 年第 11 期

唐派传人汪庆元　姜守凯、张智敏　《中国京剧》2007 年第 10 期

百美图之唐韵笙·《闹朝击犬》剧照　录宁殿弼赞唐韵笙诗　《中国京剧》2008 年第 3 期

唐派艺术的芳华　宁殿弼　《中国京剧》2008 年第 3 期

京剧"唐派"艺术走进"非物质文化遗产名录"后的思考　刘新阳　《京剧与中国文化传统——第二届京剧学国际学术研讨会论文集》　文化艺术出版社 2008 年 9 月

读《关东奇伶唐韵笙》札记　刘新阳　《中国京剧》2009 年第 5 期

亦文亦武一专多能——浅析京剧"唐派"艺术特征　刘新阳　《新世纪剧坛》(沈阳)2011 年第 2 期,总第 35 期

唐韵笙、童芷苓上海滩联袂唱双出　顾炳兴　《中国京剧》2012 年第 3 期

"到如今我父子同上九霄"——怀念汪庆元先生　刘新阳　《中国京剧》2012 年第 6 期

三、录音资料

京剧表演艺术家唐韵笙唱腔之一·刀劈三关、古城会(首推绝版唱段　盒式磁带录音)　辽宁北国音像出版社

中国京剧音配像精粹·刀劈三关　录音主演唐韵笙　配像赵乃义　天津市文化艺术音像出版社

中国京剧音配像精粹·华容道、灞桥挑袍　录音主演唐韵笙、范成玉　配像汪庆元、刘永贵　天津市文化艺术音像出版社

后 记

　　《唐韵笙评传》的写作对我来说是一份临渊履冰的艰难工作，因余生也晚，唐先生在世时无由识荆，先生演的戏看得也不多。那么，何以写起先生的传记呢？说来是天假以缘。1986年，我去春风文艺出版社拜访耿瑛编辑，请求该社出版我的戏剧论文集《戏林拾薪》，耿先生告我戏剧论文集难以销售，劝我不如写一本唐先生的传记为上选。在他的点拨下，我心领神会，顿即萌生了为唐先生立传的念头。但在以后的集纳资料过程中，越来越感到资料匮乏，若不尽快全力挖掘、抢救，好端端的唐派艺术有濒于失传之虞。唐先生折寿夭逝，生前不曾留下一鳞半爪亲自写的回忆录、日记，身后也少见追忆、研究、评论文章，所以我的工作几近从零开始，实在是勉为其难。据说两位曾先我研究唐派艺术的学者也都终而放弃，未能如愿。唐派艺术乃我国京剧舞台上的一支瑰丽奇葩、东北地区唯一公认的京剧流派，而唐先生的技艺、成就和人品，更是梨园同仁们效法的风范。可京剧研究对象长期高度集中在京、津、沪地区，"外江派"很少进入专家们的视野。这种研究的偏枯现状倘不改变，则东北唐派艺术无以见重于世，这不能不是文化界堪忧的一大憾事。东北京剧界同仁、唐先生的家属、门人及生前友好，更有许许多多仰慕唐先生、热爱京剧的"票友"，无不翘首盼望能有一部全面结撰唐派艺术和唐先生一生的专著问世，填补关外京剧研究的空白。就是在这样的背景下，我才下决心：无论有多大困难，无论我多愚钝不才，就是拼出微命，也要把唐先生传记写出来，以谢先生在天之灵和支持我的先生家属及全国业界人士与唐迷。

从1986年起,我搁置了文学研究和其他工作,先造访沈阳京剧院,得到院领导倪秋志等同志的支持,查阅了唐先生档案,包括先生亲笔填写的履历。然后逐一拜访先生的所有亲属,特别是先生的胞弟唐斌贤、女儿唐玉薇二位几乎罄其所有地为我提供资料。尔后又用了四年多时间,按迹寻踪,跑遍大半个中国,走访了一百多位在世知情者,连唐先生粉丝的采访也在采撷范畴之内。靠他们的亲历感触,总算搜集了适足反映唐先生其人其艺全貌的资料。同时又参阅了仅有的十多篇评述唐韵笙艺术的文章、著作(个别章节)以及正在编纂中的东三省、天津市戏曲志和戏曲资料汇编,方才执笔属文。

《唐韵笙评传》座谈会,中国戏剧家协会主席李默然与本书作者宁殿弼交谈

本书的写作体例是把纪实文学传记和研究论文分开来写,既可增强可读性,吸引广大的文艺爱好者,又可兼具学术价值、文献价值和资料价值,供戏曲研究者和京剧专业工作者参考借鉴。这种写法有别于大多数评传的写法,是否可跻入所谓"独创"之列? 究竟客观效果如何,就只能由读者和专家们评说了。差可自慰的是已博得马少波、曲六乙、项治、任光伟等专家的首肯。关于传记部分的史实,为了真实可靠,对唐先生的经历都做了多方考核。行文依据全系知情者直接提供的第一手资料,总体凿凿可信。但因资料来源纷杂,主要是靠亲友故旧的口述回忆,故不实之处亦在所难免,谨以求实之诚,望方家正谬补阙。

我深深感谢所有向本书提供宝贵资料和指教的诸君,在他们中特别要致谢唐先生家属：雪艳梅、陈玉珍、唐碧莲、唐紫菱、唐玉芝、唐登年（唐晓笙）、唐登甲、赵万鹏、唐玉茉、唐国芳；唐派弟子传人：张铁华、焦林昆、邵林童（邵继笙）、汪玉林、汪庆元；唐先生的合作者及生前友好：俞振飞、翁偶虹、许姬传、赵松樵、张云溪、张世麟、关肃霜、杜近芳、赵晓岚、童芷苓、蓉丽娟、王世续、陆振声、任子衡、张铭禄、管韵华、王君扬、曲瑞琦、秦友梅、尹月樵、张小贤、黄云鹏、周仲博、李春元、王玉海、李麟童、赵世璞、关大有、张玉鹏、小王虎宸、王美君、林艳蓉、吕香君、韩宝春、康昆山、陆妙林、何长青、田玉林、吴德泰、耿雨春、顾宝章、黄鑫樵、黄月英、任德明、李淑坤；戏曲理论研究者：潘侠风、孙芋、李体扬、任光伟、杨逸民、马明捷、栾俊、王爱宇、戴明贺等。没有列位的倾力襄助，要想完成拙作是不可能的。现下这些名人耆宿中已有多半相继魂归道山，每忆起和他们相处就教的光景，哲人其萎，能不怆然涕下，哀思何极？谨以此书权作心香一瓣，奉献给唐韵笙先生和助我写书的先贤们的在天之灵。

我特别怀着敬仰之忱感谢德高望重的剧作家、戏剧评论家马少波先生在百忙之中精心审阅了书稿，并为之作序勖勉，表现了扶掖后进的古道热肠。感谢为本书题签的著名戏曲评论家郭汉城先生、为本书题诗的著名戏曲作家翁偶虹先生。

我的挚友、擅作诗词赋的吉林长白山诗社副社长、中华诗词学会常务理事、《长白山诗词》主编、剧作家文中俊先生特为拙作赋七律《读友殿弼〈唐韵笙评传〉》以赠。如今斯人其萎，天人永隔，权且敬录其隽句于此，以志感念，并飨读者："当年艺苑说唐郎，雅韵笙歌尚绕梁。花艳梨园枝独秀，珠辉辽海浪长光。三秋汗笔铭先迹，一瓣心香沁后芳。自古功名凭创造，高山流水共清扬。"

林语堂先生妙语："男人的演讲，就像女人的裙子，越短越好。"这篇"后记"该打住了，可我还有话不吐不快。当此书付梓之际，适逢唐韵笙先生逝世四十三周年祭，文艺界纪念活动方兴未艾，然而，我却突然听到戏评界极个别人冒出个滥加臧否人物的言辞，说什么"'南麒北马关外唐'的提法，客观上只能缩小麒派的影响，起一些消极作用。……唐韵笙，他主要是关羽戏表演艺术家，一般老生戏唱得较少，影响较周信芳为小，也是不应该相提并论的"。据悉这是一位资深戏曲研究者于 1994 年在纪念梅兰芳、周信芳诞辰百年的论文中抛出的。闻此言我又惊诧又气愤。如果说唐韵笙先生仙逝之初，他的伟绩还未被人们发现和认知，这是正常的、可理解的，因为很多文化大师宿命都如此。那么时近 21 世纪，唐先生归天有年，竟还有学者放出这等褒麒抑马贬唐的荒唐论调，真让热爱马连良、唐韵笙的众生感到寒心哪！毋庸多缀，炮制这种不负责任的奇谈怪论不是纯粹出于无知，就是根于偏见。由此看来，拙作此时出版正当其时，颇有针对性，是对这位戴有色眼镜的专家的一个好回答：只消一翻此书，你的高论岂非不攻自破，不值一驳。

最后，我要铭谢谢柏梁教授，端赖他擘划编纂这套规模宏大的《京昆艺术家传记丛书》，我才得以实现多年拙作付梓的夙愿。历史将证明：这套丛书对于中国戏曲文化建设厥功甚伟，彪炳千秋。辽宁省艺术研究所所长助理刘新阳同志不仅引荐主编，还为本书提出了许多修改意见。我的契友、京剧研究专家苏宗仁兄、唐派艺术研究会副会长闫成波先生提供了宝贵的增补资料。他们的悃诚之情令我终生难忘，谨此一并致谢。

盛世欣幸立唐传，绝艺高风难表全。

惟愿韵声传世代，长将精光照梨园。

作者识

2013 年 7 月 1 日　于青岛浮山霁晨斋

图书在版编目（CIP）数据

银汉三星鼎立唐：唐韵笙评传 / 宁殿弼著. —上海：上海古籍出版社，2014.5
（中国京昆艺术家评传丛书）
ISBN 978-7-5325-5823-0

I.①银… II.①宁… III.①唐韵笙（1903～1971）—评传 IV.①K825.78

中国版本图书馆CIP数据核字（2014）第029432号

中国京昆艺术家传记丛书
银汉三星鼎立唐
——唐韵笙评传

宁殿弼　著

上海世纪出版股份有限公司
上 海 古 籍 出 版 社　出版
（上海瑞金二路272号　邮政编码200020）
（1）网址：www.guji.com.cn
（2）E-mail:guji1@guji.com.cn
（3）易文网网址：www.ewen.cc

上海世纪出版股份有限公司发行中心发行经销
上海丽佳制版印刷有限公司印刷
开本787×1092　1/18　印张$15\frac{10}{18}$　字数286,000
2014年5月第1版　2014年5月第1次印刷
印数　1–1,800
ISBN 978-7-5325-5823-0/J·353
定价：45.00元

如发生质量问题，读者可向工厂调换